지피지기 과장급 역량평가

현직 역량교육전문가에게 배우는

과장급

지피지기 知彼知己

역량평가

정해용 지음

출판이안

현직 역량교육전문가에게 배우는

지피지기 과장급 역량평가

초판 인쇄 | 2020년 01월 31일
2 쇄 인쇄 | 2021년 07월 05일

지 은 이 | 정해용
펴 낸 곳 | 출판이안
펴 낸 이 | 이인환
등   록 | 2010년 제2010-4호
편   집 | 이도경, 김민주
주   소 | 경기도 이천시 호법면 단천리 414-6
전   화 | 010-2538-8468
팩   스 | 070-8283-7467
인   쇄 | 세종피앤피
이 메 일 | yakyeo@hanmail.net

「이 도서의 국립중앙도서관 출판예정도서목록 (CIP) 은 서지
정보유통지원시스템 홈페이지 (http://seoji.nl.go.kr) 와 국가
자료공동목록시스템 (http://www.nl.go.kr/kolisnet) 에서 이
용하실 수 있습니다 . (CIP 제어번호 : CIP2020002615)」

ISBN 979-11-85772-75-2(13320)
가격 16,000원

서문

역량평가 현장교육의 경험을 담아서
역량평가를 걱정하는 이들에게 드립니다

"그래서 정답이 뭔가요?"

역량교육 중에, 이런 질문을 하거나, 이런 눈빛으로 쳐다보는 교육생을 만나면 답답한 마음이 들었다. 필기시험에 익숙해서 모범답안을 찾고 외우는 걸 잘하는 이들이 본인의 역량 수준 파악이나 부족한 역량 보완보다 과제 보는 방법, 답을 찾는 요령에 관심을 더 가지고 있기 때문이다.

하지만 어쩌랴! 모범답안을 찾고 암기하는 방식으로는 개인의 역량 향상에 도움이 되지도 않고 역량평가에서도 좋은 결과를 얻을 수 없으니.

역량평가는 다음 직위에 필요한 리더십 역량을 일정 수준 이상 보유하였는지를 측정하여 역량이 미흡한 사람이 조직을 이끌면서 발생할 수 있는 부작용을 최소화하려는 것을 목적으로 하고 있다. 이를 준비하는 과정에서 상위 직위 역할을 이해시키고 필요 역량을 보완 및 강화하는 역할을 역량교육이 담당한다. 즉 역량평가나 역량교육의 목적은 상위 직위의 역할을 잘 이해하고, 역할 수행에 필요한 역량이나 행동을 습득해서 좋은 리더가 되도록 하기 위함이다. 자신의 능력과 업무 경험을 바탕으로 역량평가 과제 특성과 수행방식을 조금만 익히면 얼마든지 좋은 평가를 받을 수 있다.

하지만 최근 공직사회 역량평가와 관련한 일부 역량교육은 평가 대비반 형식으로 이루어지는 경향이 강하다. 해당 직위에 대한 역량을 강화하는 목적은 희석되고 빠른 시간에 합격 요령이나 점수를 잘 받는 행동이 무엇인지를 알려주고 배우는 식으로 교육이 벌어지고 있는 실정이다. 그러다 보니 역량평가와 관련한 잘못된 인식과 정보로 과도한 시간과 비용이 발생하는 부작용이 많아지고 있다. 역량평가에 대한 오해로 잘못된 정보를 얻어 공부하면서 엉뚱한 행동을 연습하는 교육생들을 볼 때마다 안타까움을 금할 수 없었다.

이 책은 현장에서 역량교육을 하면서 많은 교육생들이 잘못된 정보나 자료로 고생을 하는 걸 봐서, 역량평가의 실체를 이해시키고 평가 준비를 좀 더 쉽게 제대로 하게 하려는 목적으로 썼다.

2003년에 처음 역량평가를 접하고 과제를 개발하였다. 경험이 없는 상황에서 과제 개발은 힘들었지만, 개인을 매우 정교하고 객관적인 시각으로 평가할 수 있다는 점이 매력적이었다. 이후에도 고위공무원단 역량평가, 과장급 역량평가를 설계하면서 공무원 부문의 역량평가에 대한 전문성과 더불어 애착이 더욱 커졌다.

이후에 개방형으로 공직사회에 들어와 전문성을 살려 교육을 하면서 요즘 급속히 확대되고 있는 역량교육이 역량평가의 목적이나 취지와 달리 입시처럼 요령을 배우도록 강요하지는 않나 하는 고민에 빠지게 되었다. 실제로 역량평가의 목적과 취지가 역량교육이라는 현장에서 왜곡되는 현상을 보며 역량평가와 역량교육에 대한 올바른 이해를 위한 노력이 필요함을 절실히 느끼기 시작했다. 따라서 역량평가 전문가로서의 경험을 바탕으로 역량교육 중에 고민하고 느꼈던 부분을 제시하여 역량개발과 역량평가가 필요한 분들에게 조금이나마 도움이 되도록 심혈을 기울였다.

이 책은 역량평가의 이해, 과장급 역할 및 역량, (4개) 과제별 특성 및 활동, 과제유형별 예시 및 수행방법, 역량평가 대비 활동 등으로 구성했다.

첫째, 역량평가의 이해는 후보자나 교육생들이 잘못 알고 있는 역량평가 대한 오해를 풀어주고 이에 대한 정확한 정보를 제시하고 있다.

둘째, 과장급 역할 및 역량은 말 그대로 과장의 역할에 많은 신경을 썼다. 대부분 후보자나 교육생은 자신이 보필한 과장의 역할을 잘 알고 있다고 생각하지만, 실제로 과제를 수행하다 보면 여전히 사무관의 역할에 머무는 경우가 많았다. 사무관이 과장으로 진급했을 때 시행착오를 줄이고, 빨리 과장의 역할 및 역량을 갖추기 위해 해야 할 일이 무엇인지 제시하고 있다.

셋째, 과제별 특성 및 활동은 과제마다 어떤 특성이 있고, 일반적인 자료 구성은 어떻게 하고, 많이 활용하는 주제는 무엇인지를 제시하고 있다. 과제별로 목적을 가지고 있기에 어떤 부분에 집중하고, 어떤 활동을 해야 하며, 무엇에 유의해야 하는지를 알려주고 있다.

넷째, 과제유형별 예시 및 수행방법은 과제별 특성에 따라 자료의 구성방식이 다를 수밖에 없기에 과제별로 간단한 예시를 보여주면서 어떻게 수행하는지를 자세히 보여주고 있다. 참고로 구체적인 과제 내용이나 사례는 제시하지 않았다. 과제를 제시할 경우, 이 책을 쓴 목적과 달리 과제 내용 분석이나 답안 작성 연습을 하는 부작용이 생길까 봐 역량개발에 참고를 하라고 개요만 제시하였다.

다섯째, 역량평가 대비활동은 후보자가 단계별로 준비해야할 활동을 제시하였다. 후보자들이 과제내용에 집중하는 경향이 많은데, 평가과제는 직접 실습해 볼 수 없기에 유사 내용 파악 및 연습보다는 기본적인 수행활동에 집중하는 게 효과적이라는 것을 강조하고 있다.

"어떻게 준비하면 역량평가를 잘 받을 수 있나요?"

다년간 역량평가와 역량교육을 진행하면서 이런 질문을 받을 때마다 꼭 들려주고 싶은 이야기들로 이 책을 엮었다.

역량평가는 평가에 통과하는 것에 관심을 갖기보다 먼저 실제로 역량을 키우는 것에 관심을 가져야 좋은 평가를 받을 수 있다. 기획이나 행정업무 경험이 부족하다고, 나이가 많아 자료 파악이 힘들다고, 인상이나 억양이 강하다고 걱정하는 분들이 많은데, 역량평가를 제대로 이해하고 역량개발에 관심을 가진다면 전혀 걱정할 필요가 없다. 자신의 모습을 제대로 인식하고 보여주는 게 중요하다. 젊은 시절에 비해 변화된 자신의 모습을 이해하고 변하는 시대의 흐름에 맞춰 자신을 변화시킬 준비를 하면 된다.

이 책을 보신 분들이라면 역량평가에 대한 이해를 잘 해서, 잘못된 정보로 고생하지 않고, 수월하게 역량평가에 임할 수 있을 것이라 믿어 의심치 않는다.

그동안 책을 쓴다고 가정에 소홀한 남편을 묵묵히 챙겨준 아내 박주화와 채영, 준혁, 그리고 어려운 일이 있어도 묵묵히 지켜보고 힘이 되어 주신 양가 부모님께 감사드립니다.

아울러 제가 속해 있고, 이 책을 낼 수 있도록 역량교육의 장을 만들어준 우정공무원교육원, 함께 역량교육을 진행했고 원고에 대한 검토 및 의견을 주신 호서대 한영석 교수, 우정공무원교육원 안은영 사무관에게도 감사드립니다.

우정공무원교육원 교육운영과장 정해용

: Contents

Part 2 과장급 역할 및 역량

: Contents

: Contents

Part

1

역량평가 이해

1. 왜 역량평가가
   필요한가?

2. 역량평가에 대한
   오해와 이해

공직사회에 역량평가를 도입하여 승진 및 역량개발에 중요한 역할을 했다. 역량평가를 준비하면서 과장 역할을 이해하고 간접경험하는 긍정적 효과도 있지만 이에 대한 오해로 부작용도 발생하고 있다.

이 장에서는 역량평가 목적을 이해하고 역량평가에 대한 오해를 불식시키고자 한다.

G서기관은 7급으로 공직생활을 시작하여 작년 서기관으로 승진했지만, 역량평가를 준비하면서 여러 가지 생각이 들어 기분이 좋지 않다.

G서기관은 20년 동안 여러 유형의 과장을 모시면서 과장이 어떤 역할을 하는지 잘 알고 있다. 그 경험으로 좋은 모습은 배우고 나쁜 모습은 경계하면서 누구보다 과장 역할을 훌륭히 수행할 자신도 있다. 이전 선배들은 따로 배우지 않아도 과장역할을 잘 했다고 생각하는데 왜 자신은 이런 번거롭고 부담되는 역량평가를 받아야 하는지 억울하다.

부처 내에서도 성과가 좋아 유능하다고 인정받고 서기관으로 승진했는데 별도로 역량평가를 받아야 하니 업무능력을 의심받는다고 생각되어 기분이 나쁘다. 게다가 업무내용도 잘 알지 못하는 인사혁신처가 평가를 주관하는 것도 불만이다. 그러다 보니 역량평가에 대한 거부감도 들고 그다지 신뢰도 할 수 없다.

1. 왜 역량평가가 필요한가?

G서기관처럼 역량평가가 자기 업무능력을 의심받는 것이라고 느끼는 것은 교육 중에 가장 많이 나오는 반응이다.

G서기관처럼 역량평가 목적을 제대로 알지 못하면 역량평가와 역량교육에 대해 당연히 가질 수 있는 불만이다. 따라서 우리는 먼저 역량평가가 왜 필요한지 알아볼 필요가 있다.

1) 시행착오로 겪은 위험을 줄이기 위한 선택

사무관 이하 많은 공직자들은 과장이 무엇을, 어떻게 하는지 오랫동안 가까이에서 봤기에 잘 알고 있다고 믿는다. 하지만 주무관이나 사무관 입장에서 과장 역할을 판단하면 과장 역할 일부만 알 수 있기에 왜곡할 수도 있다는 것을 알아야 한다.

물론 경험이 없으니 과장 역할도 시행착오를 하면서 보완하면 된다고 할 수 있겠지만, 그것은 과장의 결정이 미치는 영향력이 크기에 쉽게 받아 들일 수 없는 문제다.

역량평가 및 역량교육은 시행착오로 겪는 위험을 최소화하기 위한 최선책이다. 역량평가를 통해 과장 역할을 수행하기에 부족한 후보자를 걸러내고, 역량교육으로 과장 역할 및 역량을 이해시키고 부족한 역량을 보완하도록 하는 것은 매우 중요한 일이다. [1]

2) 승진해서 새롭게 맡게 될 직책의 역량 검증

사무관이 승진하여 서기관이 되고, 역량평가를 통과하면 과장이 된다. 역량평가는 과장이 어떤 역할을 수행하는지 간접 체험하도록 하여, 과장 업무 수행에 도움을 주고 시행착오를 줄이도록 한다.

과장 역량평가는 과장의 역량을 검증하는 평가다. 신입 과장이 담당할 과 업무, 조직, 이해관계자에게 적절한 과장 역할을 할 수 있는지를 평가한다. 즉 기존 업무능력을 검증하지 않고 승진해서 새롭게

---

[1] 과장 역할 및 역량의 이해를 교육만으로 해결하면 부담이 적고 효과적이다. 하지만 평가가 수반되지 않으면 교육 참여나 관심이 적어 기대하는 효과를 거둘 수 없다.

맡게 될 과장 역할을 잘 수행할 수 있는지를 예측한다.

업무, 조직, 관계 영역에서 담당 조직에 부정적 영향을 끼치지 않는 수준인지를 검증한다. 과락(6개 역량 평균 2.5점)을 정하고 이 수준을 넘으면 평가를 통과한다.

2. 역량평가에 대한 오해와 이해

역량평가는 과장 역할을 이해하고 리더십 역량을 키우는 긍정 효과가 있지만, 단순히 평가대비 교육에 몰두하여 시간과 비용을 쏟게 하고, 과장 역할을 오해하고 엉뚱한 행동을 연습하고 익히게 하는 부작용도 있다.

역량평가는 생소한 방식이라 과제 형식 이해, 자료 파악 및 분석 방법, 제시된 상황에서 발휘해야 할 행동 등을 가르치는 교육도 필요하다. 따라서 국가공무원인재개발원, 지방자치인재개발원 등 국가 교육기관에서는 리더십 역량 강화를 목적으로 교육을 진행하고 있다.

반면에 사설 기관 교육은 리더십 역량 강화보다는 형식과 요령에 집중하는 경향이 크다. 이런 교육은 과제별로 어떤 반응을 보이면 좋은 점수를 받는지, 어떤 행동이 평가자에게 좋은 인상을 주는지, 어떤 자료를 집중해서 봐야 하고 어떤 자료는 보지 않아도 되는지 등의 요령을 가르치는 경우가 많다. 이런 교육은 과장에게 요구하는 자료 및 이슈 분석 능력, 의사결정, 대안 마련 등의 능력을 키우지 못하고, 잘못된 행동을 강화하는 문제를 일으킨다.

실제 역량평가는 과제수행자가 겉으로 보이는 행동만을 보지 않고 다양한 행동요소를 관찰하고 확인하기에, 요령을 익히고 행동을 연습하여 보여주는 건 평가에 역효과를 볼 수 있다.

여기에서는 잘못된 교육이나 왜곡된 소문으로, 대상자들이 가지는 몇 가지 오해에 대해 알아보기로 한다.

1) 직급에 맞는 역량평가 교육을 찾아라

| 오해 사례 2 |

H서기관은 조만간 역량평가를 받아야 한다. 국가공무원인재개발원 교육을 받기로 되어 있으나 부족하다고 느껴 다른 교육기관에서 추가로 교육을 받을 수 있는지 알아보고 있다.

역량교육은 대부분이 비슷한 과제나 방식으로 수행하고 있어, 기회만 주어진다면 다른 교육기관 교육도 받을 계획이다.

5급 역량교육은 정부교육기관이나 민간교육기관에서 많이 이루어지고 있고 관련 서적이나 자료가 많으나, 고위공무원단이나 과장급 교육은 별로 없고 관련 서적이나 자료도 많지 않다.

그래서 역량교육은 거의 비슷하니 5급 역량교육 및 관련 자료를 구해 평가를 준비할까 고민 중이다.

역량평가는 중앙정부 고위공무원단 및 과장급, 중앙부처와 지자체 5급 일부에서 실시하고 있다.

모든 기관의 역량평가나 역량교육에 쓰이는 과제는 발표(혹은 인터뷰), 역할연기(1:1, 1:2), 서류함 기법, 집단토론 등으로 이뤄진다.

기관 특성에 따라 모든 과제를 쓰기도 하고 일부 과제를 선별해서 쓰기도 한다. 일부 기관에서는 변형된 과제를 개발하여 활용하기도 한다.

역량평가 목적과 과제 유형은 같지만 직급별 역할, 필요 역량, 운영 방식 등이 다르기에 동일한 역량평가라고 하기 어렵다.

고위공무원단과 중앙정부 과장급 역량평가는 인사혁신처에서 담당하고, 역량교육은 국가공무원인재교육원에서 담당한다. 지방직 국장 및 과장 역량교육은 지방자치인재개발원에서 담당하고 5급은 해당 기관에서 교육과 평가를 담당하고 있다.

H서기관처럼 직급을 고려하지 않고 무조건 역량평가 대비 교육을 받으려는 분들이 있는데 이는 적절치 않다. 과장급에 요구하는 사고, 업무, 관계 수준과 표출되는 행동방식은 5급과 다르다.

정부기관들의 5급 역량평가는 면접 요령이나 노하우, 기획 및 보고서 작성 등의 스킬 교육이 적용될 수 있다. 실제로 이를 적용해 좋은 성과를 내는 사례도 있다. 관련 교육은 5급 역량평가에서 효과를 볼 수도 있다.

하지만 과장급에는 적절하지 않은 행동을 익히도록 해 역량평가에서 부작용을 불러오기도 한다. 대표적으로 보고서 양식에 따라 보고서를 작성한다거나, 상대가 말하면 무조건 고개를 끄덕이고 메모를 한다거나, 평가자가 들어오는데 손수 문을 열어주고 먼저 공손하게 인사를 해야 한다는 등의 행동이 여기에 속한다.

역량평가를 통과해야 하는 대상자의 절박함, 제대로 된 역량교육을 하는 교육기관 부족, 단순하면서도 명확한 방법을 원하는 사람들의 요구가 있어, 직급을 고려하지 않은 역량교육이 지속적으로 증가하고 있다.

하지만 직급에 적합한 역량교육이 아니면 시간과 비용을 낭비할 뿐 실제 도움이 되지 않음을 명심하고 역량교육 선택에 신중을 기해야 한다.

TIP 역량평가는 해당 직급에 필요한 역량을 측정하는 것이다. 따라서 역량교육도 해당 직급의 역할, 관련 역량 정의 및 하위요소, 평가과제 특성, 과제 수행 방식 등이 반영된 내용으로 받아야 한다. 직급을 고려하지 않은 역량교육은 크게 도움이 되지 않는다. 해당 직급에 적합한 교육인지를 확인하고 참여하는 것이 좋다.

2) 정답을 찾지 말고 역할에 집중하라

| 오해 사례 3 |

I서기관은 50대 후반으로 기획이나 보고서 작성 업무를 많이 해 보지 않았다. 주로 현장이나 민원인을 상대하는 업무를 하다가 뛰어난 성과를 내면서 서기관으로 승진하였다.

조만간 역량평가를 봐야 하는데, 과제들이 자신이 잘 해보지 않은 업무로 이루어져 부담스럽다. 역량평가를 잘 아는 사람들에게 어떻게 하면 역량평가를 잘 받을 수 있는지를 물었더니, 과제별로 정답이 있고 조금만 연습하면 금방 찾을 수 있다고 알려주었다.

I서기관은 필기시험과 비슷하게 준비하면 된다고 판단하여, 역량평가 관련 자료를 수집하여 과제별로 정답이나 평가자가 선호하는 답변을 찾는 연습을 하였다. 처음에는 익숙하지 않아 시간이 많이 걸렸지만 차츰 빨라지고 과제에서 원하는 정답이 보이자 자신감이 붙었다. 이제는 스스로 어떤 상황을 만들어 자연스러운 정답을 만들 수 있게 되었다. 이렇게 준비하면 되는데 다른 사람들은 왜 어렵다고 하는지 잘 이해가 되지 않았다.

"어떻게 정답을 찾아야 하나요?"

"어떤 식으로 자료를 보면 쉽게 평가를 받을 수 있나요?"

역량교육에서 많이 받는 질문이다. 안타깝게도 질문에 대한 명확한 요령은 없다.

과제는 다양한 주제로 이루어지고 구성방식도 달라, 공식화된 자료를 보는 방식이 없다. 정답이 있거나 고민없이 결정할 수 있는 과제는 애초에 평가에 사용할 수 없다. 이런 것은 역량평가 취지에 맞지도 않다.

I서기관처럼 정답을 찾으려는 과제수행자는 생각을 바꿔야 한다. 과제는 과제수행자가 의도한 대로 만들어지지 않으며, 평가는 필기시험처럼 외워서 정답을 제시하는 게 아니다. 따라서 정답을 찾기보다 과장 역할은 무엇이고, 업무 상황에서 어떻게 판단하고 행동해야 하는지를 고민해야 한다.

역량평가 및 역량교육에서는 선택이나 의사결정의 근거나 이유는 무엇인지, 그런 선택이나 결정이 미치는 영향은 알고 있는지, 그리고 문제가 생겼을 때 어떻게 대처하는지, 고려해야 할 사항을 알고 있는지, 의사결정에 영향을 받는 이해관계자를 알고 있고, 이들을 설득할 방안이 있는지 등을 확인한다.

> **TIP**
>
> 역량평가는 정답이 없다. 외우거나 정형화된 답변은 평가자가 측정하는 개인의 특성, 성향, 행동이나 능력을 평가할 수 없다. 과제에서 요구하는 혹은 숨겨놓은 정답을 찾으려 하지 말고 과제를 분석해서 역할에 맞는 자신의 판단이나 의견을 담아 제시해야 한다.

3) 못하는 것보다 잘하는 과제에 집중하라

오해 사례 4

J서기관은 역량평가 경험을 생각하면 씁쓸하고 기분이 좋지 않다. 평소 업무수행능력과 대인관계가 좋은 편이지만 여러 사람 앞에서 발표하는 게 부담스러웠다. 발표력을 키우려 노력했지만 크게 나아지지 않았다.

역량평가를 준비하면서 다른 과제는 어려움 없이 수행했다고 판단하는데, 발표 과제는 부담 때문인지 제대로 수행하기 어려웠다. 자신이 고민하고 판단하고 결정한 걸 말해야 하는데 제대로 되지 않았다.

역량평가를 보던 날, 불행히도 발표 과제를 첫 번째로 해야 했다. 부족한 부분을 많이 보완하였음에도 평가 상황에서 너무 당황해서 제대로 답변을 하지 못했다. 너무 망쳤다는 생각에 다른 과제도 자포자기하는 심정으로 보면서 역량평가에 떨어졌다.

J서기관은 어차피 발표를 제대로 하지 못하면 또 떨어질 텐데 다시 고생을 해서 역량평가를 봐야 하는지 고민 중이다.

J서기관처럼 일부 과제수행자는 한 과제를 망치면 실망해서 평가를 쉽게 포기하는 경우가 많다. 취약한 과제에 집중해서 전체적인 역량평가를 준비하지 못하는 것이다. 참으로 안타까운 일이다.

역량평가는 모의상황에서 과제수행자가 어떻게 행동하는지 확인하여 역량 수준을 평가한다. 과제 특성이나 기타 요인으로 과제수행자가 능력을 제대로 발휘되지 못하여 평가결과가 왜곡된다면 굳이 역량평가를 할 필요가 없다.

물론 평가라 모든 과제를 잘 수행하면 좋지만, 개인의 특성이나 경험으로 특정 유형 과제나 상황에서 제대로 능력을 발휘하지 못한다고 포기할 필요는 없다.

무대 공포증이 있는 사람은 과제 발표를 못할 수 있고, 기획이나 보고서 작성 등의 업무를 주로 수행한 사람은 대인관계가 약해 역할연기를 잘 수행하지 못할 수 있다.

역량평가는 이런 개인적 특성과 경험을 보완하려고 4개 과제 유형으로 진행한다. 공정하고 객관적 평가를 위해 모든 역량은 서로 다른 2개 과제에서 측정한다. 1개 과제가 개인에 맞지 않아 망치더라도 다른 과제를 잘 수행하면 보완이 가능하다.

역할연기를 망쳐도 다른 과제에서 평가점수가 높으면, 개인의 특성으로 본인 능력을 제대로 보여주지 못했다고 판단해서 역할연기에서 측정한 역량 점수를 조정한다.

역량평가는 6개 역량을 모두 잘해야 통과하는 게 아니다. 개인별로 잘하는 역량과 취약한 역량이 있다. 잘하는 역량에서 높은 점수를 받고 취약한 역량에서 낮은 점수를 받더라도 6개 역량의 평균이

2.5점 이상이면 통과한다. 역량별 과락은 없으니 약한 역량이 있더라도 너무 걱정하거나 지레짐작으로 포기하지 말아야 한다.

오히려 취약한 과제 때문에 좌절하거나 보완에 너무 많은 시간을 투자하기보다 잘하는 과제에 좋은 모습을 보일 수 있게 준비하는 게 나을 수 있다.

TIP 역량평가는 6개 역량 평균이 2.5점을 넘으면 통과하는 방식이다. 과제별 특성과 목적이 있지만 과제수행자의 특성과 경험을 배려한 방식이다. 취약한 과제가 있어 낮은 평가를 받더라도 나머지 과제에서 좋은 점수를 받으면 합격할 수 있다. 자신이 잘하는 과제와 취약한 과제가 있는지를 파악하여 현실적인 과제수행방안을 마련할 필요가 있다. 1개 과제를 제대로 하지 못했더라도 실망하지 말고 나머지 과제에 최선을 다하면 만회할 수 있다.

4) 과제별로 측정하는 역량을 예측하지 말라

역량평가는 과제별로 측정하는 역량을 정하지 않고 공개하지도 않는 걸 원칙으로 한다. 과제별 측정 역량을 알고 있다면, 과제 분석 방향을 잡고 측정 역량과 관련한 내용을 중심으로 파악하여 자기 말과 행동을 준비할 수 있어 평가자 질문에 대비하기 용이하다.

과장급 역량평가는 4개 과제를 사용하고 측정하는 역량도 6개로 많지 않아 어떤 과제가 어떤 역량을 측정하는지 예측할 수 있다. 그래서 이런 이야기들이 회자된다.

"역할연기나 집단토론은 의사소통을 측정한다."
"발표는 기획력(정책기획)을 측정한다."
"서류함 기법은 정책기획과 성과관리를 측정한다."

과제 수행자 중에는 과제별 측정 역량을 예측하여 수행 방안을 마련하고 연습을 하는 경우도 있다. 하지만 어떤 과제에서 특정 역량을 측정한다고 공표하지 않았기에 해당 과제에서 예측하는 역량을 측정하지 않을 수 있다.

따라서 측정이 예상되는 역량 1개에만 집중해서 관련 행동만을 강하게 부각하는 태도는 조심해야 한다. 과제는 2~3개 역량을 측정하기에 특정 역량 1개에 너무 집중하면 함께 측정할 다른 역량이 드러나지 않아 오히려 부정적인 영향을 미칠 수 있다.

예를 들면 조직관리와 동기부여를 함께 측정하는 과제가 있다. 과제의 내용과 구성을 보고 조직관리를 측정한다고 단정하여 직원들의 상황, 업무 여건, 개인 특성을 고려하지 않고 업무만 조정하는 경우에 물론 조직관리는 잘 한다고 평가받을 수 있지만, 동기부여에서는 부정적인 평가를 받아 전체 평가에서 불이익을 당할 수 있다.

과제별로 측정하는 역량이 정해져 있지 않으니 측정하는 역량을 예측하여 준비하지 말자. 과제에서 측정하는 역량에 관심을 갖기보다 과제를 잘 이해하고 평소 자신의 행동패턴, 사고방식, 업무수행방식, 관계형성 등의 모습이 어떤지 떠올려 보고, 어떤 것이 적절한 과장 역할인지 판단해서 자기 사고나 행동을 이에 맞게 변화시키는 노력을 기울여야 한다.

5) 형식에 얽매이지 말고 본질에 집중하라

┌─ | 오해 사례 5 | ─────────────────────┐

　　K서기관은 평소에 직설적이고 단도직입적으로 말하는 성격이다. 복잡한 업무 해결이나 난처한 상황을 잘 해결하지만 주위에서 너무 까칠하다는 반응을 받았고, 담당 과장들도 이를 지적하는 경우가 있었다.

　　긴급한 업무 회의를 할 때 장황하게 얘기하는 상대방 말을 자르거나 자기 위주로 정리하는 모습을 보여 예의가 없다는 소리를 들은 적도 있다. 지나치게 예의만 차리면 빠른 일처리가 안 된다고 믿고 행동했기에 주변의 충고에 개의치 않았고 지금까지 좋은 성과를 낼 수 있었다.

　　서기관이 되어 역량평가를 준비하면서 이런 공격적인 모습이 평가에서 매우 부정적일 거라는 우려가 생겼다. 조심하겠지만 평가에서 의도치 않게 행동이 나타날까 봐 걱정이다. 부드럽고 공손한 태도를 보이고 평가자 이야기를 잘 들어주는 모습을 어떻게 보여줄지 고민이고, 집단토론을 할 때는 논의 상황에서 자신의 강한 이미지가 보일까 봐 고민하고 있다.

　　지금은 상대방 이야기에 반발하지 않고 무조건 수용하는 모습을 보이도록 노력하고 있는 중이다.

└──────────────────────────────────┘

　　K서기관처럼 평가에서 불이익을 받을까 봐 평가자에게 공손한 태도를 취하거나 평가자 요구를 무조건 수용하려고 애쓰는 과제수행자들이 있다. 평가자에게 좋은 인상을 줘야 좋은 평가를 받는다고 믿기 때문이다.

　　물론 공손한 태도를 보여 나쁠 건 없다. 공손한 태도를 보이는 사람에게 불만이나 적대감을 보이는 사람은 없다. 하지만 지나치게 억지를 부리거나 상대를 무시하는 모습만 아니면 공손한 태도가 평가에 영향을 미치지 않는다. 모든 업무를 공손한 태도로 수행할 수 없으니 평가에서도 무조건 공손한 태도를 요구하지 않는다. 2)

일반 과제 상황에서는 공손한 태도를 유지하는 것이 좋지만, 상대와 격렬한 토론을 해야 하는 상황에서는 적극적으로 임하는 것도 좋다. 예를 들어 토론에서 공손한 태도를 유지하다가 자기 주장을 정확하고 강하게 하지 않으면, 상대의 강한 주장에 밀릴 수 있다. 평가자 면담에서 평가자가 자기 잘못에도 불만을 제기하며 강하게 요구하는 사항을 과제로 제시할 때 무조건 수용하게 되면 역할을 제대로 수행하지 못해 좋은 평가를 받기 어렵다.

공손한 태도가 일상적이고 자연스러운 행동이면 좋지만, 성향이 그렇지 않으면 너무 억지스러운 행동으로 비쳐줘서 평가자에게 오히려 부정적인 인식을 줄 수 있다.

예를 들어 어떤 과제수행자는 직원 역할 평가자에게 공손히 물을 가져다주거나, 문을 두드릴 때 손수 마중 나가 문을 열어주고 먼저 공손히 인사하는 모습을 보이기도 한다. 일부 사설 면접교육기관 등이나 경험자로부터 좋은 점수를 받는다고 전수를 받아서 따라서 하는 행동이다. 하지만 실제로 과장들은 업무 상황에서 이런 행동을 하지 않는다. 따라서 이렇게 상식적이지 않은 행동은 좋은 평가를 받을 수 없다.

과제수행 시 공손한 태도를 유지하려고 노력하되 너무 작위적인

---

2) 모든 업무를 공손한 태도로 수행할 수 없으니 평가에서도 무조건 공손한 태도를 요구하지 않는다.

모습을 보이지 말고, 면담이나 토론에서는 적극적으로 자기 의견을 개진하고 과장 역할을 적극적으로 수행해야 한다.

6) 보고서 형식에 얽매이지 말고 키워드를 잡아라

| 오해 사례 6 |

L서기관은 역량평가에 대한 불안이 크다. 이런 방식의 평가를 받아 본 적이 없고, 일반적인 필기시험과는 달리 어렵다는 이야기를 많이 들었기 때문이다.

L서기관은 다양한 업무 경험을 바탕으로 문제해결능력은 뛰어나지만, 정책을 기획하고 보고서로 만들어 보고하는 업무는 상대적으로 약해 다른 직원 도움을 받는 편이다.

자료 숙지도 예전 같지 않아 '발표' 과제에 대한 부담이 상당하다. 발표 과제는 주어진 자료를 분석하여 보고 체계에 맞게 작성한다면 좋은 평가를 받을 수 있다고 들었다. 주위에 수소문을 하여 '제목 → 배경 → 현황 → 문제점 → 목표설정 → 개선방안 → 추진계획 → 장애요인 및 고려사항 → 기대효과 → 건의사항' 순으로 보고서를 작성하면 된다는 노하우도 얻었다. 보고서 작성 목차에 따라 연습을 해 보니 내용 정리가 깔끔해서

　L서기관처럼 발표 과제를 수행할 때 보고서 형식에 맞춰 발표 내용을 작성하는 사람들이 많다. 자료 숙지에 어려움이 있고 발표가 부담스러운 사람들이 많이 활용하는 방식으로 과제에서 제시된 자료나 상황을 요약하여 발표할 내용을 적는다. 하지만 자료를 분석하고 고민한 내용을 모두 작성하고 평가자 질문에 적절히 대응할 시간적 여유가 없다.

　시간이 30분으로 제한되어 있기에 많은 내용을 작성하면 과제 전체 내용을 충분히 이해할 수 없다. 과제에 대해 생각할 시간이 줄어들어 제대로 답변을 못하거나 요구하는 미션 일부를 놓칠 수밖에 없다.[3]

　과제를 보고서 형식에 맞춰 쓰는 이유는 일부 기관에서 과제 내용을 보고서로 제출하도록 하는 경우(주로 5급 역량평가)와 발표라는 형식에 따라 체계적으로 작성해서 보고해야 한다는 오해 때문이다.

　물론 보고서 제출을 요구하는 경우(주로 5급 역량평가)에는 보고서를 작성해야 좋은 평가를 받을 수 있다. 하지만 이때는 주어지는

---

3) 보고서 체계에 맞춰 발표할 내용을 작성한다면 어떻게 될까? A4 용지 한 장을 가득 작성하려면 적어도 10분의 시간이 필요하다. 20분 정도 내용을 파악하고 발표 내용을 다 정리하기도 전에 평가자가 들어온다. 의사결정이나 해결방안을 마련할 시간이 없어, 제대로 평가받기 힘들다.

시간이 길다. 이 평가방식을 쓰는 기관은 평가대상자에게 기획이나 문서 작성 능력을 원한다. 이런 평가에서는 당연히 과제 내용을 보고서 형태로 작성하는 게 맞다.

하지만 과장급 역량평가는 발표 형식을 빌릴 뿐 발표나 보고 능력을 평가하지 않기에 많은 내용을 작성하면 안 된다. 20분~25분 동안 과제 내용을 파악하고 나머지 시간에는 미션에 따른 의사결정을 하고 해결방안과 고려사항 등을 찾아야 한다.

보고서를 쓰지 않으면 불안감을 느끼는 사람이라면 키워드를 중심으로 간단한 작성하면 좋다. 교육할 때 보면 키워드 중심으로 간단히 작성하는 교육생이 그렇지 않은 교육생보다 발표 과제를 잘 수행하였다.

TIP

발표 과제는 형식을 빌렸을 뿐 발표력이나 보고서 작성 능력을 보려는 게 아니니 보고서를 만드는데 시간을 소비하지 말아야 한다. 충실하게 내용을 분석하고 정확한 생각과 판단을 보여주는 게 중요하다. 시간이 부족하기에, 자신만 알아 볼 수 있고 발표할 때 잊어버리지 않을 정도로 키워드를 작성하면 좋다. 많은 사람들이 쓰지 않으면 많이 기억하지 못해 발표도 힘들다고 생각하는데, 키워드를 중심으로 쓸 때 훨씬 많은 생각을 하고 답변도 원활히 할 수 있다.

7) 말보다 미션 해결 방안에 집중하라

| 오해 사례 7 |

1. M서기관은 다른 사람들 앞에서 말하는 걸 좋아하여 부처 행사 사회나 발표를 도맡아 왔다. 스스로도 말주변이 좋다고 생각하고 다른 사람들도 인정한다.

M서기관은 업무능력보다 관계형성을 통해 많은 걸 해결하는 편이다. 업무와 관련된 논의에서 밀린 적이 없을 정도로 순발력과 임기응변이 뛰어나다. 어떤 내용이든 대충 보고 이야기해도 다른 사람에게 밀리지 않는다. 역량평가를 준비하면서도 다른 사람들에 비해 유창하게 말하고 임기응변으로 잘 대처한다고 느껴 자신감이 넘친다.

2. N서기관은 업무 분석 능력이 뛰어나고 창의적인 아이디어가 많고, 부하직원들도 잘 챙기는 편이지만 타인에게 효과적으로 설명하는 능력이 약하다. 특히 사람들 앞에서 발표할 때면 당황하는 경우도 있어 자기 능력에 비해 주변 평가가 좋지 않은 편이다.

서기관 승진은 했으나 역량평가가 걱정이다. 업무에는 자신이 있으나 표현능력이 부족해서 자신이 가진 걸 제대로 보여주지 못해 떨어질 거란 불안 때문에 최근에는 잠도 설치고 있다.

역량평가에서 발표력이나 의사전달력을 측정하니 말을 잘하면 유리하다고 생각하는 사람들이 많다. 그래서 M서기관이 역량평가를 더 잘 볼 것이라 생각한다. 하지만 개인별 차이는 있지만 역량평가 관점에서 보면 N서기관이 더 잘 볼 가능성이 크다.

M서기관은 업무 능력보다 말솜씨와 타인 도움을 통해 성과를 냈고, N서기관은 말솜씨는 부족하지만 업무 능력과 직원관리능력으로 성과를 냈다. 물론 설득력 있고 명확하게 의사를 전달하면 좋지만 역량평가는 말솜씨를 평가하는 건 아니다. 말이 어눌하고 체계적이지 않더라도 자신이 판단한 내용을 무리없이 전달하기만 하면 평가에 나쁜 영향을 주지 않는다.

M서기관은 자신감을 가지고 평가자 질문에 임기응변으로 대응하겠지만 업무 역량이 뛰어나지 않아 질문에 적절히 대응하지 못해 나쁜 평가를 받을 가능성이 크고, N서기관은 평가 상황에 위축되어 체계적으로 발표는 못 하겠지만 자기 경험과 능력으로 분석하고 결정한 내용을 어떤 식으로든 전달하면 괜찮은 평가를 받을 수 있다.

과제 분석 능력과 자기 생각, 판단, 고민이 없다면 아무리 말을 잘하고 전달 능력이 뛰어나더라도 좋은 결과를 얻을 수 없음을 알아야 한다. 따라서 N서기관처럼 업무능력에 장점이 있다면 표현능력이 부족하다고 결코 걱정할 필요가 없다.

역량평가는 유창한 말솜씨나 임기응변을 평가하는 게 아니다. 말보다 생각, 판단, 행동을 평가하니 말을 잘해야 한다는 부담은 가질 필요가 없다. 서기관까지 올라갈 정도면 상대가 이해하지 못할 정도로 전달력이 심각한 경우는 없다. 과제에서 요구하는 미션을 고민하고 적절한 방안을 만드는 것이 훨씬 중요하다.

8) 집단토론은 결과보다 합의과정에 집중하라

집단토론은 역할을 부여받은 과제수행자가 유리한 결과를 얻기 위해 상대를 어떻게 설득해 가는지, 어떻게 합의나 조정을 하는지, 논의 과정에서 어떤 모습을 보이는지 관찰하여 평가한다.

집단토론에서 합의안을 내고 양보하여 결론(조정안)을 내는 사람이 좋은 평가를 받는다고 잘못 알고, 평가나 교육 상황에서 이상한 태도를 취하는 사람들이 있다. 논의가 시작되어도 적극적으로 참여하지 않는다. 상대 의견에 별로 관심을 보이지 않고 논의를 잘 듣지 않으며, 자기 의견도 강하게 제시하지 않는다. 가끔 자기 의견을 이야기하지만 논의와 별로 상관없고, 자료를 뒤적이거나 메모 등으로 시간을 보내다가 끝나기 5분 전쯤 자신이 모든 걸 양보하겠다고 제안한다. 조정안을 만들기 위해 이미 양보하기로 정한 것이다. 하지만 매우 부적절한 행동이다.

집단토론에서는 합의나 조정 결과가 어떻게 되었느냐, 즉 어떤 과제수행자가 유리한 결과를 얻었느냐는 평가에 크게 영향을 미치지 않는다.

집단토론은 논의과정을 중요하게 여긴다. 주어진 상황이나 내용을 제대로 알고 있는지, 상대 의견을 경청하고 이해하는지, 어떤 근거나 기준으로 논의를 하는지, 서로 다른 의견을 어떻게 조율하는지 등을 확인하는 것이다.

따라서 합의나 조정에 집착할 것이 아니라 자신의 역할과 자료를 분석해서 토론에 적극적으로 참여하는 것이 좋다. 토론에서 어떻게 논의를 이끌어 갈지 시뮬레이션해 보는 게 중요하다. 그래야 상대의 이야기를 잘 듣고, 그게 어떤 뜻인지 잘 파악해서 그에 상응하는 자기주장을 펼쳐서 좋은 평가를 받을 수 있다.

TIP

합의, 조정, 양보 등 결과에만 집중하여 논의 과정을 생략하면 좋은 평가를 받을 수 없다. 집단토론은 입장이 다른 상대의 요구를 얼마나 잘 파악하고, 상대를 어떻게 잘 설득하는지를 확인하는 자리다. 따라서 상대 이야기에 경청하고, 상대 요구사항을 파악한 후 자기 요구사항과 차이를 비교하여 합의점을 찾으려는 적극적인 토론 자세가 중요하다.

9) 과제가 부처 상황을 반영하지 않는 것을 당연한 것으로 알라

소속 부처 상황이나 업무 내용으로 역량평가를 받으면 좋겠다는 분들이 많다. 시간도 부족하고, 과제에 익숙하지 않아 내용 파악도 어렵고 상황 몰입도 쉽지 않다는 불만이다. 하지만 역량평가에서는 이것을 당연한 것으로 여겨야 한다.

인사혁신처 주관으로 진행되는 역량평가는 과제수행자 소속 부처와 관련된 과제를 제공하지 않는다. 모든 평가대상자는 자신이 경험하지 않은 타 부처 업무내용으로 평가를 받아야 한다. 예외로 외교부, 관세청, 특허청 등은 해당 부처 업무 특수성을 인정받아 인사혁신처 인증을 거쳐 부처 업무 상황을 반영한 과제로 자체 역량평가를 실시하고 있다.

하지만 대부분은 업무 전문성이 아닌 일반 관리자에게 필요한 역량을 측정하기에, 소속 기관의 업무 내용이나 구체적인 상황을 반영하지 않는다.

부처에서 수행했거나 현재 수행하고 있는 업무 내용으로 평가받을 경우, 개인의 역량보다는 경험유무, 업무지식 등이 작용해 평가에 왜곡이 발생할 수 있기 때문이다.

오죽하면 경험으로 인한 평가 왜곡을 막기 위해 가상 국가 상황을 설정하고, 각 부처 상황을 반영한 과제 여러 set을 개발하여 활용할까? 과제수행자가 속한 부처와 관련된 과제는 배척하기에, 본인이 속한 부처 상황으로 구성된 과제로 평가를 볼 가능성은 없다.

시사성이 높은 사례도 많이 활용된다. 사례 접촉 유무에 따라 평가에 영향을 줄 수 있어 사례를 현실 그대로 활용하지 않고 상황과 내용을 바꿔 과제를 구성한다. 그러니 사례가 부처 현실과 맞지 않다고 느끼는 것은 당연한 결과다.

평가를 받는 모든 대상자는 자신이 속한 부처의 업무나 상황이 반영된 과제로 평가받지 않는다. 모두가 똑같은 조건이기에 불만을 갖기보다 주어진 자료에 근거해서 충실히 역할을 수행해야 한다. 시사성 높은 사례가 많이 나온다고 하여, 사설을 많이 읽는 분들이 있는데 평가 목적에 맞게 내용을 바꾸니 별로 효과가 없다는 것을 알아야 한다.

10) 평가자의 압박을 긍정신호로 받아 들여라

| 오해 사례 8 |

1. P서기관은 역량평가를 치른 뒤 매우 기분이 좋다. 자신이 준비한 대로 이야기를 다 했고, 평가자도 친절했으며 자신이 준비한 걸 물어서 편안하게 답변도 잘 했다.

1:1 역할연기에서는 '면담', '소통', '동호회', '티타임' 등을 활용하여 이야기했고, 발표에서는 자신이 염두에 두었던 상황이 나와 '간담회', '공청회' 등을 활용하여 말했더니 평가자가 만족하는 걸로 보였다.

과제에서 원하는 답변을 잘 해서인지 평가자가 편하게 해 주었고 심한 압박도 들어오지 않아서 무난히 합격할 듯하다.

2. Q서기관은 역량평가를 치른 후 방안 마련이 힘들었고 평가자 질문도 어려워 제대로 대응하지 못한 부분이 떠올라 아쉬움이 많다.

자료를 보며 많은 고민을 했기에 처음에는 평가자 질문에 잘 대응했다고 생각했다. 나름 합리적인 결정과 방안, 대안을 제시했으나 예상치 못한 질문이 계속되어 너무 힘들고 당황스러웠다. 이해관계자와 요구사항을 언급했는데, 추가적인 질문에 정신을 차릴 수가 없었다. 업무조정은 개략적인 방향만을 세웠는데 구체적인 조정내용을 요청하여 짧은 순간에 답을 하느라 너무 힘들었다.

조금만 시간이 더 있었으면 제대로 준비할 수 있었을 거란 아쉬움과 판단을 잘못해서 약간 실수를 했던 부분이 자꾸 떠올라 걱정이 크다. 아무래도 좀 더 준비해서 다시 도전해야 할지도 모르겠다.

역량평가를 받고 나온 사람들의 반응을 크게 두 가지로 나뉜다. P서기관처럼 평가자의 분위기가 좋아서 스스로 준비한 내용도 잘 활용했다고 느껴서 합격을 자신하는 경우와 Q서기관처럼 여러 가지로 정신을 차리지 못하고 예상치 못한 질문에 답변하느라 너무 힘들어 탈락을 걱정하는 경우다.

이런 경우 실제로 역량평가 당락은 어떻게 될까? 대부분 P서기관처럼 반응을 보인 사람들은 탈락하고, Q서기관처럼 반응을 보인 사람들이 합격을 한다.

왜 이런 현상이 생기는 것일까?

평가자는 과제수행자를 도와주려 노력한다. 최대한 편한 분위기를 만들고 다양한 방식으로 과제수행자를 배려한다. 우선 과제 상황을 얼마나 잘 파악하고 있는지 확인하고 다음으로 미션에 따른 의사결정과 관련 기준이나 근거, 문제해결방안 등을 질문으로 확인한다. 이런 질문에 구체적으로 답변을 하면 역량평가를 통과하는 수준이 되고 제대로 답변하지 못하면 탈락하게 된다.

과제수행자가 여유롭게 통과할 수준이거나 과락 근처에 있으면 평가자는 정확한 평가 결과를 위해 강하게 압박한다. 따라서 강한 압박이 있다면 잘 하고 있다고 생각해도 무방하다. 당락을 결정하기 위해 최종적으로 역량 등급을 결정하기 위해 점차 어려운 질문을 하고 압박하여 난처한 상황으로 모는 경우가 많다.

이에 반해 과제수행자가 역량평가를 통과하지 못할 수준이라면 평가자는 강하게 압박할 필요가 없다. 수준이 미치지 못하니 심층질문이나 압박질문의 필요성을 느끼지 않는 것이다. 따라서 질문도 쉽게 하고, 묻고 싶은 걸 이야기해 주면서 동의를 구하는 수준으로 과제를 이끌어 간다.

과제수행자는 이것을 호의적으로 느낀다. 자신이 준비하거나 고민한 걸 말하면 평가자가 고개를 끄덕이면서 긍정적으로 반응해 주고 평가자가 자세히 설명해 주면서 질문하니 자신이 잘 하고 있다고 판단한다. 하지만 이런 경우는 오히려 본인의 과제수행에 문제가 있다고 생각하고, 얼른 과제수행을 제대로 하고 있는지 짚어봐야 한다. 그렇지 않으면 본인의 생각과 달리 탈락의 고배를 마실 수밖에 없다.

강한 압박은 합격 근거를 마련하기 위한 평가자 역할로 봐야 한다. 강한 압박은 긍정 신호로 받아들여 당황하지 않고 본인 의견을 정확히 제시하면 좋은 결과를 얻을 수 있다. 반면 평가자가 사실 관계 위주로 확인하고 지나치게 호의적이면 과제 수행을 제대로 하는지 되짚어 봐야 한다.

11) 순발력보다 상황파악과 의사소통에 집중하라

역량평가는 과제분석 30분, 과제수행 20분, 짧은 시간으로 순발력이 필요하다고 생각하는 분이 많다. 연령이 높을수록 이런 생각이 강하다. 이런 분들이 질의응답에 빠르게 대응하기 어렵다며 기존 평가 내용을 찾고 평가 요령 등을 익히려 한다.

그러다 보니 자료 파악이나 분석에 대한 노력보다 과제에서 제시하는 이메일 역할은 무엇이고, 신문기사나 연구보고서는 어떤 내용이 나오고, 벤치마킹 자료는 어디에 활용하는지 등을 외워서 익히려 한다. 어떻게 말하고 행동해야 하는지 연습하는데 많은 노력을 할애한다.

하지만 평가에는 임기응변이나 순발력이 필요한 것이 있어 약간 도움을 받을 수는 있지만, 이것으로 평가를 통과할 수 없다. 임기응변이나 순발력은 평가 영역이 아니기에 여기에 집중해서 평가에 임하면 탈락할 가능성이 높다는 것을 알아야 한다.

순발력 부족을 걱정할 필요가 없다. 실제로 순발력은 급한 상황에 약간 도움이 되지만 당락에는 크게 영향을 주지 않는다. 순발력을 대체하기 위해 배운 요령이 오히려 자기 장점을 없애고 업무에서 하지 않는 행동을 해서 제대로 평가를 받지 못할 수 있다. 순발력보다 자료 파악, 상대와 정확한 의사소통을 하려고 노력해야 한다. 요령으로 메우려 하지 말고 과제에서 해야 할 미션을 깊게 고민해야 한다.

12) 미리 교육을 받아 행동변화의 시간을 확보하라

역량평가를 필기시험처럼 생각하는 사람들이 평가를 받기 직전에 족집게 교육을 받으려 한다. 교육을 받은 후 잊어버리기 전에 평가를 받으려는 이유다. 하지만 이것은 자신의 부족 역량을 확인하고 보완 및 향상시킬 수 있는 기회를 놓칠 수 있어 안타깝기만 하다.

역량평가는 개인이 장기간에 체득하고 내재화된 행동을 평가하기에 단기간에 외우고 요령을 익힌다고 평가를 잘 받을 수 없다. 요령을 배우기보다 부족한 역량이 무엇인지 파악하고, 지속적인 피드백

과 변화 노력으로 행동 변화를 꾀하는 것이 중요하다. 자신의 능력과 피드백을 받아들이는 태도에 따라 차이가 있으나, 일정 기간을 확보해서 최소한의 행동 변화를 이뤄가는 것이 더 좋은 방법이다.

TIP 역량 교육(개발)은 충분한 시간을 가지고 준비해야 한다. 부족한 자기 역량을 확인하고 부족한 행동을 보완하기 위해 업무상황에 적용해 보거나 개발 노력(자료 분석 능력, 이미지 트레이닝, 타인 이해 및 공감 노력 등)으로 변화시키는 기간이 필요하다. 행동 변화가 일어나려면 일정 시간이 필요하니, 미리 교육을 받고 부족한 부분을 확인하고 보완해 행동이 바뀌도록 해야 한다.

13) 절대평가이니 끝까지 최선을 다하라

역량평가센터에서 정책적으로 약 20% 내외를 떨어뜨린다는 소문 때문에 걱정하는 분들이 많다. 고령자들은 경쟁에서 자신이 불리할 것이라고 걱정을 많이 한다. 특히 대민 업무나 현장 업무가 많은 부처 과제수행자들은 기획이나 보고서 작성 업무를 하지 않았으니 자신들이 꼴찌일 거라고 지레 겁을 먹어 역량평가를 받기도 전에 자신감을 잃고 스스로 무너지는 경우도 많다.

과장급 역량평가 탈락률은 20%를 넘는데, 하루에 대상자 6명이 평가를 치르고 최하위 1명이 떨어지면 16.7%이고, 어떨 때는 2명이 떨어지니 20% 이상 탈락률이 나온다는 막연한 계산으로 생긴 오해다. 하지만 이는 사실이 아니다.

역량평가는 중간관리자로서 역할을 수행할 최소한 능력을 갖추고 있는지 절대평가로 측정한다. 즉 6명이 평가를 다 잘 보면 전원이 합격하고, 6명이 평가를 다 못 보면 전원이 떨어질 수도 있다.

그러니 일정 비율로 떨어진다는 불안감으로 지레 겁을 먹을 필요가 없다. 주어진 과제수행에 최선을 다하고 겸허히 결과를 기다리는 자세가 필요하다.

역량평가는 원만한 업무수행과 조직 및 구성원 관리를 할 수 있는 최소한의 과장 역량만 보유하면 누구든 합격할 수 있는 절대평가로 이뤄진다. 자기 역량이 최소 요구 수준을 넘으면, 다른 사람 역량 수준과 상관없이 합격할 수 있으니 자신감을 가지고 준비하여 역량평가에 임해야 한다.

Part

2

과장급 역할 및 역량

어떤 조직이든 직급별 역할이 있다. 어떤 역할은 범위와 권한에 차이가 있을 뿐 모든 직급에서 수행하지만, 보통 상위 직급은 정책기획, 의사결정, 네트워킹 위주 역할을 맡고, 하위 직급은 실무 위주 역할을 맡는다. 과장급 리더십역량모델을 구성할 때 과장급 역할뿐만 아니라 고위공무원단 역할, 하위 직급인 사무관의 역할도 분석해서 참고한 이유가 여기에 있다.

이 장에서는 과장의 역할이 무엇인지, 이를 잘 수행하기 위해 필요한 역량이 무엇이고, 어떤 특성을 가지고 있는지 알아보고자 한다.

| 과장 역할과 문제사항 |

1. A과장은 명문대를 나오고 행정고시로 들어와 사무관 시절부터 주어진 업무를 완벽하게 처리하고 어려운 문제도 잘 해결하는 우수한 직원이었다. 사무관 시절에 주로 기획업무를 수행하여 자료 분석 등 업무 파악을 잘 했고, 과장의 의사결정을 충실히 지원하는 역할로 능력을 인정 받았다.

하지만 과장으로 진급하여 대민관련 현장 업무를 수행하는 과를 맡으면서 어려움이 발생했다. 자료 분석이나 보고서 작성, 수정, 보완을 직접 했지만, 현장업무에 대한 경험이 부족해 의사결정을 제대로 하지 못했다. 현장 업무 상황을 잘 이해하지 못해 직원들이 겪는 어려움을 공감하지 못했다.

직원들은 과장이 기획이나 보고서 작성 등 업무에 치중하고 자신들에 대한 상황이해와 관심이 부족하다고 불만을 갖고 있었다. 과장이 의사결정을 지연할 때마다 업무관리에 어려움을 겪기 시작했다.

2. B과장은 7급으로 들어와 기획능력보다 원만한 대인관계와 협업을 바탕으로 맡은 업무에서 좋은 성과를 내 늦은 나이에 과장으로 승진했다. 과장이 된 후에도 국장 및 직원들과 원만한 관계를 유지하고 직원들과 스킨십을 통해 일하기 좋은 업무 환경 및 조직문화 형성에 주력하였다.

하지만 과 분위기는 좋아졌으나 상대적으로 업무 수행 능력이 떨어져 주요 업무 내용과 이슈를 제대로 파악하지 못해 신속하게 대응하지 못했다. 빠른 의사결정을 할 때는 고려하지 못하는 부분이 생겨 업무수행과정에서 곤란을 겪고 있다.

1. 과장급 역할

과장 역할은 업무, 조직관리, 관계 형성 등으로 구분하는데, 사무관보다 업무 비중은 작고 조직관리, 관계형성 비중이 크다.

1) 과장의 업무

과장은 과 비전 및 목표를 수립, 업무 방향을 제시하고, 수행하는 업무에 대한 의사결정을 해야 한다. 따라서 부처나 국 정책 방향을 염두에 두고 과 업무를 파악해서 과 업무방향을 정해야 한다. 과 업무 관련 이슈를 분석하고 방안을 체계화하는 능력을 갖춰야 한다. 의사결정은 명확하고 타당성이 있어야 하며 신속해야 한다.

업무 능력이나 전문성이 있는 건 좋지만, 이를 발휘하는데 집중하거나 세세한 업무를 직접 수행하는 건 자제해야 한다. 자칫 숲을 보지 못하고 나무만 보게 되거나, 직원 역할을 침해해서 직원이 위축되거나 소신껏 업무 수행을 하지 못하게 할 수 있기 때문이다.

A과장은 기획이나 보고서 작성 등 업무에는 우수한 능력을 가지고 있지만, 사무관 시절 업무 스타일을 버리지 못하고 있다. 과장 보좌 역할을 충실히 잘했을지 몰라도, 과장이 되고도 역할전환을 제대로 하지 못했다. 과 업무와 관련된 정책이나 기획보고서는 잘 만들 수 있으나 이런 활동이 과장의 주된 역할은 아니라는 것을 알아야 한다.[4] 생소한 현장 업무 상황에 관심을 갖고 적절한 의사결정을 해서

---

4) 일부 부처의 경우, 과장이 직접 기획안이나 보고서를 작성하지만 과장은 주로 보고서를 검토하여 결재(의사결정)하고, 보완할 사항을 피드백하고, 문제해결방안 및 업무지원 방안을 마련하는 역할을 한다.

현장 문제를 해결하는 능력을 갖춰야 한다.

B과장은 직원관리나 관계 형성에 많은 비중을 두는 건 좋지만 최소한 과장에게 요구되는 업무 능력을 갖추지 못했다. 과장으로서 업무 상황이나 이슈를 정확히 이해하고, 의사결정에 필요한 분석력과 문제해결력을 갖춰 정확한 업무 지시와 대응을 할 수 있어야 한다.

2) 조직 관리

과장은 업무 진척 관리, 업무조정 및 지원, 자원 확보 및 분배, 업무 촉진을 위한 동기부여 역할을 해야 한다. 과 사무분장 및 업무조정 권한이 있으니, 개인별 적정 업무를 부여하고 업무 진척을 확인하면서 관리 · 조정하는 역할을 해야 한다. 업무 과부하나 지연 등의 문제를 살피고, 문제가 생기면 상황과 내용을 파악하여 적절하게 업무를 나누거나 인력을 추가 투입해서 해결되도록 구체적으로 조치해야 한다.

조직 관리는 사무관이 하지 않는 역할이다. 과장이 되었으면 관심을 업무에서 부하직원으로 많이 옮기는 게 중요하다. 직원 업무상황과 개인적 특성을 파악하여 효율적으로 업무하는 환경을 조성해야 한다. 적극적인 관심과 배려, 격려로 직원들이 자발적이고 능동적으로 업무를 수행하고 조직생활에 적응하도록 도와야 한다.

내가 일을 잘하고 열심히 하면 직원들이 따라와서 문제없이 업무가 진행된다고 생각하면 곤란하다. 아울러 지금은 일을 많이 시키지만 성과를 잘 내서 충분한 보상을 해주면 직원들이 불평 없이 따라줄 거라고 생각해도 문제가 있다.

A과장은 현장 업무와 직원에 대한 관심이 부족해서 과 업무관리 및 직원관리를 제대로 하지 못했다. 과장으로서 조직을 통솔하려면 스스로 수행하는 업무 비중을 줄이고 과가 어떻게 돌아가는지, 직원들은 어떤 업무 상황인지 등을 살펴야 한다. 직원 업무 상황을 제대로 파악해서 문제가 발생할 때 적절한 조치를 취하는 능력을 갖춰야 한다.

B과장은 관계에 집중하여 과 분위기는 좋게 했지만, 업무 상황이나 이슈에 대한 파악이 느려 과 업무 운영에 어려움을 겪고 있다. 과장으로서 과 업무 상황이나 이슈에 대한 파악 능력을 갖춰야 한다.

3) 관계 형성

과장은 과 업무와 연관된 다양한 관계형성 및 이해관계자 대응 등의 역할을 한다. 과 업무 수행을 위해 해당 부처 및 소속 국 정책방향을 인지하고, 유관 기관 및 외부 기관과 적절한 관계를 형성 및 유지하는 게 중요하다. 과에서 집행하는 정책으로 발생하는 갈등이나 이해관계자를 고려해서 이들이 요구하는 사항을 파악하여 조정하는 방안을 마련해야 한다.

A과장은 관계형성에 그다지 관심을 보이지 않아 누구보다 더 많은 노력을 해야 한다.
B과장은 원만한 관계형성을 하고 있어 관계 형성 역할만 명확히 이해하면 더 잘 수행해 나갈 수 있다.

■ **국장 역할**

고위공무원인 국장은 국민 요구를 적극적으로 정책에 반영할 수 있도록 하는 공익대변자, 정부 조직 생산성을 제고하기 위해 정부자원을 효율적으로 관리하는 조직관리자, 정부 성과를 결정하는 성과책임자, 시대에 부응한 정부 변화와 혁신을 적극적으로 조장하고 이끌어 나가는 변화혁신 주도자, 국정목표를 소관정책으로 구현하는 국정목표 구현자로 역할을 설정했다.

국장은 해당 국 정책 개발 및 방향 수립, 정책 이슈에 대한 의사결정, 해결방안 수립, 부처나 해당 국 단위 이해관계 조정, 업무와 관련한 주요 민원인 대응, 정책수립 및 집행을 위한 대외활동 및 네트워킹, 국 성과달성을 위한 효율성과 효과성 관리 등의 역할을 한다.

■ **사무관 역할**

사무관은 조직 위상과 업무 성격에 따라 역할이 다르다.

중앙부처 사무관은 대부분 과장을 보좌하는 역할로 공식 직제는 아니지만 팀장을 수행하는 경우도 있다. 주로 단위 업무를 총괄하며, 정책기획이나 주요 보고서 작성, 과장 보좌, 타 과나 타 팀과의 업무협의 등을 담당한다.

작은 규모 지자체나 일부 기관 사무관은 중앙부처 과장 역할을 담당하며 수행하는 활동도 중앙부처 과장과 유사하다.

2. 과장급 역량 이해

과장급 역량은 성과를 잘 내는 과장들이 공통적으로 보이는 행동을 정리한 것이다. 과장급 역량평가는 후보자 특성, 성향, 태도가 과장에게 요구되는 행동특성에 어느 정도 부합하는지를 판별한다. 여기에서 언급한 행동특성은 업무 측면뿐 아니라 조직관리 측면, 관계 측면 등도 포함한다.

과장급 역량은 정책기획, 성과관리, 조직관리, 의사소통, 이해관계조정, 동기부여로 구성된다.

1) 정책기획

정의	다양한 분석을 통해 현안을 파악하고, 개발하고자 하는 정책의 타당성을 검토하여 최적의 대안을 제시하는 역량

정책기획은 어떻게 의사결정을 하는지, 수행과정에서 생기는 문제를 어떻게 해결하는지와 관련된 역량이다. 정책기획 하위요소는 현안파악, 타당성 검토, 대안 제시 등의 단계적 사고로 이루어진다.

현안파악은 자료나 보고서에서 현안 문제나 현상의 본질을 파악하고 중요성, 시급성 등의 기준에 따라 판단하여 문제 우선순위를 정하고 정책에 대한 적절한 검토의견을 제시하는 활동이다.

타당성 검토는 자신이 결정한 정책 파급효과를 예측하고 제시한 정책이 옳은지, 적절한지 등을 다각적으로 검토하는 활동이다.

대안 제시는 정책결정이나 실행 과정에서 발생하는 문제, 애로사항, 장애요소 등을 고려하고, 최적의 대안을 마련하는 활동이다.

평가요소

　　정책기획은 현안을 파악하고 타당성을 검토하여 의사결정하고 그에 따른 대안을 마련하는 역량이다. 기본적으로 자료 이해와 의사결정 능력이 필요하다.

　　자료 이해는 정책기획뿐 아니라 다른 역량에서도 중요한 능력으로, 자료나 보고서에서 상황과 이슈를 확인하는 걸 의미한다. 실제 업무 분석을 하거나 업무 보고를 받을 때 내용을 이해하지 못하면 의사결정을 할 수 없듯 자료를 이해하지 못하면 평가를 제대로 받을 수 없다. 자료 이해는 하위요소인 '현안파악'에 해당한다.

　　과장은 정책과 관련하여 타당성을 검토하고 정책 효과성이나 파급효과 등을 고려하여 구체적인 의사결정을 한다. 의사결정이 이루어지지 않으면 정책을 실행할 수 없듯, 의사결정이 없으면 평가를 제대로 받을 수 없다. 그래서 역량평가에서 의사결정은 매우 중요하다.

　　의사결정을 하면 왜(why) 그런 결정을 했는지 확인하고, 의사결정으로 발생할 수 있는 문제나 장애요소를 어떻게(how) 해결하고, 추가적으로 발생할 수 있는 고려사항(what)은 어떻게 할 것인지 등을 질문으로 확인한다. 이 부분이 하위요소인 '타당성 검토'와 '대안 제시'다.

　　업무든, 평가 상황이든 과장은 의사결정을 해야 하고, 타당한 의사결정 근거나 이유(why)를 고민하여 제시해야 한다. 진행과정에서 발생할 수 있는 문제나 장애요소를 예측하고 적절한 방안이나 대책(how)도 마련하고, 의사결정으로 생길 수 있는 이해관계자 등 추가적인 고려사항(what)도 챙겨야 한다.

가. 현안파악

현안파악은 과 업무나 이슈 분석으로 문제점을 파악하여 문제 근본 원인을 인식하고 이를 해결하기 위한 의사결정을 하는 활동이다. 과장의 핵심적인 역할에 속하지는 않지만 제대로 하지 않으면 다른 주요 활동에 영향을 준다.

현안파악은 먼저 문제가 생기는 근본 원인을 파악해야 문제해결 혹은 개선 방안 관련 의사결정을 할 수 있다. 실제 업무에서는 원인을 찾기 어렵고 많은 시간이 소요될 수 있으나, 평가에서는 내용분석만 잘하면 원인 파악은 어렵지 않다.

평가는 시간이 제한되니, 세세한 내용을 암기하듯 보지 말고 전체 과제 구조를 보고, 각 장표가 가지는 의미를 이해하려고 노력해야 한다.

과제에서 제시한 모든 사항을 의사결정하면 좋지만 시간이 제한되어 있으니 중요성, 시급성[5] 등을 기준으로 우선순위가 높은 사항부터 하는 게 좋다. 우선순위는 제시된 자료 순서와 관계없으니 자기 업무 경험을 바탕으로 판단하면 된다.

---

5) 과제에서 중요성, 시급성이 많이 제시되기에 예시로 든 기준이고 과제수행자가 어떤 기준으로 정할지는 자기 판단에 따라야 한다.

교육이나 평가 상황에서 의사결정을 미루는 과제수행자가 많다. 의사결정이 어색하고 과장 역할을 침해한다는 생각으로 부담스러워 한다.

"이해관계자들 의견이나 요구사항을 듣고 결정하겠다."

"전문가들 조언을 듣고 벤치마킹을 하여 보완하여 결정하겠다."

"다양한 측면을 고려하고 결정하겠다."

이들은 대개 이런 말로 의사결정을 미룬다. 주어진 시간 동안 내용 파악만 하고 의사결정을 하지 않았거나 어떤 의사결정을 하는 게 좋은지 고민만 하다 의사결정을 못한 경우도 있다.

하지만 의사결정을 고민하고, 의사결정에 따라 필요한 사항에 조치하는 모습을 평가하기에 의사결정이 없으면 행동요소를 평가하기 어렵다.

[평가 Point]

◎ **우수한 행동**
- 자료를 분석하여 현상이나 문제가 발생한 근본 배경 및 원인을 이해한다.
- 자료의 중요도, 시급성 등에 따라 우선순위를 구분하고 문제 핵심을 도출한다.
- 우선순위에 따라 적절한 의사결정을 한다.

◎ **미흡한 행동**
- 자료를 나열할 뿐 문제나 원인을 제대로 분석하지 못한다.
- 기준이나 우선순위에 대한 고려를 하지 못한다.
- 의사결정을 하지 못하거나 의사결정에 대한 기준이나 근거를 제시하지 못한다.

나. 타당성 검토

타당성 검토는 자기 의사결정을 점검하는 활동이다. 결정이 적절한지, 합리적인지, 현실에 적합한지, 이해관계자를 고려했는지, 수행 과정에서 생길 부작용이나 장애요소를 고려했는지, 부작용이나 장애요소가 있다면 극복 가능한지 등을 검토하여 정책의 결과나 파급효과 등을 살펴야 한다.

의사결정을 할 때는 먼저 적절한 결정인지를 점검해야 한다. 여러 선택지 중 특정 방안을 선택한 이유나 근거를 명확히 하고 선택이 적절한지를 점검해야 한다. 과장으로서 다른 사람들에게 정책을 설득하고 이해시키는 중요한 활동이다.

다음으로 합리적이고 현실적인 결정인지를 점검한다. 결정 이유는 명확하고 누구나 수긍할 수 있어야 하고, 실행가능해야 한다.

아울러 결정으로 영향을 받는 이해관계자를 충분히 고려해야 한다.[6] 결과나 파급효과가 이해관계자에게 부정적 영향을 크게 미치거나 이해관계자들의 반발이 너무 심해 정책수행에 제약이 크다면 결정을 다시 검토해야 한다.

의사결정을 했더라도 이처럼 검토과정을 거쳐 타당하지 못하거나 부정적 영향이 있다면 의사결정을 바꿀 수 있어야 한다.

---

[6] 공무원은 국민을 대상으로 공공서비스를 제공하기에 이해관계자를 '대국민'이라고 막연하게 생각하는 경우가 많은데, 이해관계자를 좀더 구체화하여야 어떤 이슈나 요구사항이 있는지 파악할 수 있고 설득 방안을 고민할 수 있다.

◎ **우수한 행동**

- 결정 근거나 이유를 제시하고 상대를 설득한다.

- 정책 실행 타당성 및 실현가능성을 점검한다.

- 정책 실행 결과나 파급효과를 예측하여 결정한다.

- 타당성이 떨어진 결정이 있는 경우, 적절하게 결정을 변경한다.

◎ **미흡한 행동**

- 명확한 근거나 이유보다 경험이나 직감으로 의사결정을 한다.

- 정책 실행 결과나 파급효과를 고려하지 못한다.

- 결정한 후에는 자기 결정을 바꾸지 않고, 바꾸지 않으려는 이유도

  제시하지 않는다.

다. 대안 제시

대안 제시는 업무수행 과정에서 발생하는 애로사항이나 장애요소 등을 해결하는 활동이다. 업무는 실행 과정에서 발생하는 대안이나 해결방안 마련이 어려워 의사결정이 쉽지 않은 경우가 많다.

평가에서 의사결정 자체가 어려울 때는 추가 정보를 확보하거나 결정 기준을 마련하여 타당성을 점검하지만, 대안이나 해결방안이 어려울 때는 자기 업무 경험이나 전문성을 바탕으로 검토를 해야 한다.[7]

---

7) 실제 업무와는 달리 과제에는 장애요소나 고려사항이 제시되고, 대안이나 해결방안 관련 자료도 함께 제시된다. 이를 활용하여 자신만의 합리적인 대안이나 해결방안을 제시하면 된다.

대안이나 해결방안은 매우 구체적이어야 하고 즉시 실행할 수 있는 내용이어야 한다. 어떤 사람은 상황에 대한 판단 및 결정을 할 뿐 애로사항이나 장애요소에 대한 고려를 하지 않는다. 그런 고려가 없으면 구체적인 대안을 마련할 수 없어 애로사항이나 장애요소가 생기면 제대로 대처할 수 없다.

"문제가 생기지 않도록 적극 대처하겠다."

"법적 혹은 제도적인 보완을 하겠다."

"나중에 실효적인 지원책을 마련하겠다."

"공청회나 간담회 등으로 이해관계자 의견을 듣고 보완하겠다."

"국회나 기획재정부에 예산 필요성을 설득하여 예산확보에 노력하겠다."

이런 말은 어떤 상황에나 쓸 수 있지만 과제 내용과 무관하고 구체적 실행력이 부족하여 실제로는 도움이 되지 않는다. 평가에서 이런 발언을 하는 건 별로 의미가 없다.

[평가 Point]

◎ **우수한 행동**

- 정책 실행 및 문제해결 과정에서 발생할 수 있는 어려움 및 장애요소를 고려한다.
- 다양한 요소를 점검하고 최적의 대안을 제시한다.
- 구체적이고 실행 가능한 방안을 제시한다.

2) 성과관리

정의	조직의 미션과 전략에 부합하는 성과목표를 수립하고, 이를 달성하기 위해 업무집행과정을 점검하고 관리하는 역량

성과관리는 과 목표를 세워 직원들과 효과적으로 공유하는지, 업무 방향을 어떻게 세우고 관리하는지, 업무에 차질이 생겼을 때 어떤 조치를 하는지와 관련된 역량이다. 하위요소는 목표수립 및 공유, 업무 방향 제시, 실행 모니터링 등이 있다.

목표수립 및 공유는 상위 조직 비전, 목표, 전략 등을 이해하고 해당 과에서 추진하는 정책이나 업무의 도전적 목표를 수립하고 구성원에게 공유하는 활동이다.

업무방향 제시는 업무목표에 부합하는 성과를 창출하도록 업무와 관련된 구체적 내용이나 활동을 지시하고 업무 추진단계를 세분화하여 단계별 기대효과를 제시하는 활동이다.

실행 모니터링은 추진 중인 업무 진행상황을 점검하고 업무가 원활히 이루어지도록 문제나 장애요인을 파악하여 예방 및 제거하고, 주기적인 점검으로 업무 실행을 지원하는 활동이다.

평가요소

성과관리는 과 목표를 세우고 이를 달성하도록 관리하고 지원하는 능력이다. 과장은 과 업무 신척상황에 신경을 쓰고 목표 딜성에 차질이 없도록 관리하고 지원한다. 성과관리는 업무 진척과 관련이 깊어, 과 업무가 계획대로 잘 진행되면 성과관리를 잘 하는지 드러나지 않는다.

성과관리를 측정하기 위해서는 직원 업무 진행에 차질이 생긴 평가 상황을 제시한다.[8] 이를 통해 과장으로서 업무 진행 상황을 파악할 수 있는지, 문제가 생겼을 때 어떤 조치나 지원을 하는지, 지원 이후에 원활한 업무 진행을 지속적으로 점검하는 계획을 수립하는지 등을 평가한다.

가. 목표수립 및 공유

업무를 계획할 때 성과목표 수립은 중요하다. 과 목표 수립을 위해

---

8) 성과관리는 분기, 반기, 년 등 장기간 이루어지는 특성상 30분이란 짧은 시간에 측정하기가 쉽지 않다. 따라서 과제에서 측정할 수 있는 업무 상황은 명확하면서도 제한적이다.

상위 조직 비전이나 목표, 전략 등을 잘 이해해야 한다. 상위 조직이 계획하는 목표와 연계되지 않는 목표는 추진력이 떨어진다.

목표는 구체적이고 도전적으로 세울수록 좋지만 상황을 고려하여 실현가능하고 달성할 수 있어야 한다. 가능한 20% 이상 높게 목표를 세우는 게 중요하다고 믿는 사람들이 많은데, 상황이나 여건 등을 고려하는 게 바람직하다.

여건상 100% 목표 달성도 어려운데 도전적 목표를 세우면 안 된다. 예를 들어 현재 과 상황이나 인력 구성을 보면 연초 목표 100%를 달성하기 힘든 상황에서 어떻게든 100%는 달성해야 하는데 그보다 높은 목표를 강조한다면 문제가 생긴다.

목표수립 및 공유는 과 상황을 고려하여 목표를 수립하는지, 어떤 근거로 수립하는지, 적정하게 수립하는지 등이 중요한 평가 포인트다. 과 목표는 직원이 이해하고 적극적으로 노력해야 하므로, 직원과 공유해야 한다. 이런 공유과정을 통해 직원들이 자발적으로 동참하도록 유도할 수 있다.

[평가 Point]

◎ 우수한 행동
- 상위 조직 목표나 비전 등을 고려하여 목표를 수립한다.
- 업무 상황이나 조직 여건을 고려한 합리적 목표를 수립한다.
- 목표 수립 근거를 구체적으로 제시한다.
- 수립한 목표에 대해 구성원과 논의로 합의를 이루거나 조정한다.
- 목표를 구성원들과 공유하고 자발적인 직원 동참을 유도한다.

나. 업무방향 제시

업무방향 제시는 과장의 중요한 활동이다.

과장은 연초에 1년간 과에서 수행할 주요 업무 활동 및 예상 성과를 규정한다. 과 업무 성격을 이해하고 직원 규모와 능력에 따라 어떻게 업무를 수행할지를 결정하는데, 업무와 관련된 일정, 예산, 인력 등을 함께 고려해야 한다.

업무방향이 결정되면 각 담당자에게 해당 업무와 관련한 명확한 방향을 제시하고, 업무 추진단계를 세분화해서 단계별 기대효과나 결과물도 제시해야 한다.

[평가 Point]

◎ **우수한 행동**

- 과 업무 수행 방향 및 구체적 활동 계획을 제시한다.

- 업무 추진 단계를 세분화하여 일정을 수립한다.

- 단계별로 필요한 예산, 인력 등을 구체화하여 제시한다.

- 업무수행에 적합한 프로세스 및 과제 수행 방법을 찾고, 실행을 강조한다.
- 업무 담당자에게 업무 추진 활동이나 기대하는 결과물을 알려준다.

◎ **미흡한 행동**
- 업무 프로세스나 추진 단계를 고려하지 않고 업무계획을 수립한다.
- 업무수행에 필요한 요소들을 충분히 고려하지 못한다.
- 담당자에게 업무 계획과 관련된 내용을 알려주지 않는다.

다. 실행 모니터링

실행 모니터링은 지연 업무를 지원한 후 해당 업무 진척 사항을 주기적으로 점검하는 과장의 중요한 활동이다.

지연 업무 지원도 필요하지만 점검계획 및 일정을 정하고 점검사항을 설정하여 계획대로 진행하는지 관리하는 게 중요하다.

업무 지원은 크게 두 가지 방식이 가능하다. 하나는 지연 업무 일부를 떼어 다른 직원이 수행하도록 하는 방식이고, 또 하나는 지연 업무를 도와줄 인력을 투입하는 방식이다. 업무 조정이나 인력조정은 과장 고유 권한이기에, 어떤 방식으로 지원할지는 과장이 결정한다.

업무 지원이 이루어지지 않으면 실행 모니터링도 이루어질 수 없다. 실행 모니터링으로 예측하지 못한 장애요인이나 문제를 확인했을 경우 추가적인 지원방안도 고려한다.

◎ **우수한 행동**

- 지연업무를 파악하고 어떻게 지원할지 결정한다.

- 지연 업무에 대해 주기적 점검계획 및 일정을 정한다.

- 업무 마감시간을 제시하고 일정에 따라 업무가 진행되는지 주기적
  으로 점검한다.

- 점검 후 추가 지원 사항이 있는지 파악하고 필요시 추가 지원 방안
  을 마련한다.

◎ **미흡한 행동**

- 지연업무를 파악하지 못거나 지연업무에 대한 지원 계획이 없다.

- 지연업무 지원 후 점검계획 및 일정을 정하지 않는다.

- 업무 마감시간을 제시하지 않거나 지원 후 주기적인 점검을 하지
  않는다.

- 추가지원이 필요한지 파악하지 않는다.

3) 조직관리

정의	전체 조직 및 각 부서간의 관계를 고려하여, 목표 달성을 위한 실행계획을 수립하고 필요한 자원을 확보하며, 업무를 배분하고 조직화하는 역량

조직관리는 업무수행에 필요한 자원 상태를 파악하고 자원 확보

및 분배를 어떻게 하는지와 관련된 역량이다. 하위요소는 내·외부 환경이해, 자원 확보, 자원의 조직화로, 업무수행에 필요한 인력이나 예산 확보, 조정, 배분과 관련된 활동이 있다.

내·외부 환경 이해는 정책기획의 현안 파악과 비슷한 활동으로 업무와 관련된 환경을 분석하고 조직 특성을 파악하고 조직이 처한 상황을 이해하는 활동이다.

자원 확보는 업무 수행에 필요한 물·인적 자원을 파악하고 이를 확보하기 위해 노력하는 활동이다.

자원의 조직화는 업무 수행을 위해 자원을 적재적소에 배분하는 활동으로, 업무를 구체적으로 분장하고 예산 등을 적절히 배분하며 구성원에게 적절히 권한을 위임하는 활동 등이 포함된다.

평가요소

조직관리는 업무 수행에 필요한 자원, 즉 물적 자원(예산)과 인적 자원(인원) 등을 확보하고 과 업무를 잘 진행하게 자원을 배분하는 능력·이다.

과장이 자원을 확보하거나 배분하려면 업무상황을 제대로 파악해야 한다. 상황 파악을 통해 무엇이 부족한지 알고, 부족한 자원을 어떻게 확보할지, 자원을 어떻게 배분할지 결정한다.

지연된 업무가 생길 경우 인력을 추가로 투입하거나 직원들 업무를 재조정하여 예정된 일정을 맞추도록 하고, 추가 예산이 필요할 경우 예산을 확보하거나 관련 업무 등을 축소해서 예산을 맞춰야 한다.

실제 상황에서는 업무 내용을 자세히 알아야 하지만 평가에서는 제시된 업무내용과 성격보다 어떤 업무를 어느 정도 지원할지를 고민해야 한다. 과제 분량 및 시간제한으로 업무 내용이나 성격까지 자세히 다룰 수 없다.

평가는 주로 자원을 어떤 기준에 따라 어떻게 배분하는지를 확인한다. 자원을 배분하는 기준을 마련하고 누구에게 얼마만큼 배분할지 구체적으로 제시하면 된다.

가. 내 · 외부 환경 이해

내 · 외부 환경 이해는 담당 과 및 업무와 관련한 내 · 외부 환경 여건을 분석하고, 과 업무 및 특성을 파악하고 조직이 처한 상황이나 이해관계자 입장 등을 이해하는 능력이다.

정책기획의 현안파악과 비슷하며, 과 업무를 종합적으로 파악할 때 필요한 능력이다. 이 능력이 부족하면 인력이나 예산 조정에 대한 의사결정을 할 수 없다.

◎ **우수한 행동**

- 업무나 정책과 관련한 트랜드 및 여론 동향을 파악한다.
- 내부 의견, 현장의견, 이해관계자 입장 등을 파악하여 업무 방향 설
  정이나 업무 수행에 반영한다.

◎ **미흡한 행동**

- 내·외부 환경이나 여론, 이해관계자 등을 고려하지 못하고 과 내
  부 상황에만 집중한다.

나. 자원 확보

자원 확보는 업무 수행에 필요한 인·물적 자원을 파악하고, 부족할
경우 확보 방안을 마련하고 다양한 채널을 통해 확보하는 활동이다.

과장은 업무에 필요한 인력이나 예산을 확보하여 업무를 진행하도
록 해야 한다. 추가 인력이나 예산이 필요한 상황인지 판단하고 이
를 확보할 방안을 마련해야 한다.

평가는 과 내에서 주로 해결하도록 물·인적 자원을 추가로 제공
하지 않는다. 부족한 자원(물·인적)이 있는지, 이를 어떻게 조치할
계획인지, 국 차원이나 타 과 등에서 지원을 받을 수 있는 상황에서
어떻게 협조를 구해 자원을 확보하는지 등을 측정한다.

인력 확보는 해당 과에서 업무 조정 등을 통해 해결하는 게 일반적

이고 국장이나 타 과 협조를 통해 해결할 수도 있다. 거창하게 '내년에 인력 계획을 수립하여 확보하겠다.', '행정안전부에 인력을 요청하겠다.' 등은 적절하지 않다.

예산 확보는 과장이 챙겨야 할 부분이다. 얼마나 필요한지를 파악하고 어떻게 확보할지를 고민해야 한다. '국회나 기획재정부 등을 설득해서 예산을 확보하겠다.' 등은 적절하지 않다.

[평가 Point]

◎ **우수한 행동**

- 부족한 자원을 파악하고 자원 확보 계획을 수립한다.

- 효과적으로 자원을 확보할 방안을 마련한다.

- 관련부서 협조를 이끌어 낼 방안을 고민하고, 자원을 확보한다.

◎ **미흡한 행동**

- 부족하거나 부족이 예측되는 자원을 알지 못한다.

- 추가적인 자원 확보를 위해 노력하지 않는다.

- 국 혹은 타 과 여유 자원 활용을 고려하지 않는다.

- 직원이 업무 수행 책임을 지도록 하고 관심을 갖지 않는다.

- 추상적이거나 실행하기 어려운 방안을 제시한다.

다. 자원의 조직화

자원의 조직화는 업무나 예산을 조정하는 것으로, 조직관리를 평가할 때 가장 중점을 두는 영역이다.

업무 조정은 갑작스런 업무 추가로 과부하가 되거나 업무 지연으로 어려움을 겪을 때 필요하다. 한정된 인원으로 추가된 업무나 지연된 업무를 해결하려면 업무를 조정해야 한다. 어떻게 여력을 확보할지, 누가 추가 업무를 담당할지, 업무 지연이 발생할 때 누구에게 어떻게 업무를 배분할지 등을 구체적이고 명확하게 정해야 한다.

예산 조정은 예산이 추가되면 조정보다 분배에 신경을 쓰면 된다. 하지만 예산이 삭감되면 업무 수행에 지장이 생기기에 어떤 부분을 줄이고 어떻게 대처할지를 정해야 한다. 추가 예산이 지원되면 어떤 사업을 추가로 진행할 것인지, 어떤 사업에 더 집중할 것인지 등을 결정해야 한다. 예산이 삭감되면 어떤 사업을 보류할 것인지, 어떤 사업에서 얼마만큼 줄일 것인지 등을 결정해야 한다.

[평가 Point]

◎ 우수한 행동
- 인원 및 예산 조정 필요성을 이해하고, 적절하게 배분 및 조정하여 업무를 진행한다.
- 업무 조정이나 예산 조정 등 구체적인 기준을 설정하고 이에 근거하여 방안을 제시한다.

◎ 미흡한 행동
- 인원 및 예산 조정 필요성을 알지 못하거나 조정 방안을 제시하지 못한다.
- 여건 등을 고려하지 않고 자기 경험이나 관행에 따라 배분 및 조정을 하려고 한다.

4) 의사소통

정의	상대방의 의견을 경청하여 그 의미를 정확히 이해하고 자신의 의견을 명확하고 효과적으로 전달하는 역량

의사소통은 다른 모든 역량을 발현하는 기본 역량이다. 상대와 효과적으로 소통하는지를 역량평가의 모든 과제에서 측정이 가능하다. 하위요소는 적극적 경청과 효과적인 전달이 있다.

적극적 경청은 편안히 의견을 말할 수 있는 분위기를 만들고 상대 말과 행동에 집중하여 상대 감정, 의도 및 상황을 이해하는 능력이다.
효과적인 전달은 자기 감정을 조절하여 핵심적인 내용을 상대가 정확히 이해할 수 있도록 전달하는 능력이다.

평가요소

| 의사소통 |

C서기관은 역량평가를 준비하면서 경청이 중요하다고 들었다. 경청을 잘 들어주고 호응하는 걸로 알고, 상대방 이야기를 듣고 메모를 하면 좋다고 생각해서 고개를 끄덕이며 메모하는 연습을 했다. C서기관은 누군가와 대화를 하면 의식적으로 고개를 끄덕이며 이해하는 모습을 보였고 열심히 메모를 하는 습관이 들었다.
하지만 의식적으로 고개를 끄덕이고 메모하느라 집중력이 흩어지면서 상대방 이야기에 엉뚱한 답변을 하기도 하고, 메모하느라 상대 이야기를

놓치는 것도 있었다. 대화가 길어지면 끝나고 나서 무슨 얘기를 했는지 기억이 나지 않을 때도 있다.

주위 사람들은 그런 C서기관을 대하면서 이상하다는 반응을 보였고, 메모를 할 때는 뭘 그렇게 쓰냐며 핀잔을 주는 일이 생기기 시작했다.

의사소통은 말을 잘 해야 하는 것으로 보고 외향형인 사람이 내향형인 사람보다 잘 할 거라고 생각하는 이들이 많지만 이는 큰 오해다. 의사소통은 말로만 이뤄지지 않는다.

의사소통은 상대와 언어적 요소(말)과 비언어적인 요소(상황, 표정, 어투, 눈빛) 등으로 이뤄지는 대화다. 상대의 의도를 이해하고 자기 생각을 정확하게 전달하는 능력이 필요하다.

C서기관은 의사소통을 잘못 이해했다. 고개 끄덕임은 상대 이야기를 잘 이해할 때 보이는 자연스런 행동이지만 무작정 끄덕인다고 좋은 게 아니다. 메모는 잊지 않으려고 적는 행동이지만, 그보다 더 중요한 것은 상대가 무슨 말을 하는지 잘 듣는 것이다. 무작정 메모하다 보면 상대의 말을 놓칠 수가 있다. C서기관은 고개를 끄덕이거나 메모하는 행동보다 먼저 그것을 왜 해야 하는지 그 뜻에 더 신경을 써야 했다.

가. 적극적인 경청

적극적인 경청은 상대방 이야기를 집중해서 듣고 감정이나 의도를 이해하는 능력이다.

경청을 잘 하려면 라포Rapport를 형성해야 한다. 라포는 분위기를 편하게 만들어 대화를 부드럽게 한다. 역량평가에서 라포를 잘 하면 좋은 점수를 받는다는 것을 알고 라포 형성에만 집중하는 분들도 있다. 하지만 라포 형성은 분위기 형성에 그쳐야 하고, 실질적인 의사소통은 경청에 초점을 맞춰야 한다.

자신의 메시지가 분명할 때 경청을 한다는 것은 어려운 일이다. 역량평가에서도 자신이 준비한 말을 잊어버리기 전에 모두 전달하려는 사람은 말하는데 집중한다. 상대를 고려하지 않고 상대의 말을 중간에 자르는 경우도 있는데, 이것은 좋은 자세가 아니다.

역량평가에서는 자기 의견 전달도 중요하지만 먼저 상대의 말을 듣고 핵심 내용이나 쟁점사안을 파악하는 게 더욱 중요하다. 자신의 의견을 전달할 때는 자신이 들은 상대의 말을 요약하거나 재진술하여 자신이 정확히 이해하고 있다는 걸 보여줄 수 있어야 한다.

[평가 Point]

◎ 우수한 행동

- 상대방이 편하게 이야기할 수 있는 상황을 만든다.
- 상대 이야기를 집중해서 듣고 의도하는 바를 정확하게 이해한다.
- 상대 의견에 적극적인 공감을 표한다.
- 자신이 들은 내용을 요약하거나 재진술하여 제대로 이해했는지 확인한다.
- 상대 이야기 진의를 파악하고 이해하려고 노력한다.

나. 효과적인 전달

효과적인 전달은 자기 생각이나 의견을 논리적이고 일관되게 전달하는 능력이다. 명확한 용어를 사용하고 핵심적인 내용을 간결하게 전달해야 한다. 필요한 경우 전달한 내용을 상대가 정확히 이해했는지 확인해야 한다.

평가에서는 서로 대면한 적이 없기에 이야기 방식이나 습관을 알지 못해 오해가 발생할 수 있다. 이를 예방하기 위해 자신이 발언한 내용을 평가자가 정확히 이해했는지 확인하는 것이 좋다.

효과적인 전달을 하려면 자기 감정을 조절해야 한다. 감정이 격앙되거나 무미건조할 경우, 자신이 전달하는 내용에 대한 공감을 얻을 수 없다.

◎ 우수한 행동

- 자신이 주장하고자 하는 의견을 간결하고 논리적이고 명확하게 전달한다.

- 자기 의견을 상대가 이해했는지 확인하거나 동의를 구한다.

◎ 미흡한 행동

- 여러 개 의견이나 주장을 한꺼번에 전달한다.

- 상대 이해를 고려하지 않고 일방적으로 전달한다.

- 자신 의견을 적극 제시하지 않고 질문에 수동적으로 답한다.

- 핵심적인 내용없이 자기 의견을 두서없이 제시한다.

5) 이해관계조정

정의	공동의 목적을 위해 다양한 이해관계자들 간의 갈등을 해결하고 협력적인 업무관계를 구축/유지하는 역량

　이해관계조정은 정책결정 및 실행에 영향을 받는 관계자를 인식하고 그들의 요구를 이해해서 적절하게 설득 및 해결방안을 마련하는 역량이다. 하위요소는 이해관계 파악, 갈등상황 해결 노력, 협력관계 구축 등이 있다.

　이해관계 파악은 의사(정책)결정과 관련된 이해관계자가 누구인지를 알고 이들 요구사항이나 입장이 무엇인지 이해하는 활동이다.

갈등상황 해결 노력은 이해관계자 요구에 대한 대안이나 해결책을 마련하여 적극적으로 조정이나 협상을 하고 이해관계자를 설득하는 활동이다.

협력관계 구축은 실질적인 협력을 위해 우호적인 태도로 서로 공감할 수 있는 기준이나 안을 제시하고, 상호 보완적 관계 구축으로 협조 및 지원이 이루어지게 하는 활동이다.

평가요소

이해관계조정은 업무와 관련된 이해관계자 요구사항을 파악하고 설득할 방안을 마련하여 이해관계를 조정하는 능력이다.

이해관계자는 정책으로 인해 불편이나 불이익이 생겨 반대하는 사람이거나 업무 협력이나 조정이 필요한 타과, 타국, 타부처 사람이다. 이해관계자는 정책에 따라 영향을 받는 사람이나 집단으로 업무성격에 따라 다양하다. 대민 업무가 많은 조직은 주로 민원인이고, 환경 정책을 다루는 조직은 환경단체나 환경오염 등으로 피해를 보는 국민, 환경오염을 일으키는 기업 등이 있다. 인·허가와 관련해서는 이익을 보거나 피해를 보는 개인이나 집단이고, 서비스를 제공하는 조직에서는 고객이 있다. 각 부처에서는 업무 수행에 필요한 예산이나 인력 확보, 업무 성격이나 역할 조정 등과 관련된 타 부처, 타 국, 타 과가 이해관계자가 된다.

현실에서 이해관계가 생기면 민원을 제기하거나 요구사항을 보고 서로 정리하기에 금방 파악하지만 정책결정 과정(과제)에서는 아직

이해관계가 발생하지 않아 놓칠 수 있다. 평가에서도 이해관계자나 요구사항이 정리되어 제시되지 않아 놓치는 경우가 많다. 따라서 주어진 자료에 이해관계자가 있음을 유념하고 이들을 파악하고 요구사항이 무엇인지 잘 살펴야 한다.

정책결정 과정에는 항상 이해관계자가 있다고 생각해야 한다. 과제에서 어떤 업무를 하는 부서인지를 파악하고 업무 수행과정에서 불편이나 불이익을 받을 수 있는 사람을 염두에 두면 어렵지 않게 이해관계자를 찾을 수 있다.

각 부처 업무는 국민을 대상으로 하기에 국민을 이해관계자라고 언급하는데 이건 너무 추상적이다. 과제에서는 직접적인 이해관계자를 찾고 그들이 가지고 있는 구체적인 요구사항을 제시해야 한다.

가. 이해관계 파악

이해관계는 정책 내용, 업무 특성, 업무 상황에 따라 다양하다. 이해관계자가 많고, 관련한 업무가 많은 조직은 이해관계자를 쉽게 인식할 수 있다. 이들은 이해관계가 발생하면 명확하게 정리하고 또는 공유해서 이해관계를 놓치지 않아 이해관계자를 잘 파악할 수 있다고 믿는다.

하지만 평가에서는 다르다. 내용분석 부담이 커 자료 파악 및 숙지에 집중하고 문제점 파악, 개선방안 마련 등에 온 정신을 쏟다 보면 이해관계자는 소홀해지거나, 이해관계자를 체계적으로 정리해서 제공하지 않기에 이해관계자를 놓치는 경우도 많다.

이해관계자만 찾으면 된다는 생각도 주의해야 한다. 이해관계자를 찾으면 과제에서 숨겨둔 정답을 발견한 듯 뿌듯해하고 추가적인 사항을 고려하지 않는 분들이 있다. 하지만 이해관계자 파악을 기본으로, 상황, 문제, 관계, 입장 및 요구사항 등을 알고 적절히 대응할 수 있어야 한다.

[평가 Point]

◎ **우수한 행동**

- 정책결정이나 업무 수행으로 인한 이해관계 및 이해관계자를 명확히 파악한다.
- 이해관계자 입장이나 요구사항을 정확하게 이해한다.
- 이해관계자 간 갈등이 있다면 어떤 내용인지 파악한다.

◎ **미흡한 행동**

- 정책결정이나 업무 수행 과정에서 이해관계자를 고려하지 않는다.
- 이해관계자가 있다는 걸 알지만 이들 입장이나 요구사항에 관심이 없다.
- 이해관계자 간 갈등을 고려하지 않는다.

나. 갈등 상황 해결 노력

갈등 상황 해결은 이해관계 대립 해결을 위한 방안을 마련하여 이해관계자를 설득하거나 논리적 근거나 기준으로 조정이나 협상하는 활동이다. 이해관계자 간 요구사항을 파악하고 해결책이나 조정안을 제시해야 한다. 해결책이나 조정안은 과제에서 제시하는 자료에서 찾고, 내용이 부족한 경우 과제수행자 업무 경험을 바탕으로 만들면 된다.

이해관계자들이 수용할 방안을 마련하지 않고 공청회, 설명회 등으로 이해관계자 의견을 수렴하겠다는 분들이 있는데, 이것은 설득 절차일 뿐 구체적인 설득 방안이 없어 평가에 도움이 되지 않는다. 실제 업무에서 공청회나 설명회를 어떤 상황에서 개최하는지 생각해 보면 뭐가 문제인지 알 수 있다.

[평가 Point]

◎ **우수한 행동**

- 갈등 상황 해결을 위해 이해관계자 의견을 듣고 수용한다.
- 갈등 당사자 간 입장을 이해할 수 있도록 중재한다.
- 갈등 상황을 명확히 이해하고 갈등 해결을 위한 구체적인 방안을 제시한다.
- 대안을 수용하도록 이해관계자를 적극 설득한다.

◎ **미흡한 행동**

- 민감한 이슈를 피하고 소극적으로 대응한다.
- 어쩔 수 없다는 입장을 고수한 채 책임을 회피한다.
- 갈등 당사자 간 해결하도록 하고 사태를 방관한다.
- 갈등 상황을 고려하지 않은 방안을 제시하고 일방적인 수용을 요구한다.

다. 협력관계 구축

원활한 업무 수행을 위해 협력관계 형성 및 유지가 필요하다. 이해관계 조정뿐만 아니라, 업무에 필요한 인력 지원이나 업무 조정 등을 요청하기도 한다.

실제 업무는 협력관계 구축 결과도 중요하지만, 평가는 관계 구축보다 조정 또는 협상하는 과정이 중요하다. 즉 협력관계를 구축할 능력이 있느냐를 확인할 뿐이지 이를 통해 어떤 시너지를 내는지는 확인하지 않는다.

협력관계는 결론이나 합의보다 협상 과정에서 우호적인 태도로 합의를 끌어내고 상호이익이 되는 방안을 마련하느냐가 중요하다.

평가에서 협력관계 구축 대상은 주로 타 과의 과장이다. 본인 또는 다른 과장 요구사항 중에서 조정이나 협상이 필요한 사항을 파악하고 서로 간 요구사항을 확인하고 공감할 수 있는 기준이나 절충안을 마련해야 한다.

일부 과제수행자는 상대 의견이나 요구사항을 듣지 않고 조정하는 논의에 적극 참가하지 않고, 일정 시간이 지나면 자신이 적극 양보하는 경우가 있다. 조정안을 내고 조정이 이루어지면 좋은 평가를 받는 걸로 알고 하는 행동인데, 앞에서 언급했듯이 결과보다 조정하고 협상하는 과정을 중점으로 보기에 이런 행동은 좋은 평가를 받을 수 없다.

협의과정이 원만하게 이루어지면 서로 협조하고 지원할 사항을 논의하고, 구성원 간 실질적인 협력을 통해 시너지를 낼 수 있는 방안도 논의하는 것이 좋다.

◎ **우수한 행동**

- 논의가 제대로 이루어지도록 편안한 분위기를 형성한다.

- 서로 간 충분한 발언을 통해 공감대를 형성한다.

- 명확한 기준이나 근거를 마련하여 동의를 구하려고 논의한다.

- 상대방이 충분히 이야기할 수 있도록 배려하고 자신도 정확한
  의견을 제시한다.

- 유기적이고 보완적 관계 구축을 통해 협조와 지원이 이루어지도록
  노력한다.

- 협력을 통해 시너지를 내는 방안을 제시한다.

◎ **미흡한 행동**

- 자기 의견을 강하게 제시하여 무조건 자신에게 유리한 결과를
  도출한다.

- 논의에 참가하지 않고 자신이 양보하여 조정하려고 한다.

- 타인 입장을 고려하지 않고 본인 입장만 강조하며 협조를
  요청한다.

6) 동기부여

정의	부하 직원들이 조직의 구성원으로서 자발적인 노력과 적극적인 자세로 업무를 잘 수행할 수 있도록 유도하고 지원하는 역량

동기부여는 직원 업무상황 및 감정을 파악하고 관리하는 활동과

관련된 역량이다. 하위요소는 부하 특성 파악, 업무에 대한 피드백, 관심과 격려 등으로, 부하 직원 상황과 특성을 파악하고 업무에 몰입하도록 자극하여 과를 원활히 운영하는 활동이다.

부하 특성 파악은 직원 개인의 특성 및 장단점을 파악하고 현재 가지고 있는 고민이나 업무수행상 문제점, 직원 관계 애로사항 등을 확인하는 활동이다.

업무에 대한 피드백은 담당 업무수행에 대한 적절한 피드백을 제공하고, 업무와 관련한 자기 경험을 지도·조언하고, 자기계발을 하도록 지원하는 활동이다.

관심과 격려는 부하에 대한 존중과 배려로 신뢰관계를 구축하여 부하 성과향상과 역량 발휘 기회를 제공하는 활동이다.

평가요소

동기부여는 직원 특성을 파악하여 적절한 관심과 격려로 직원이 자발적으로 업무를 수행하고 조직에 잘 적응하도록 돕는 역량이다.

직원이 어떤 고민을 하고, 어떤 상황과 개인적 특성으로 인해 어려움을 겪는지, 어떤 부분이 뛰어나고 부족한지, 직원들과 관계는 어떤지 등을 알고, 이에 합당한 조치나 피드백을 해 주며 직원을 관리하는 게 과장의 중요한 역할이다.

직원의 어려움은 주로 업무 지연이나 돌발 상황 발생으로 인한 곤란, 업무수행 과정에서 발생하는 불편한 인간관계, 개인적 고민이나 난처함 등이다.

가. 부하 특성 파악

부하 특성 파악은 직원 개인의 특성 및 장단점을 파악하고, 직원 업무진행상황, 다른 직원과 관계 등에 관심을 갖고, 직원 고민사항 및 문제점을 인식하는 활동이다.

매일 9시에 출근해서 6시 정각에 서둘러 퇴근하고, 업무시간에는 일만 할 뿐 다른 사람들과 이야기를 별로 하지 않는 신입직원이 있다면 과장은 무얼 해야 할까? 신입직원으로서 아침에 조금 일찍 와서 낯선 업무를 익히고 업무 준비를 하고, 직원들과 어울려 조직에 빨리 적응할 수 있도록 조언을 주기 위해 걱정스러운 마음으로 기회를 찾아야 한다.

그때 직원의 부모님이 편찮으신데 돌볼 사람이 없어 정시에 출퇴근해야 하고, 업무를 지연시키지 않기 위해 업무 시간에 집중해야 해서 직원들과 어울릴 여유가 없다는 걸 알았다면 어떻게 해야 할까? 업무가 과중하지 않도록 배려하고 출퇴근에 최대한 편의를 봐줘야 한다.

이처럼 직원 상황을 이해하면 직원에 대한 이미지, 평가, 배려 등이 달라진다. 이것만으로도 직원은 업무나 조직에 충분히 몰입할 수 있게 된다.

◎ **우수한 행동**

- 직원 특성이나 상황을 파악하려 면담 등 대화의 기회를 갖는다.

- 직원 관련 정보나 기록 등을 활용하여 칭찬이나 격려할 점을 찾고
  애로사항 등을 파악한다.

◎ **미흡한 행동**

- 직원 특성이나 상황을 고려하지 않고 좋은 말로 칭찬만 한다.

- 제한적인 내용만으로 직원을 판단한다.

- 지시사항 이행 정도를 통해 업무 능력 및 업무 진행 사항 등만을 파
  악한다.

나. 업무에 대한 피드백

업무에 대한 피드백은 직원들 업무 상황을 주시하고 업무에 대한 적절한 피드백을 제공하는 활동이다. 갑작스런 추가업무 부여, 직원 비협조, 업무 의욕 저하 등으로 업무가 지연되거나 민원 발생, 안전사고 발생 등으로 업무수행이 어려울 때 적절한 지원방안을 마련하고 직원 업무수행에 대한 적절한 피드백을 제공해야 한다.

업무 수행에 무엇이 문제이고 어떤 지원을 해야 하는지, 직원 신체적·심리적 상태는 어떤지, 어떻게 하면 의욕을 회복할 수 있는지 등을 고려하여 적절한 코칭 및 조치를 취해야 한다. 필요시 자기 실제

업무 경험을 살려, 어려움을 극복하는 노하우를 제시해도 좋다. 부하 직원 성장을 위해 자기계발을 할 수 있게 지원도 고민해야 한다.

[평가 Point]

◎ **우수한 행동**

- 업무와 관련하여 직원이 의욕을 갖게 긍정적이고 실질적인
  피드백을 제공한다.
- 자기 기술, 지식, 경험 등을 공유하고 어려움을 극복할 수 있도록
  코칭한다.
- 직원 자기계발 및 성장 기회를 찾아 정보를 제공한다.

◎ **미흡한 행동**

- 업무수행에 지장이 생긴 원인이나 지원이 필요한 부분에 관심을 갖
  지 않는다.
- 업무와 관련하여 부정적이고 감정적인 피드백을 한다.
- 잘못된 부분을 시정하기 위해 일방적으로 피드백을 한다.

다. 관심과 격려

관심과 격려를 직원 칭찬으로 연상하는 경우가 많다. 물론 칭찬도 격려의 일종이지만 상황과 관계없이 '고생(수고)했다.', '잘했다.', '능력이 뛰어나다.', '업무 실적이나 성과가 좋다.', '인간관계가 좋다.', '직원을 잘 챙긴다.' 식으로 칭찬한다고 다 격려가 되지 않는다.

관심과 격려는 막연한 칭찬보다 직원 특성과 상황에 관심을 가지고 구체적으로 격려할 수 있어야 한다. 직원 특성과 상황을 파악하면 직원의 고민, 지원 요청 사항 등을 잘 이해하고 구체적으로 적절하게 코칭하면서 격려할 수 있다.

상사로서 직원이 성과를 잘 낼 수 있도록 기회를 제공하고, 구체적으로 코칭하고 격려해서 자신감을 갖게 해 주는 것이 중요하다.

[평가 Point]

◎ 우수한 행동

- 직원 관심사항을 파악하여 이를 유지 및 발전시킬 수 있게 격려해 준다.
- 직원 입장과 여건을 고려한 코칭과 지원책을 제공한다.
- 직원 업무 관련 애로사항을 파악하고 적절한 방안을 마련한다.
- 직원 관계 갈등 요소에 대한 해결책을 코칭한다.

◎ 미흡한 행동

- 어려운 문제를 고민하는 직원에 대한 관심이 없다.
- 직원과 관련없는 일반적인 칭찬을 한다.
- 존중과 배려보다 위계를 중요시 한다.
- 직원 상황이나 어려움을 고려하지 않고 현재 업무를 잘 수행해서 성과를 내라고 당부한다.

3. 역량개발이 필요한 과장 유형

1) 의사결정을 제대로 못하는 과장

| 관련 사례 |

A과장은 승진한 지 얼마 되지 않아 직원들이 결재를 올리거나 의견을 물을 때 쉽게 의사결정을 못해 애를 먹는다. 사무관 때는 과장이 결정하도록 보고서를 만들면 본인이 결정할 일이 없어 마음이 편했는데, 과장이 되어 결정을 하려니 모든 걸 자신이 책임져야 한다는 부담이 커 옆에서 봤을 때보다 힘들다.

업무도 낯설고 고려해야 할 사항이 많아 자기 의견이나 결정이 적절한지 판단이 서지 않고, 자기 결정이 잘못되어 문제가 생기거나 불이익 또는 억울한 사람이 생길까 봐 마음에 걸려 결정하기 어렵다.

의사결정을 제대로 하지 않고 미루다 직원들이 곤란을 겪고 업무도 차질이 생기곤 한다. 직원들은 과장이 어떤 식이든 빠른 결정을 원하고 있지만 아직은 힘들다. 직원들이 의사결정 이유를 물을 때는 당황하기도 한다.

이런 유형은 크게 다섯 가지 원인으로 살펴볼 수 있다.

첫째, 과장 역할을 정확히 인식하지 못했다. 과장은 과에서 추진하는 업무나 정책에 대한 최종 결정권자다. 그런데 아직도 업무담당자 마음을 갖고 있으니 결정을 망설일 수밖에 없다.

둘째, 결정해야 할 업무내용을 제대로 이해하지 못했다. 부임한 지 얼마 되지 않아 업무 파악이 되지 않았거나 업무에 관심이 없어 내용을 알지 못해 결정을 하지 못하는 것이다.

셋째, 기획 및 업무 추진에 대한 경험이 부족하다. 업무 기획이나 고려할 내용이 많은 업무 경험이 없어 체계적이고 다각적 고려를 하지 못하니까 불안을 느껴 결정을 쉽게 못하는 것이다.

넷째, 여러 이해관계를 걱정하고 있다. 마음이 약해 자기 결정으로 타인이 피해나 마음의 상처를 받을까 봐 쉽게 결정하지 못 하는 경우도 있고, 부처 간 혹은 국, 과 간 이해관계가 엉켜 이해관계를 걱정하느라 결정을 쉽게 내리지 못하는 것이다.

다섯째, 자기주장에 확신이 없다. 확실한 주장이나 의견이 없다 보니 타인 의견에 휘둘려 계속 검토만 하다 결정을 하지 못하는 것이다.

의사결정은 과장의 중요한 역할 중 하나다. 따라서 과장은 과 업무를 정확히 파악해서 신속한 결정을 해야 한다는 걸 항상 염두에 둬야 한다. 물론 모든 업무를 직접 수행하지 않기에 자세한 내용은 모르더라도 언제든지 신속한 결정을 할 수 있을 만큼은 모든 업무를 파악하고 있어야 한다.

의사결정은 단호해야 한다. 여러 입장을 고려하면 결정을 내리기 어렵다. 최선책을 찾았으면 일단 명확한 결정을 하고 그로 인한 불이익이나 피해를 보는 이해관계자를 위한 대책을 수립하는 것이 좋은 방법이다.

의사결정은 명확한 근거를 가지고 해야 한다. 더 좋은 결정은 없는지, 결정하면서 놓친 것은 없는지 등을 검토해서 놓친 게 있으면 얼른 보완해서 의사결정을 바꿀 수도 있다.

2) 개인성과에 집중하는 과장

| 관련 사례 |

B과장의 업무능력은 국내에서 모두 인정하고 있다. 담당 과 업무 전문성도 갖추고 있다. 하지만 성취욕이나 성공에 대한 야망이 강해 성과에 신경을 많이 쓴다.

성과를 내기 위해 타 과와 불편함도 감수하고 많은 업무를 가져와 직원들을 과도하게 몰아붙인다. 자기 성과를 내기 위해 업무를 발굴하여 개인적으로 추진하고 있다.

개인적 업무에 관심을 쏟다 보니, 직원들에 대한 관심이 적어지고 업무 관리 및 지원 등에서 소홀해지고 있다. 이로 인해 직원들의 불만과 피로감이 크다. 직원들은 과장의 행동을 개인성과만 생각하는 걸로 인식하고 있다.

이런 유형은 조직관리 역량에 신경을 써야 한다. 과장 성과는 직원 업무 성과의 총합이다. 개인 전문성을 발휘하려고 독자적인 업무를 발굴해 개인적으로 진행하는 경우를 제외하고 과장 성과는 직원들에게서 나온다. 따라서 직원들 성과가 좋아야 과장 성과도 좋게 평가받는다는 것을 분명히 인식해야 한다.

과장이 개인 성과에 욕심을 내면 부작용이 생긴다. 직원 능력이나 업무량을 고려하지 않고 무리하게 업무를 끌어와 직원들에게 분담시키거나 신속한 업무처리를 위해 과도하게 일정을 당기면 직원 반발이 생기고 업무처리에도 실수가 발생할 수 있다.

B과장처럼 개인적으로 업무를 추진하면, 과 업무상황에 관심이 떨

어져 의사결정이나 판단, 조치 등을 정확히 할 수 없게 된다. 이런 일이 반복되면 과 성과가 좋아도 직원들은 과장을 멀리하려 한다. 리더가 성과에 집착하여 직원을 몰아붙이면 좋은 성과가 나서 승진을 하더라도 그를 아는 사람들은 그와 함께 다시 일하려고 하지 않는 경우가 많다.

과장이 과나 직원 성과를 높이려면 업무 진척상황을 면밀히 파악하여 업무를 수행하도록 독려하고 지원해야 한다. 업무 진척이 느리면 방해되는 요소를 제거하거나 지원을 해야 하고, 추가 업무를 할 여력이 있는지를 가늠하여 업무를 받아야 한다. 최대한 직원 특성과 업무 여건을 고려해야 한다.

아울러 노력에 대한 결과는 공정하고 명확해야 한다. 고생한 만큼 직원들이 인정받도록 하고 자기 성과를 위해 직원의 성과를 뺏으면 안 된다. 눈앞에서는 이익처럼 보여도 장기적으로 보면 자신에게 손해로 돌아올 수밖에 없다.

3) 업무에만 관심을 갖는 과장

| 관련 사례 |

　C과장은 매우 똑똑할 뿐 아니라 사무관 때부터 관련 업무를 수행하여 변화상황 및 트랜드를 파악하는 능력이 뛰어나다. 국이나 과 비전 및 업무 방향을 명확히 제시하고 새로운 업무를 기획하는 능력도 뛰어나다. 성격도 좋아 배울 점이 많다. 담당하는 과 성과도 좋아 함께 일하고 싶어 하는 부하직원들도 여럿이 있다.

C과장은 직원들과 신상문제를 이야기하는 것을 잡담으로 여겨 그 시간을 아깝다고 느낀다. 일하는 시간도 부족하고 일만 잘하면 되는데, 왜 그런 활동에 시간을 쏟는지 이해가 되지 않는다는 소신을 밝히고 있다. 그래서 그와 함께 오래 일한 부하직원들의 반응은 의외로 부정적이다.

"C과장님은 항상 업무와 관련된 이야기만 하고 휴일에도 업무와 관련하여 문자나 카톡을 보내는 일도 많아 휴일에도 편하게 쉴 수 없어 부담이 많습니다. 감성능력이 부족해서 부하직원의 개인적인 문제에 관심이 없습니다. 일을 배우는 건 좋은데 함께 오래 일하면 신체적으로나 정서적으로 힘듭니다."

이런 유형은 직원관리와 의사소통 역량에 신경을 써야 한다. 대부분 과장은 사무관 시절에 열심히 일해서 좋은 성과로 승진한다. 과장이 되어도 여전히 업무에 집중하고 많은 일을 해야 한다고 생각하면 이런 유형에 빠질 수 있다.

과장의 역할 중 하나가 직원관리다. 직원관리는 업무뿐만 아니라 감성적 측면도 고려해야 한다. 업무 지향적 과장들은 직원과 업무 외적인 대화에 익숙하지 않아 어떻게 해야 할지 모를 뿐만 아니라 필요성도 느끼지 않는 경우가 많다.

이런 유형일수록 직원들과 편한 관계 형성을 중요하게 여겨야 한다. 직원들과 이야기할 기회를 마련하고 직원들 이야기에 귀를 기울여야 한다. 대화를 통해 직원들의 생각이나 업무관련 고민, 최근 관심사, 건강상태나 걱정 등을 파악해서 직원에 대한 이해도를 높여야 한다. 이러한 과장의 역할에 대한 이해도를 높이면 직원 조직 및 업무 몰입도도 높아질 수밖에 없다.

물론 직원관리와 지나친 사생활 간섭은 다르다는 것을 알고 항상 주의해야 한다. 편한 대화을 하기 위해 직원의 신변을 물을 수 있으나 너무 깊이 알려고 하면 사생활 침해로 오해를 받을 수 있다. 아울러 가급적 주말이나 휴일에는 업무와 관련된 연락을 하는 행동은 삼가는 것이 좋다.

4) 실행력만 뛰어난 과장

| 관련 사례 |

D과장은 실행력이 매우 강하다. 그래서 D과장은 업무 지연이 자주 발생하거나 민원이 많은 과를 담당할 때 능력을 잘 발휘한다. D과장은 업무 계획을 면밀하게 수립하지는 않지만 해야 할 업무가 정해지면 불도저처럼 강하게 추진하여 업무를 완수한다.

과 성과가 있어야 구성원도 보람이 있고 자부심이 생길 수 있다고 믿어 직원 여건은 관심을 갖지 않고 목표달성을 위해 직원들을 강하게 압박하여 끌고 간다.

그러다 보니 D과장과 함께 일하는 걸 기피하는 부하직원이 상당히 많다. 직원들은 과 리더로서 직원들을 잘 챙겨주길 바라지만 D과장은 이런 부분에는 관심이 없다.

더 큰 문제는 업무 방향이나 장애요인 등을 고려하지 않고 추진하다 보니, 시행착오가 많고 돌발 상황이 발생하면 해결에 애를 먹는 경우가 많다는 것이다.

이런 유형은 과장의 역량을 다시 한번 새겨봐야 한다. 과장은 무작정 직원들을 몰아붙여 성과를 내는 사람이 아니다. 전략적인 사고와 판단을 하고 과 운영 및 업무 수행 원칙을 수립하여, 과 업무 및 직원을 관리해야 하는 사람이다.

과장은 리더로서 업무가 제대로 진행되고 있는지, 직원 간 조정이 필요한 사항이 있는지를 확인하고, 목표나 중장기적 방향을 세우는 역할에 집중해야 한다.

D과장처럼 실행력만 내세워 무작정 열심히 해야 한다고 직원들을 몰아세우면 직원들은 지칠 수밖에 없다. 과장으로서 과 업무 목표를 세우고 업무 계획을 구체화하여 업무를 효율적으로 진행하게 하고, 업무 지원을 통한 업무 진행의 원만한 관리에 신경을 써야 한다. 직원 감정과 입장을 고려하지 않고 본인의 예전 경험을 이야기하며 업무로 몰아붙이면 조직관리에서 부정적인 평가를 받을 수밖에 없다는 것을 분명히 인식해야 한다.

5) 직원에게 공감하지 못하는 과장

| 관련 사례 |

E과장은 직원들과 업무 회의나 논의를 자주하는 편이다. 혼자 고민하기보다 여러 사람들 의견을 듣는 게 훨씬 능률적이라는 걸 알고 있다.

하지만 직원들이 찾아와 개인적인 고민이나 업무 수행상 어려운 점 등을 면담하는 게 불편하다. 직원들의 이야기는 알겠지만 그들의 고민이나 감정은 그다지 공감할 수 없다. 개인적 고민은 스스로 해결해야지 직장에서 해결하려는 걸 이해할 수 없고, 업무상 어려움은 누구나 가지고 있고 이를 해결하라고 담당자를 지정했는데 투정하듯 어렵다고 면담하는 직원을 이해할 수 없다.

그러다 보니 이런 직원들에 대해 별로 좋은 반응을 보이지 않았고, 당연히 그들의 문제에 적절한 조언이나 특별한 조치를 해 줄 수 없었다. 이제 직원들은 어려움이 생겨도 과장에게 면담을 요청하지 않고 자신들끼리 해결하는 분위기다.

E과장은 최근에 직원들 상황이나 감정에 공감이 부족해서 직원들과 소통을 하지 못하고 리더십을 발휘하지 못한다는 피드백을 받았다.

이런 유형은 의사소통 역량에 신경을 써야 한다. 많은 과장들이 자기 입장에서 판단하기에 직원의 입장을 제대로 공감하지 못한다.

"그때는 누구나 그렇게 고생하고 열심히 일한다."

"우리 때는 이 정도 어려움은 당연했다."

"다른 직원은 아무 문제가 없는데 왜 주무관만 그래."

이런 유형은 직원의 고민에 이런 식으로 반응해서 직원의 감정이나 어려움을 무시하기 일쑤다.

이러면 직원은 과장과 대화하길 꺼리고, 어려움을 털어놓지 않는다. 과 문제가 생겨도 과장이 알아채기 어렵고 해결할 수 있는 시기를 놓치게 된다.

과장은 직원의 상황에 민감하게 공감하려 해야 한다. 직원에 대해 공감이 되지 않으면, 직원 상황이나 감정보다 업무에 몰입하지 않았다는 판단에 불쾌함을 느끼게 된다. 업무에 몰입한 과장일수록 이럴 가능성이 크다.

이런 문제를 안고 있는 사람은 타인 공감능력에 신경을 써야 한다. 자기 경험이나 스타일로는 이해가 되지 않더라도 상대방이 어려움을 느낄 수 있음을 알아야 한다. 상대방 이야기를 들어주고 공감하려고 노력해야 한다.

직원들이 과장에게 이야기할 때 모든 걸 다 해결해 달라고 하지 않는다. 지금 이렇게 힘드니까 알아 달라는 것일 때가 많다. 따라서 직원이 고민을 털어놓을 때는 그냥 잘 들어주는 것만으로도 큰 효과를 얻을 수 있다는 것을 알아야 한다.

6) 직원 이야기를 듣지 않는 과장

| 관련 사례 |

F과장은 주무관 시절부터 업무에 항상 자신감이 있었다. 본인 업무뿐만 아니라 모든 과 업무에 대해서 자신이 가장 깊게 고민한다고 믿었다. 주말에도 항상 업무를 염두에 두고 다음 주에 어떤 업무를 처리해야 하는지, 업무와 관련한 이슈가 무엇이고 이를 어떻게 해결할지 고민하였다. 이런 능력과 노력을 인정받아 다른 동기들보다 빠르게 승진할 수 있었다.

F과장은 이후에도 주말에 업무를 고민하고 월요일에 직원들과 업무를 논의하는 시간을 마련하였다. 초기에는 몇몇 직원들이 의견을 제시했지만, 깊이 고민하지 않거나 관행적인 의견을 말해 질책을 하곤 했다. 빠른 업무 수행을 위해 쓸데없는 의견이나 논의는 묵살하는 경우도 많았다. 어느 순간부터는 논의보다 지시를 하였고, 자기 고민을 넘어서지 않는 직원 이야기는 무시하고 있었다.

최근 F과장은 업무 상황을 오판하고 잘못된 결정을 내려 어려움을 겪게 되었는데, 진행과정에서 아무도 의견을 제시하지 않아 은근히 화가 났다. 그런 중에 자신이 직원에게 지시하고 의견을 무시하고 있는 걸 발견하고, 직원들이 자신을 어려워하거나 자신과 대화를 꺼린다는 것을 절실히 느끼게 되었다.

이런 유형은 의사소통 역량에 신경을 써야 한다. 자기 판단이 무조건 옳고 본인 고민이 제일 깊다고 생각하는 순간, 직원 이야기는 들리지 않는다. 그러면 직원들은 과장을 권위적이라고 생각하거나 상대 이야기를 듣지 않는다고 여기고 기피하게 된다.

과장은 과 업무나 방향을 많이 생각해야 한다. 직원의 개별 업무 내용은 상세히 알지 못해도 어떤 이슈가 있고, 어떤 고민이 있는지 파악하고 있어야 한다. 업무가 부처나 국의 방향과 어떻게 연계되는지도 알고 있어야 한다.

과장은 업무를 보는 시야, 고민의 깊이, 정보량의 차이가 많아 직원들과 논의하면 답답할 수 있다. 특히 업무 중심 성향을 지닌 과장이라면 업무 논의 자체가 낭비로 보일 수도 있다.

과장은 결정 과정에서 직원 말을 잘 듣고 판단해야 한다. 과장은 모든 업무 내용을 상세히 알 수 없고, 모든 업무에 직접 관여하고 있지 않기에 혼자서 업무와 관련한 최적의 결정을 내릴 수 없다. 뛰어난 개인보다 여러 사람의 시각과 고민을 반영하면 훨씬 좋은 방안과 결과를 낼 수 있기에 열린 마음으로 직원의 의견을 들어야 한다.

F과장처럼 직원의 말을 듣지 않으면 직원들은 자신의 의견을 말하지 않고 듣기만 한다. 자신들이 이야기를 해도 과장이 듣지 않을 걸 알기에, 과장에게 반발하는 위험을 감수할 필요가 없다고 생각하기 때문이다.

과장은 업무뿐만 아니라 조직관리에서 직원들에게 편하게 이야기할 분위기를 만들고 잘 들어줘야 한다. 그래야 직원들이 조직에 애정을 갖고 본인이나 조직에 관련된 어려움을 쉽게 이야기할 수 있다.

Part
3

과제별 특성 및 수행활동

1. 과제 특성

과장급 역량평가는 발표, 역할연기, 서류함 기법, 집단토론 등 4개 기법을 활용한다. 각 과제는 자료 구성 및 평가방식이 다르고, 이를 활용하여 측정하고자 하는 역량도 다르다. 따라서 요령보다는 기법별 특성을 잘 이해하여 자기 역량을 잘 발휘하는데 중점을 둬야 한다.

1) 발표(Presentation)

발표는 30분 준비단계와 20분 평가단계로 나눈다. 일반적인 업무 보고 상황에서 보고 및 질의응답으로 과제수행자의 결정 및 판단을 평가하는 장점이 있지만, 과제수행자가 발표 상황에 부담이 크면 능력을 제대로 발휘하지 못해 정확한 평가를 받기 어렵다는 단점이 있다.

발표는 업무상황에서 생기는 발표나 보고 형식을 빌려왔을 뿐이지 발표 스킬이나 보고서 작성 능력을 평가하지 않는다는 점을 유념해야 한다. 따라서 보고서 형식, 절차, 자료 작성에 지나치게 집중하지 않는 것이 좋다. 일부 5급 역량평가나 지자체 역량평가에서는 보고서 작성 능력을 평가하기도 하지만 과장급 역량평가는 그렇지 않으니 너무 걱정할 필요가 없다.

발표는 사고 역량을 평가하기 용이하다. 현상을 파악하여 관련 문제점을 찾고 실행가능한 대안이나 개선방안을 제시하고, 실행계획을 수립하고 실행에 따른 고려사항을 검토하는 일련의 과정이 사고 능력을 잘 보여줄 수 있다. 그래서 대부분 발표 과제는 문제점과 개선 방안이라는 형식을 취한다.

2) 서류함 기법(In-Basket)

서류함 기법은 50분 준비단계와 20분 평가단계로 나눈다. 형식과 이슈가 다른 3개 소과제를 처리하는 평가기법이다. 과제수행자가 주어진 상황을 어떻게 처리하는지, 어떤 의사결정을 하고 행동계획을 세우는지, 한정된 시간을 적절하게 배분하여 다양한 내용과 이슈를 해결하는지 등을 평가한다.

서류함 기법은 In-Basket 혹은 In-Tray라고 한다. '판단이나 결정할 과제를 책상이나 결재함에 담아두다'라는 의미를 갖고 있다. 서류함에 있는 다양한 과제 중에서 자기 기준으로 우선순위를 정해서 수행하도록 함으로써 전략적 판단이나 사고 능력을 측정한다.

이 기법은 과제수행자가 50분 준비단계에서 작성한 내용을 평가자가 미리 검토하고 추가 확인 사항을 정리한 후, 평가장에서 질문하는 식으로 이뤄진다. 다른 과제보다 역할 수행 요소가 적고 사전에 작성하여 제출한 내용이 있기에 임기응변을 발휘할 여지가 적다.

서류함 기법은 두 가지 방식이 있다. 첫째는 모든 과제를 수행하고 평가를 받는 방식이고, 둘째는 많은 소과제를 제시하고 과제수행자가 판단해 주어진 시간 내에 해결할 수 있는 몇 개 소과제를 선정하여 수행하게 하고 평가하는 방식이다.

첫째는 고위공무원단과 과장급 역량평가에서 쓰는 방식이다. 3~4

개 소과제를 제공하고 과제수행자가 정해진 시간 내에 모든 과제를 수행한 후 어떤 결정을 했는지, 왜 그렇게 했는지, 해결방안이나 대안은 무엇인지, 고려한 사항은 무엇인지 등을 평가한다.

둘째는 미국이나 국내 대기업 등에서 쓰는 방식이다. 15개 이상 소과제를 제공하고 어떤 기준으로 과제를 선정했는지, 어떤 부분에 관심을 가지고 있는지, 일관성 있게 과제를 수행했는지 등의 전략적 요소를 평가한다.

과제수행자가 어떤 기준[9]으로 수행할 과제를 선정하고 어떻게 수행하는지를 평가하는 서류함 기법 취지에는 둘째 방식이 적합하다. 하지만 이 방법은 어떤 과제를 선정했는지, 어떤 순서로 과제를 해결하는지에 따른 평가 기준을 구체적으로 세우지 않으면 평가에 사용하기가 어렵다는 단점이 있다.

국내에서는 주로 첫째 방식을 사용하고 있다. 고위공무원단(4개), 과장급(3개)에서는 소과제 수를 제한하여 활용한다. 초기 고위공무원단을 운영할 때, 전략적 사고를 측정하기 위해 많은 소과제를 제시하고 본인이 선택하여 수행하도록 하였으나, 모든 과제수행자들이 첫 번째 과제부터 순차적으로 수행하기에 첫째 방식으로 조정하였다.

---

9) 예를 들면, 중요한 과제부터 수행한다는 기준, 긴급하게 해결할 과제부터 수행한다는 기준, 최대한 많은 과제를 수행한다는 기준, 자신이 경험했고 자신있게 해결할 수 있는 과제부터 수행한다는 기준 등 자신에게 적합한 기준을 세우면 된다.

3) 역할연기(Role-play)

  역할연기는 30분 준비단계와 20분 평가단계로 나눈다. 역할연기는 측정하는 역량에 맞는 상황을 설정하고 상황에 대처하는 과제수행자의 말이나 행동을 중심으로 평가가 진행된다. 과제수행자가 주도적으로 상황을 끌어가야 하기에, 과제수행자에게 부담이 많은 과제이다.

  역할연기는 인간관계 개선이나 영업 능력 향상 등 교육 목적으로 개발하였다가 역량평가로 활용이 넓어졌다. 상황에 따라 과제수행자와 평가자가 부여받은 역할을 하지만, 연극에서 배우들이 각본에 정해진 대사를 말하는 상황극처럼 이뤄지지 않는다. 전개되는 논의에 따라 반응 및 결정은 다양하다.

  역할연기는 과제수행자가 어떻게 역할을 수행하느냐에 따라 평가자 반응도 차이를 보일 수 있다. 평가를 더욱 실감나고 극적으로 하기 위해 외국은 상대역으로 전문배우를 쓰고 평가자가 옆에서 관찰하며 평가하기도 있다. 예를 들어 화가 난 고객, 혹은 업무에 어려움이 있어 상사에게 투정을 부리는 부하 직원, 서비스를 요청하는 고객 등 이해관계가 있는 역할을 전문배우에게 맡기는 것이다.

  우리나라는 1:1 역할연기와 1:2 역할연기를 활용한다. 1:1 역할연기는 대부분의 역량평가에서 사용하고, 1:2 역할연기는 고위공무원단에서만 사용한다.

  1:1 역할연기는 과제수행자 1명과 평가자 1명이 역할을 수행하며, 면담이나 코칭과 같이 상사와 부하 사이에서 발생하는 상황을 설정

하고 과제수행자를 평가한다.

1:2 역할연기는 과제수행자 1명과 평가자 2명이 역할을 수행하며, 논쟁이나 조정이 필요한 상황을 설정하고 평가자 2명이 미리 정해진 역할을 수행하면서 과제수행자를 평가한다.

역할연기는 인간관계 형성, 대인 이해, 고객 지향성, 그리고 팀워크와 협력(쌍방이 모두 만족하는 방향으로 갈등을 해결하는 경우) 등을 측정할 수 있다.

4) 집단토론(Group Discussion)

집단토론은 30분 준비단계와 30분 토론단계로 나눈다. 서로 다른 입장을 부여받은 과제수행자들이 자기 입장을 관철시키는 과정을 관찰하여 역량을 측정하는 평가기법이다.

평가자는 과제수행자들이 토론하는 과정에서 어떻게 논의 분위기를 만들고, 논의 기준을 세우고, 논의를 진행하고, 이해관계를 조정하면서 어떻게 의사소통을 하는지 평가한다.

집단토론은 자연스럽게 과제수행자의 의견이나 생각을 확인하고, 인간관계를 쉽게 파악할 수 있다는 장점이 있는 반면, 토론에 소극적인 과제수행자 역량을 측정하기 어렵다는 단점이 있다.

진행 방식에 따라 리더가 있는 집단토론(leader group discussion)과 리더가 없는 집단토론(leaderless group discussion)으로 나눈다.

리더가 있는 집단토론은 평가자 1명이 토론을 이끄는 방식이다. 논의를 조절하고 방향을 잡아주면서 평가한다는 장점이 있는 반면 평가자가 개입해서 논의과정이 자연스럽지 않고 인위적으로 흐를 수 있다는 단점이 있다.

리더가 없는 집단토론은 평가자가 토론에 참여하지 않고 관찰만 하는 방식이다. 평가자 개입 없이 과제수행자 간 자연스러운 토론이 이루어지는 장점이 있는 반면 논의 방향을 잃으면 통제하거나 조정할 방법이 없고 측정하려는 내용을 확인하지 못하는 단점이 있다.

현재 과장급 역량평가에서는 리더가 없는 집단토론을 활용한다. 평가자 3명이 참석하여 1명은 토론을 주재하고, 2명은 관찰하는 역할을 한다. 평가를 주재하는 평가자는 토론 시작과 토론 취지를 설명하고 논의가 엉뚱한 방향으로 흐를 때 개입할 뿐 논의에 관여하지 않는다.

2. 자료 구성

각 과제는 측정하는 역량에 따라 자료 구성이 달라지지만, 고유 특성과 연관되어 제시하는 자료들이 있다. 이런 자료를 제시하는 의미를 안다면 내용 숙지에 큰 도움을 얻을 수 있다.

1) 발표(Presentation)

발표는 이메일, 브리핑 자료, 신문기사, 여론조사 결과, 연구보고서, 벤치마킹 자료, 통계자료, 이해관계자 의견 등 다양한 자료를 활용하여 미션을 수행하도록 제시한다. 과제수행자는 제시한 모든 자료를 읽은 후, 주어진 미션에 따라 자료들을 분석하고 의사결정 및 방안 마련에 활용해야 한다.

자료나 내용 구성에는 몇 가지 원칙이 있다.

첫째, 과제 내용이 쉬우면 분량이 많고, 과제 내용이 어려우면 분량이 적다.

둘째, 다루는 주제가 어려우면 자료 구성이나 내용, 미션은 쉽고 다루는 주제가 쉽거나 익숙하면 내용, 미션 등은 어렵다.

셋째, 익숙하지 않은 내용을 다루면 용어나 개념을 설명하는 자료가 많고, 익숙한 내용이면 문제해결과 관련된 자료가 많다.

넷째, 과제 내용이 쉬우면 해결방안이나 대안 마련이 어렵고, 과제 내용이 어려우면 해결방안이나 대안 마련이 비교적 쉽다.

이것은 어떤 과제를 수행하더라도 유불리가 생기지 않게 만든 원칙이다. 자료 구성 방식은 과제의 주제, 내용, 해결방식, 측정 역량에 따라 다양하다.

가. 초반 자료

초반 자료는 미션과 관련하여 어떤 상황인지, 어떤 내용인지를 이해해야 하는지 알려주는 자료로 구성한다. 예를 들어 업무 관련 용어나 개념 설명, 미션 발생 배경, 미션 관련 이슈나 사건 등을 제시한다.

문제점이나 이슈 등을 과제수행자가 제대로 파악하는지 확인하려는 목적이라, 자료를 보고서처럼 체계적으로 정리하여 제시하지 않는다. 신문기사나 이메일 등으로 설명하고, 이를 보완하기 위해 연구보고서, 통계자료 등을 제시한다.

초반 자료는 문제점을 파악하도록 연계성보다는 이슈별로 나열식으로 제시하는 경우가 많다.

나. 중반 자료

중반 자료는 제시한 미션 해결방안이나 대안을 마련할 수 있는 자료다. 현황 및 동향 조사 자료, 벤치마킹 자료, 연구보고서, 브리핑 자료, 여론조사 자료 등을 제시한다.

여기에 제시하는 자료는 초반에 언급했던 문제점들과 직접 연계되지만, 바로 알아보고 즉시 인용할 만큼 단순하게 제시하지 않는 경우가 많다. 자료 의미를 고민해야 하고 전체적으로 이해하려고 노력해야 한다.

중반 자료를 잘 분석하면 의사결정 근거를 찾을 수 있고 해결방안 및 대안도 마련할 수 있다. 아울러 추가적인 고려사항도 찾을 수 있다.

다. 후반 자료

후반 자료는 문제해결과 관련해 고려할 사항이나 부수적인 문제를 제시한다.[10] 신문기사, 이해관계자 의견, 연구보고서 등을 자주 제시한다.

후반 자료는 그냥 읽으면 왜 제시했는지, 어떤 의미를 갖고 있는지, 어떻게 활용하라는 건지 알 수 없다. 과제수행자가 어떤 의사결정을 했느냐, 어떤 해결방안을 정하였느냐에 따라 활용 여부 및 방향이 결정된다. 즉 의사결정이나 방안에 따라 어떤 자료는 많이 인용해야 하고, 일부 자료는 인용하지 않거나 참고만 할 수 있다.[11]

2) 서류함 기법(In-Basket)

서류함 기법은 이메일 지시사항을 간단히 처리하는 미션부터 복잡한 기획이나 문제를 해결하는 미션까지 다양하다. 중요도, 시급성, 난이도 등도 서로 다르다.

국내 고위공무원단(4개)이나 과장급(3개) 평가에서는 주어진 모든 소과제를 수행하도록 비슷한 수준의 내용으로 제시한다. 따라서 소과제별 중요도, 시급성, 난이도, 현실적용가능성 등을 고려하지 않아

---

10) 과제 구성에 따라 후반부에도 문제해결이나 개선방안으로 구성되는 경우도 있다.
11) 이런 자료 구성 및 기능을 제대로 알지 못한 잘못된 정보는 신문기사, 연구보고서, 벤치마킹 자료는 보지 않아도 된다고 알려준다.

도 된다.[12]

과제는 메모와 보고서, 이메일, 전화 메시지, 연구자료, 노트, 의견서, 주문서 등과 같은 다양한 서류 및 메시지를 제시한다. 1~4장 분량으로 제공하기에 이메일을 많이 활용한다. 이메일은 일상 업무에서도 많이 활용하고 간략하게 상황 설명이나 미션을 제시할 수 있어 효과적이다.

업무상황을 나타내기 위해 사무분장, 업무 진척도, 회의록, 보고서, 인사정보 등의 자료도 제시한다.

직원 특성이나 관계를 나타내기 위해, 직원 갈등 상황, 직원 간 대화, 직원 특성이나 성과평가/다면평가 정보 등의 자료도 제시한다.

3) 역할연기(Role-play)

역할연기는 직원과 면담 상황으로 이뤄진다. 해당 직원 업무 지연, 동료와 악화된 관계, 소속 과 혹은 개인 문제 등을 다룬다. 과제는 과의 현황 및 이슈, 이메일, 개인별 업무 내용 및 업무 진척도, 업무량 및 업무비중, 협조요청, 인사정보(인사평가 결과 및 역량진단 결과), 직원 간 대화, 직원 간 갈등 상황 등 다양한 자료를 제시한다. 이 자료들은 영역별로 활용이 다르다.

업무 지연은 개인별 업무 내용 및 업무 진척도, 업무 지연이 발생한 이유, 업무량 및 업무비중, 업무 지원 필요성 등의 자료를 제시한다.

동료와 악화된 관계는 협조요청, 인사정보, 직원 간 대화, 직원 간

---

12) 일부 평가자는 각 소과제의 우선순위나 중요도 순위 등을 묻는 경우가 있다. 이런 질문이 중요한 평가 요소는 아니지만, 과제를 수행하면서 고려해 두면 좋다.

갈등 상황 등의 자료를 제시한다.

그 외 자료들은 소속 과 혹은 개인의 문제를 다루거나 과제 상황을 설명한다.

4) 집단토론(Group Discussion)

집단토론은 3개 과 간 균형이 심각하게 무너지면 논의가 어려워 자료 구성에서 과별 균형에 신경을 쓴다. 3개 과의 상황 및 입장을 고려하여 논의가 진행되도록 다양한 이슈보다는 1~2개 이슈에 집중하여 자료를 구성한다.

집단토론은 2가지 자료 구성 방식이 있다. 하나는 과제수행자 역할만 다르게 하고, 3개 과의 자료를 동일하게 제공하는 방식이다. 다른 하나는 타 과 자료는 제한된 분량만 제공하는 방식이다. 현재 고위공무원단이나 과장급 역량평가에서는 모든 과제수행자에게 동일한 자료를 제공하고 있다.[13]

주제는 크게 인력과 예산으로 나눌 수 있다.

인력문제는 구성원 수, 업무분장, 업무비중, 업무 중요도, 업무 난이도, 업무실적, 성과평가 결과, 다면진단 결과, 상벌 실적 등의 자료를 제시한다.

예산문제는 국이나 과 업무목표 및 계획, 핵심사업 및 성격, 사업별 세부 내용, 주요 이슈, 사업별 예산내역 등의 자료를 제시한다.

---

[13] 자료 구성 방식이 다르더라도 수행 방식은 동일하니 당황하지 말고 자료를 분석하고 논의하면 된다.

3. 주요 주제

과제별로 자료 구성방식과 특성이 있어 효과적으로 활용할 수 있는 주제들이 있다. 이를 알면 좀더 효과적으로 과제를 수행할 수 있다.

1) 발표(Presentation)

발표나 보고는 업무에서 자주 일어나고 상황으로 구성하기에 다양한 주제가 나올 수 있다. 발표에서는 문제점을 찾아내고 이에 대한 개선방안을 마련하는 형식을 많이 활용한다.

문제점은 이미 발생한 문제와 향후 일어날 문제로 구분할 수 있다.

이미 발생한 문제는 환경오염 물질의 급속한 증가, 학생수 감소에 따른 대학 경쟁력 약화, 게임 산업 활성화에 따른 중·고등학생 게임 중독 등과 같이 이미 발생해 심각해진 주제로, 문제 현황에 대한 명확한 이해 및 해결을 위한 구체적인 개선방안 마련을 요구한다.

향후 일어날 문제는 4차 산업혁명에 따른 단순 노동자 해고 문제, AI로 인해 발생하는 인권 침해 문제, 친환경 에너지원 확보를 위한 이해관계자 갈등 문제 등과 같이 아직 일어나지 않았지만 우려되는 주제로, 사전에 문제가 발생하지 않도록 방지할 수 있는 대책이나 발생 시 피해를 최소화할 수 있는 방안 마련을 요구한다.

발표 주제와 관련해서 주의할 점이 있다. 주제에 친숙하기 위해 신문 사설 등을 많이 보라는 의견이 있다. 하지만 사설을 많이 보면 글을 읽는 습관을 들이는데 도움은 되지만, 평가에는 크게 도움이 되지 않는다.

발표 과제는 위에서 제시한 사례처럼 이슈가 될 만한 주제의 기본 내용과 사실은 일부 활용하지만 실제 평가에서 쓰이는 내용은 측정하려는 역량을 고려해 변형시키기 때문이다. 이 부분은 뒤에서 자세히 다룬다.

2) 서류함 기법(In-Basket)

서류함 기법의 주제는 매우 다양하다. 발표와는 다르게 간단한 의사결정으로 해결책이나 방안을 마련할 수 있게 구성된다. 발표 주제가 사고 측면을 많이 다룬다면, 서류함 기법 주제는 업무나 관계 측면을 많이 다룬다.

가. 사고 관련 주제

사고 관련 주제로 활용하는 것에는 정책 방안 검토, 업무혁신 및 변화 방향 수립, 현안 이슈 파악 및 개선방안 마련, 선택사항에 대한 의사결정, 전략적 판단, 기획안 마련, 직원이 작성한 보고서 검토 및 의견 제시 등이 있다.

나. 업무 관련 주제

업무 관련 주제로 활용하는 것에는 업무 방향 제시, 효율적인 업무 수행 방안, 직원 업무 부담 해소, 업무 지연 해결 및 관련 직원 업무 조정, 업무 프로세스 개선, 업무나 조직 구성 및 조정, 업무 관련 아이디어 도출, 회의 의제 설정, 인력 및 예산 조정, 성과평가 및 인센티브 대상자 선정, 인원 차출 방안, 언론 대응 방안 등이 있다.

다. 관계 관련 주제

관계 관련 주제로 활용하는 것에는 구성원 간 갈등 해결, 부하직원 면담 및 면담 내용 선정, 직원 간 협조 관계 형성, 고객 불만 대응, 이해관계자 설득 방안, 이해관계자 간 갈등 해소 방안, 직원 간 관계 형성 방안, 타 과와 갈등 해결, 직원 고민 해결, 직원 자기개발 방안, 업무 연관 기관 업무 협조 요청 대응 등이 있다.

3) 역할연기(Role-play)

역할연기에서 사용하는 주제는 비교적 명확하다. 과제 특성상 역할연기는 직원과 면담하는 상황에서 자연스럽게 측정할 수 있는 주제를 사용한다.

1:1 역할연기는 직원(평가자) 면담 상황으로, 업무 지체(혹은 업무 진도 미달), 동료와 갈등, 과 혹은 개인 문제 등 3개 주제가 나온다. 과의 업무 내용, 성격이나 직원 구성에 따라 차이가 있으나 업무 지체, 동료 갈등은 항상 등장하는 주제이고 과 혹은 개인 문제는 과제 상황에 따라 달라질 수 있는 주제다.

업무지체는 직원이 담당한 업무나 프로젝트가 계획보다 많이 늦어진 상황으로, 상사인 과제수행자가 어떻게 조치하는지 확인하는 주제다. 자료 분석으로 왜 늦어졌는지를 파악하고 업무지체를 해결하기 위한 방안을 가지고 직원과 어떻게 면담하는지를 평가한다.

동료와 갈등은 직원이 다른 직원들과 원만한 관계를 맺지 못하고 갈등을 겪거나 협조를 받지 못해 어려움에 처한 상황으로, 과제수행자가 이런 상황을 어떻게 판단하고 코칭하는지 확인하는 주제다. 자료 분석을 통해 갈등이 생긴 원인이 무엇인지 파악하고 면담 직원에게 적절한 해결책을 제시해야 한다.

1:2 역할연기는 직원(평가자) 간 갈등, 이해관계자(평가자) 간 갈등 중재가 주요한 주제다. 과제수행자가 중재할 수 있는 위치에서 양쪽 입장을 파악하여 서로 간 의견대립을 보이는 원인을 분석하여 양쪽 모두가 만족할 수 있는 적절한 중재안을 제시해야 한다.

4) 집단토론(Group Discussion)

집단토론 주제는 많을 것 같지만 의외로 몇 가지 안 된다. 가장 대표적인 주제는 인력과 예산이다.

인력 문제는 인원차출이나 인력배치, 승진, 상벌 등이 주제고, 예산 문제는 예산 부족으로 국 단위 예산을 삭감하거나 추가 예산 배정으로 예산을 배정할 과나 추가로 추진할 사업을 선정하는 주제다.

인력과 예산 문제는 비슷해 보이지만 논의과정은 상당한 차이가 난다. 인력은 1명 단위로 결정하기에 인원을 쪼갤 수 없는 방식이고, 예산은 각 과별로 정도 차이는 있겠지만 일정 비율을 가져가거나 부담하는 방식이다.

인력문제는 한 과에서 1명이 차출 혹은 선정되도록 논의가 진행되는 반면, 예산문제는 각 과에서 자기 이익을 최대한 확보하거나 손해를 최소화하는 방향으로 논의한다.

　최근 집단토론 주제로 국 차원에서 책임져야 하는 과실에 대해 각 과가 책임소재를 규명하고, 이에 따른 부담금을 정하는 내용도 등장 한다. 책임소재 크기에 따라 부담금을 내기에 예산 논의와 같은 방 식으로 진행된다.

4. 수행활동

과장 역량을 측정할 수 있게 각 과제별 특성을 반영하여 평가를 구성한다. 평가에서 개인 행동 특성은 자연스럽게 드러나지만 과제별 수행활동을 이해하면 좀더 좋은 역량평가를 준비할 수 있다.

1) 발표(Presentation)

가. 매체 활용

과제수행자들은 발표 과제에서 매체 활용을 많이 걱정한다. 예전에는 발표할 때 매체(A4용지, 컴퓨터, 화이트보드) 중 하나를 선택해 발표할 내용을 작성했지만, 최근에는 자료 작성이 필수사항은 아니다. 매체를 활용해 발표 자료를 작성해도 되고, 하지 않아도 된다.

매체 제공은 과제수행자 발표를 도우려는 목적이지 활용 능력을 측정하는 게 아니다. 매체는 발표 보조 수단으로 생각하고 활용에 대해 걱정하지 않고 평가에 임해야 한다.

나. 준비단계

준비시간은 30분으로, 과제수행자는 자료를 분석하여 발표 및 질의응답을 준비한다. 과제 분량은 A4용지 10장 내외로 사람에 따라 차이가 있지만 20분~25분 정도 읽을 수 있다.

읽고 난 후 5분~10분 동안 미션에 따른 의사결정을 하고 결정에 따른 대응방안을 마련하고 다양한 고려사항에 대한 자기 의견을 정리해야 한다.

안타깝게도 과제수행자 중에는 자신의 생각, 고민, 판단 및 의사결정보다 발표할 내용을 정리하는데 집중하는 경우가 많다. 이런 분들은 발표를 준비하는 과정에서 보고서 작성 체계(배경 → 현황 → 문제점 → 개선방안 → 기대효과 → 향후 계획 등)에 따라 발표 내용을 작성하는 연습을 한다.

하지만 평가에서 과제수행자가 보고서 작성 체계에 따라 작성한 내용은 중요하지 않다. 평가 관심은 주어진 자료에서 어떤 결정과 고민을 했느냐다.

보고서 체계에 맞춘 자료 작성은 시간 부족이라는 문제를 가져온다. 보통 A4 용지 1장을 빼곡히 작성하면 10분 이상 소요된다. 제한된 시간에 자료 검토 이후 남은 시간을 자료 작성에 할애하면, 의사결정, 결정 근거 및 대안 등을 제대로 마련할 수 없고 평가자 질문에 제대로 답할 수 없다. 즉 자료 작성에 몰입하여 자기 사고 측면을 보여줄 기회를 놓치게 된다. 자료를 읽으면서 작성하는 분들도 있는데, 과제 전체 맥락을 이해하기 힘들고, 평가자 질문에 답변은 더욱 힘들다.

그렇다면 자료 분석은 어떻게 해야 하나? 발표 과제 대부분이 문제점과 개선방안을 제시하는 형태라 문제점과 개선방안 마련을 중심으로 설명하고자 한다.

| 상황 및 문제점을 명확히 인식해야 한다

상황은 왜 문제가 발생했는지 알려준다. 문제 발생 원인을 이해해

야 근본적인 해결책을 마련할 수 있기에 상황 이해는 매우 중요하다.

과제에서 문제점은 일목요연하지 않고 뒤섞여 제시되는 경우가 많다. 내용을 보면서 문제점을 체계적으로 정리해야 한다. 자료 분석에서 경계할 것은 과제 내용을 외워서 요약·정리하려는 행동이다. 과제를 받으면 모든 내용을 빠뜨리지 않고 외우려고 하는 과제수행자들이 있는데, 제한된 시간에 모든 내용을 암기하는 건 무리다. 과제는 과제수행자 역량 수준을 확인하는 평가기법일 뿐 암기력이나 요약 능력을 보려는 게 아니다.

| 과제의 미션을 염두에 두고, 전체 내용을 파악 및 분석해야 한다.

자료를 보는 동안 미션을 놓치는 사람들이 있다. 미션은 과제를 수행하는 방향이라 잘 알아야 과제를 어떻게 파악하고 분석해야 하는지 명확히 알 수 있다. 이런 분석을 통해 정확한 의사결정을 할 수 있다.

의사결정은 중요한 과장의 역할이다. 어떤 의사결정을 했느냐가 평가에 영향을 미치지 않지만, 의사결정이 없으면 평가를 할 수 없다.

의사결정을 하면 왜 그런 의사결정을 했는지에 대한 근거를 마련해야 한다. 평가자는 의사결정의 근거로 과제수행자의 생각과 결정이 일관되고 상식적으로 설명되는지를 확인할 수 있다.

| 의사결정을 했으면 제시된 자료를 활용하여 의사결정에 따른 해결방안을 마련한다

문제점에는 1개 이상 해결방안이나 대안이 있다. 해결방안이나 대

안의 실마리를 찾는 건 어렵지 않다. 하지만 해결방안이나 대안 관련 자료를 그대로 읽거나 일부 내용만을 인용하는 것이 아니라 자료를 활용하여 본인 생각이나 판단을 반영한 해결방안이나 대안을 마련하고 제시해야 한다.

후반부에 제시되는 자료들은 주로 해결방안을 마련할 때 고려할 사항, 부수적인 문제점 등을 다룬 내용들이 많다. 예를 들어 문제해결 과정에서 발생하는 부작용이나 예상하기 어려운 상황, 문제해결 과정에서 영향을 받는 이해관계자 등이 있다.

이런 내용들은 문제해결 방안에 따라 활용 여부 및 방향이 결정한다. 예를 들어 이해관계자가 반발할 수 있다는 내용이 제시되었을 때를 가정해 보자. 이해관계자들에게 도움을 주는 결정을 한다면 이해관계자들은 환영할 것이기에 반발을 고려할 필요가 없어 이 내용은 활용하지 않아도 된다.

다. 평가단계 : 발표 및 질의응답

30분 준비시간이 끝나면 바로 평가자가 들어와 평가에 들어간다. 초반 5분 정도 발표하는데, 과제수행자는 분석하고 이해하고 판단하고 결정한 내용을 이야기하면 좋다.

발표가 끝나면 평가자는 발표한 내용에 기초하여 질문을 한다. 이때 과제수행자가 다양한 측면을 고려하고 자기 생각이나 판단을 잘 반영해서 발표한다면 5분 이상 시간을 할애해도 평가자가 발표를 끊지 않는다. 하지만 자료를 그대로 읽거나 과제에서 제시한 자료 순서대로 발표하면 평가자는 5분이 되기 전에 발표를 중단시킨다.

왜 그럴까?

발표 후 나머지 시간에 질문으로 과제수행자 자료 분석 능력, 의사결정 근거 및 이유, 문제해결 방안 및 대안 수립 여부, 추가사항 고려 등을 확인해야 한다. 과제수행자가 제대로 분석하고 고민해서 자기 생각을 담아 발표하면 평가할 사항이 많이 포함되기에, 질문으로 확인할 내용이 적어져 질문시간을 줄여도 된다. 하지만 자료를 그대로 읽거나 자기 생각과 특성 등을 녹여내지 않으면 15분 동안 질문으로 확인할 내용이 많아 발표시간을 줄여야 한다.

발표시간 5분을 염두에는 두되 크게 구애받지 말아야 한다. 자신이 잘 하고 있다면 5분이 넘어도 제재가 없을 것이다. 만약 5분 이전에 제재되면 질문시간에 최대한 Why(왜), How(어떻게), What(무얼)을 중심으로 정리해서 답변해야 한다.

| 질의응답은 평가자의 질문이나 반응을 잘 살펴야 한다

평가자는 과제 내용과 관련하여 의도를 갖고 질문한다. 따라서 평가자 질문을 잘 듣고 자신이 분석하고 발표한 내용을 잘 연결시키면 어느 정도 답변은 가능하다.

평가자는 과제수행자 답변에 반응을 보인다. 적절한 답변이 나오면 긍정 반응을 보이고, 제대로 된 답변이 나오지 않으면 그에 상응하는 반응을 보인다. 이를 잘 포착하여 대응하면 훨씬 좋은 평가를 받을 수 있다.

발표에 익숙한 사람은 여유가 있어 평가자 질문을 잘 이해하고 평가자 반응을 잘 살펴 의사소통에서 보다 좋은 평가를 받을 가능성이 크다.

자료 암기 여부는 평가요소가 아니므로 평가자는 특별한 경우를 제외하고는 상세한 내용(현황, 개념, 수치 등)을 알고 있는지 묻지 않는다. 다만 과제수행자가 의사결정을 하지 않아 확인할 내용이 없거나, 현황과 개념을 잘못 이해하고 있거나, 엉뚱한 자료를 활용하여 근거를 제시할 때 자료 파악 수준을 점검하기 위해 질문을 하는 경우가 있다.

라. 유의할 점

자료 숙지 및 분석이 불안한 사람들에게 자료를 빨리 보는 법, 제목을 보고 판단하는 법 등이 퍼져 있다. 이런 것에 집착하는 것은 평가를 망칠 수 있는 대단히 위험한 내용이니 경계해야 한다. 자료를 빨리 보는 방법으로 어떤 자료는 보지 않아도 된다는 식으로 가르치는 곳도 있는데, 과제수행자에게 부담을 주려는 불필요한 자료는 없다. 일부라도 자료를 소홀히 여기면 과제 수행에 어려움을 겪을 수 있다.

제목만으로 내용을 판단해선 안 된다. 각 장표 제목은 내용을 대표하지만, 일부 자료는 제목에서 어떤 걸 측정하는지 알 수 있을까 봐 간접적으로 제시하는 경우도 있다. 따라서 제목만 보지 말고 내용을 읽어 자신이 무얼 해야 하는지 판단하는 게 중요하다.

2) 서류함 기법(In-Basket)

서류함 기법은 발표와 비슷하지만, 분량이 적고 성격이 다른 3개 소과제를 수행한다는 차이가 있다.

가. 자료 작성

자료 작성은 펜과 종이로 하는 방식과 컴퓨터를 이용하는 방식이 있다. 작성 방식은 평가에 반영되지 않으니 자신에게 편한 방식을 선택하면 된다.

서류함 기법에서 자료 작성은 보고서 작성 능력을 보려는 게 아니다. 과제수행자가 평가 도중에 자신이 결정했던 사항을 바꿀 수도 있기에 사전에 근거를 남겨 바꾸지 못하게 한 것이다.

서류함 기법의 이런 취지를 알면 형식을 갖춰 내용 작성에 많은 시간을 할애할 필요가 없다. 작성 형식보다는 내용에 중점을 둬야 한다.

나. 시간 안배

주제, 성격, 분량 등이 다른 3개 소과제를 수행하려면 적절한 시간 안배가 필요하다. 50분의 준비시간이 여유가 있다고 생각하지만, 시간 안배를 하지 않으면 낭패를 볼 수 있다.

실제 평가에서 소과제 비중, 중요도 등을 스스로 판단하고 특정 과제에 집중하여 많은 시간을 할애하다 다른 소과제 1개를 제대로 수행하지 못하는 경우가 발생하곤 한다. 비중이나 중요도가 큰 소과제를 잘 수행하면 높은 점수를 받을 거라 생각했겠지만 소과제별로 평가 가중치는 없다. 각 소과제별로 측정하는 역량이 달라, 소과제를 수행하지 않으면 해당 소과제에서 측정하는 역량 점수를 받을 수 없다.

따라서 시간 안배를 잘해 3개 소과제를 모두 수행해야 한다. 3개 소과제 수행 순서는 중요하지 않으니, 편하거나 자신있는 소과제부터 먼저 수행하면 된다.

다. 준비 단계

과제수행자는 소과제별로 무얼 해야 하는지를 신속하게 파악하여 내용을 작성해야 한다. 작성 내용은 의사결정사항, 결정 근거나 이유, 의사결정에 따른 조치 사항, 문제해결 방안이나 대안, 추가적 고려사항 등이다. 자료 요약은 생략하고 과제수행자가 판단하고 결정한 내용을 평가자가 알아볼 수 있게 키워드 중심으로 간략히 작성하면 평가를 받는데 아무런 문제가 없다.

성격이 다른 3개 소과제이기에 별개로 생각하고 수행해도 무방하지만, 과에서 동일한 시기에 발생한 상황이니 소과제별로 모순되는 의사결정을 내리면 안 된다.

라. 평가 준비 단계

작성한 자료를 제출하면 10분 정도 시간 여유가 있다. 자료를 복사 또는 출력해서 평가자에게 전달하고(손으로 쓴 원본 혹은 컴퓨터로 작성한 출력본은 과제수행자에게 다시 돌려줌), 평가자가 이를 분석하여 추가로 확인할 사항을 점검하는 시간이다.

이후에 평가자는 어떤 이유나 근거로 그런 생각과 판단을 했는지 확인하기 위해 인터뷰(평가)를 한다.

주어진 10분 시간을 잘 활용하면 좋다. 자신이 제출한 내용을 점검하면서 내용 구성 오류나 일관성이 부족한 부분을 보완하고, 잘못 판단한 부분은 수정한 의견을 마련하고, 근거가 부족한 부분은 근거를 확보해서 평가자 질문에 대비해야 한다.

마. 평가 단계

서류함 기법의 진행 방식은 발표와 크게 다르지 않다. 다만, 과제수행자 발표는 없고 평가자가 검토한 내용을 확인하고 추가질문을 하는 방식으로 진행된다.

초기 질문은 작성한 자료를 근거로 하기에 편안하게 대답하면 된다. 평가자가 기본적인 사항을 질문한 후에 추가로 궁금하거나 확인할 사항에 대해 질문하는데 작성하지 않은 내용에 대한 질문이 많다.

앞에서도 언급했지만 대부분 질문은 과제수행자의 생각이나 판단, 결정과 관련한 내용으로 자료를 외울 필요는 없다. 평가를 받는 동안 최대한 평가자 질문에 집중하고 답변해야 한다.

3) 역할연기(Role-play)

역할연기는 정해진 룰이 없고 과제수행자가 주도적으로 이끌어가야 해서 어렵다. 특히 직원과 면담한 경험이 부족한 과제수행자는 상황이 부자연스러워서 어떻게 이끌어갈지 몰라 더욱 힘들다.

발표나 서류함 기법이 결정이나 조치에 대해 평가자가 질문으로 평가하는 방식이라면, 역할연기는 과제수행자가 직원(평가자)과 어떤 식으로 소통하고 관계 형성을 하는지를 평가하는 방식으로 이뤄진다. 따라서 평가자와 상호작용을 어떻게 하느냐가 매우 중요하다.

가. 과제 수행 준비

과제수행자는 자료를 보고 직원이 가지고 있는 문제나 고민을 분석해야 한다. 실제 업무상황에서는 직원의 문제나 고민을 모르는 상황에서 면담이 진행되곤 하지만, 과제에서는 자세한 내용이 제시되기에 문제나 고민을 확인하고 적절한 코칭 방안을 마련하고 면담을 진행해야 한다.

면담 스킬을 활용해서 면담만 잘 진행하면 된다는 생각으로 준비하면 곤란하다. 면담 스킬을 평가하는 게 아니라 직원 감정에 공감하는지, 감정을 어떻게 다독이는지, 문제나 고민을 어떻게 해결해 주는지 등을 평가하기에 직원의 상황과 입장에 공감 또는 배려하면서 역할을 수행하는 게 중요하다.

나. 면담 진행

역할연기는 직원을 어떻게 대하고 어떻게 상황을 인식하여 코칭하는지 확인하는 게 목적이기에, 과제수행자가 주도적으로 면담을 이끌어 가야 한다.

경험이 없거나 부족한 과제수행자는 주도적으로 면담을 이끌어 가는 방식에 많은 부담을 갖는데, 이럴수록 더욱 적극성을 띠어야 한다.

주의해야 할 점은 '내가 알고 있지만 너의 이야기를 듣고 싶으니 네가 이야기해 봐라' 식으로 면담을 진행하면 안 된다. 실제 상황에서는 과장이 상황을 잘 모를 수 있어 이야기하라고 할 수 있지만, 역할연기에서는 직원 상황을 잘 이해하는지를 보여줘야 하기에 직원(평가자)이 이야기해 보라는 식으로 진행하면 안 된다.

과제수행자가 이런 모습을 보이는 이유는 2가지다.

첫째, 현실에서 직원이 과장에게 면담을 요청하면, 주로 직원이 이야기한다. 그래서 평가에서도 직원(평가자)이 먼저 이야기해야 한다고 생각한다.

둘째, 상대방 말을 잘 들으면 경청을 잘 한다고 평가받을 수 있다고 생각한다.

하지만 평가를 받는 상황을 고려하면 잘못된 생각이다. 평가할 내용을 스스로 이야기해 주는 평가자는 없기에 과제수행자의 질문이나 요청에 소극적으로 반응할 수밖에 없다. 평가자가 많은 이야기를 하면 상황에 맞춰 대응하려는 과제수행자는 낭패를 볼 수 있다.

다. 적절한 의사소통

역할연기는 적극적 경청과 효과적인 전달이 다른 과제보다 더욱 중요하다.

어떤 분들은 업무 관련 지시만 하면서 승진하다 보니, 직원을 다독이거나 설득한 경험이 부족해 역할연기를 상당히 힘들어한다. 기존

의 상사 모습을 떠올리며 강압적이거나 자기중심적 대화를 이끌어 부정적 측면을 부각시키는 이들도 있다. 이런 이들은 평가에서 불이익을 당할 수밖에 없다.

의사소통 방식을 갑자기 바꿀 수는 없지만, 다음 행동만 유의하면 의사소통에 많은 도움을 받을 수 있다.

| 동의를 구한다

역할연기는 멋진 해결방안보다 상대방 의견을 듣고 설득하고 코칭하는 과정이 중요하다. 본인이 많은 고민과 경험을 했다고 직원 의견도 묻지 않고 자기 생각을 지시하면 면담을 할 필요가 없다.

'내가 많이 경험해 봤으니까', '내가 더 많이 고민했으니까'라는 태도로 일방적인 지시나 의견을 낼 때, 직원들에게 좋은 호응을 얻지 못하는 것처럼 평가에서도 부정적인 평가를 받을 수밖에 없다.

자신이 의견을 제시하되 직원 의견을 듣고 동의를 구하는 과정이 있어야 한다.

| 답변을 회피하지 않는다

역할 수행 중 상대방이 이해하지 못하는 말을 하거나 답변이 궁색한 질문을 하더라도 회피해서는 안 된다. 다시 확인하거나 모르겠다고 인정하는 게 올바른 태도다. 답변을 회피할 경우 자기(평가자) 이야기를 제대로 듣지 않거나 무시했다고 느낄 수 있다.

| 감정에 공감하라

과제는 직원 업무 지체나 직원 간 갈등을 다룬다. 보통 면담을 들

어오는 직원이 원인을 제공하는 상황이다. 자신들이 잘못하고 면담을 와서 해결책을 요구하는 상황이 이해되지 않더라도 직원이 어떤 감정과 느낌으로 면담에 임하는지를 공감해야 한다. 직원의 감정에 공감하면 역할연기의 많은 부분은 해결될 수 있다.

라. 면담 내용

역할연기는 면담형식으로 진행된다. 따라서 면담내용은 직원과 마주앉아 직원 업무 상황 및 대인관계를 확인하고 논의하는 과정에서 직원과 어떻게 관계 형성을 하는지 파악할 수 있어야 한다. 앞에서도 언급했듯이 면담 내용은 직원 고충으로 업무 지체, 동료와 갈등, 과 혹은 개인 문제 등이 있다.

| 업무 지체

업무 지체를 검토할 때 정해진 기한을 맞출 수 있는지 판단해야 한다. 기한을 맞출 수 없으면 업무를 완수할 수 있도록 일부 업무를 다른 직원에게 넘기거나 다른 직원이 업무를 돕도록 조정해야 한다.

업무 조정을 한다면 얼마 정도 업무를 조정해야 하는지, 어떤 업무를 조정해 줄 건지, 누구에게 넘겨줄 건지도 결정해야 한다. 업무를 받아야 하는 직원의 업무를 고려해서 부담을 최소화하도록 균등하게 조정해야 하고, 업무를 받아야 하는 직원을 설득할 수 있는 방안도 고민해야 한다.

대부분 업무조정만 해 주면 큰 문제없이 수행할 걸로 보는데, 과제 상황을 보면 업무 지체에는 여러 원인이 있을 수 있다. 이를 고려하여 지속적인 관심과 점검으로 고려하지 못한 애로사항이 발생하는 것을 확인하고, 추가적인 지원이 필요한 경우 지원도 고려해야 한다.

| 동료와 갈등

대부분 갈등은 면담을 들어온 직원 때문에 발생하지만 스스로 무엇이 문제인지 모르는 상황이다. 이를 잘 설득시키고 관계 개선을 유도해야 한다. 이를 판단하도록 인사평가나 다면평가 결과, 주위사람들과 갈등 상황 등이 제시된다.

평가결과에는 좋은 점과 나쁜 점이 함께 제시된다. 초반 부드러운 분위기를 만들려면 좋은 점을 언급하면 좋고, 부족한 부분은 제시된 내용에 근거해 정확한 피드백을 주는 게 중요하다.

직원이 스스로 부족한 점을 정확히 인식한다면 갈등 상황까지 이르지 않았을 것이다. 따라서 먼저 부족한 점을 명확히 인식시키고 이를 해결하기 위해 어떻게 행동해야 하는지를 코칭하면 된다.

| 기타 이슈

기타 이슈는 개인이나 과와 관련된 사항으로 일반적인 업무 상황에서 판단하면 무난하게 결정할 수 있는 내용들이다.

4) 집단토론(Group Discussion)

집단토론은 과제수행자 간 논의 과정에서 보이는 말과 행동을 평가한다. 다른 기법과 다르게 평가자 관여가 없기에 예상치 못한 방향으로 논의가 진행되기도 하고, 논의 과정과 상관없는 결론이 나기도 한다.

집단토론은 3명이 진행하며, 평가자는 토론 시작을 알리고 과제수행자들이 미션을 놓치고 논의할 때 방향을 잡아 줄 뿐 다른 역할은 하지 않는다.

집단토론은 과제수행자들이 엉뚱한 방향으로 논의하면 측정하려는 역량을 확인하지 못해 평가를 제대로 받을 수 없다. 하여 과제수행자들은 미션에 집중하고 방향을 염두에 두어 논의하는 게 중요하다.

과제수행자는 자기 역할을 숙지하고 상대방을 설득할 수 있는 기준이나 근거를 만들어 논의하고 합의·조정하는 게 바람직하다. 논의과정에서 지나치게 자기 입장만을 고집하거나 근거없이 쉽게 양보하는 건 바람직하지 않다.

가. 역할

각 역할에 따라 자료 및 논리 구성상 유·불리가 있는 과제도 있지만, 토론에서 이기고 지는 자체는 평가에 영향을 미치지 않으니 역할의 유·불리에 신경을 쓰지 말고 담당하는 과에 유리한 논리를 찾는 데 집중하는 게 바람직하다.

나. 논리 만들기

과제에는 3개 과의 상황, 업무 자료가 제시된다. 각 과 입장이 달라 합의가 쉽지 않기에 담당하는 과 입장에서 설득할 수 있는 논리를 준비해야 한다.

해당 과 입장을 파악하고 다른 2과 입장도 살펴 논리를 세우는 게 중요하다. 본인 입장과 상대방 입장이 어디에서 충돌하는지, 그럴 때 어떻게 설득할지를 고민해야 한다.

과 긴 균형을 고려했기에 한 명에게만 절대적으로 유리하거나 불리한 내용은 없다. 자기 생각에 빠져 너무 쉽게 논리를 만들면 낭패를 볼 수 있으니 각 과 자료를 비교분석하면서 신중하게 논리를 구성해야 한다.

자료를 볼 때는 시간이 부족하다고 담당하는 과의 내용만 숙지하고 다른 과의 내용은 논의과정에서 파악하려는 태도는 조심해야 한다. 준비 과정에서 다른 과의 내용을 파악하고 논리를 예측하지 않으면 논의를 제대로 진행할 수 없다.

원활한 논의를 위해 반드시 고수해야 할 안과 양보할 수 있는 안을 사전에 정리하여 들어가는 것이 좋다.

다. 논의 진행

집단토론은 과제수행자들이 어떤 내용으로 상대방을 설득하고 상대방 의견을 제대로 듣는지를 평가하기에 논의는 특별한 형식없이 자유롭게 진행하면 된다.

진행자 역할을 하려는 과제수행자들이 있다. 진행형식이나 순서를 중요시하는 행동이지만 평가에 영향을 주지 않는다.

"제가 사회를 봐도 되겠습니까?"

"순서에 따라 기조발언을 하고 시작하면 어떨까요?"

이런 식의 발언은 어디선가 배우고 연습한 모습을 보여서 긍정적으로 평가되지 않는다.

논의과정에서 자기 이야기가 끝나면 머리를 숙여 자기 자료만 보고 다른 사람 이야기를 제대로 듣지 않는 모습은 최악이다. 다른 사람 의견을 듣지 않으면 논의에 제대로 참여하기 어렵다. 항상 다른 사람들 이야기에 관심을 가지고 논의에 참여해야 한다.

라. 토론

토론은 자기 입장을 관철시키는 과정이다. 자신이 결정한 내용을 가지고 다른 과장들과 논의를 해야 한다.

과 현황(목표, 주요 업무 등), 이슈 등에 대해 다른 2명에게 간략히 설명하는 게 좋다. 토론 분위기를 부드럽게 하는 효과도 있고 평가자들에게 자기 내용을 얼마나 잘 숙지하고 논의 방향을 세웠는지를 보여줄 수 있다.

논의 주제는 크게 2가지가 있다.

| 인력 문제

인력 문제는 명확한 기준을 세우면 논의가 쉽게 정리된다. 각 과에 유리한 기준이 있고 불리한 기준이 있는데, 이를 잘 파악해서 자신에게 유리한 기준이 우선 적용되도록 논의를 이끌어야 한다.

자신에게 유리한 기준이 무엇인지 파악되면 과 상황과 연계해서 그 기준을 우선 적용해서 근거로 제시하고 다른 2명을 설득해야 한다. 그게 여의치 않으면 자신에게 불리한 기준이 우선 적용되지 않도록 논의를 이끌어야 한다.

예산 문제(증액이나 삭감)는 기준 1개만으로 해결되는 경우는 없다. 여러 가지 기준이나 방안을 제시해야 요구하는 수준을 맞출 수 있다.

예산 증액은 예산을 추가로 확보할 수 있기에, 과에서 보류했던 업무를 해야 하는 필요성을 제시해서 예산을 확보하는 방향으로 논의를 진행한다. 보류 업무를 재개해야 하는 근거를 만들어 2명을 설득할 수 있어야 한다.

예산 삭감은 과 예산 일부를 삭감해야 하기에, 삭감을 피할 수 있는 근거를 마련해서 자기 과에서는 예산 삭감을 최소화할 수 있도록 2명을 설득해야 한다.

원활한 토론을 위해 자기 의견을 제시하고 상대방에게 동의를 구하거나 비슷한 의견을 가진 사람과 함께 다른 의견을 가진 사람을 압박해서 양보를 받는 형태도 좋은 전략이다.

마. 토론 시간 및 결론

평가 시간은 30분으로 정해져 있지만, 꼭 시간 내에 결론을 낼 필요는 없다. 30분 내에 꼭 결론을 내야 한다고 알고 있는 사람들은 종료 시간이 다가오면 초조해서 논의와 무관하게 자기가 양보를 하곤 한다. 시간 내에 결론이 나면 좋지만 결론의 유무나 방향이 평가에 영향을 미치지 않으니 무리하게 양보하면서 결론을 낼 필요는 없다. 시간에 너무 구애받지 말고 논의에 집중하는 것이 좋다.

토론이 너무 일찍 끝날 경우를 대비해서, 핵심 미션과 보조 미션이 있는 과제가 있다. 정해진 시간에 핵심 미션에 대한 결론을 내지 못하면 보조 미션은 다룰 필요가 없다. 핵심 미션에 대한 결론이 일찍 나면 시간을 채우기 위해 보조 미션을 다루어야 한다.

어떤 과제수행자는 핵심 미션보다 보조 미션에 더 관심을 보여 핵심 미션을 쉽게 양보하고 보조 미션을 논의하려고 하는데, 말 그대로 보조 미션은 보조적 역할을 하기에 핵심 미션에 집중하는 게 바람직하다.

5. 과제 숙지

평가에서 제시하는 자료는 보통 사람이 20분 정도에 볼 수 있는 분량이다. 가능한 많은 내용을 파악하고 고려할 요소를 검토해서 평가에 임해야 한다.

1) 과제 숙지 유형

가. 자료를 전체적으로 보면서 고민하고 자료를 추가로 검토하는 유형

특정 자료 중심으로 보지 않고 전체적으로 이해한다. 미션을 이해하고 차분하게 자료를 분석하고 의사결정한다. 의사결정 후, 관련 자료를 다시 확인하여 근거를 마련하거나 추가적인 고려사항을 검토한다.

나. 자료를 외우듯 밑줄을 그으면서 보는 유형

자료를 잘 보고 많은 걸 정리하고 기억하기 위한 행동으로 잘 활용하면 나쁜 건 없지만, 필기시험 공부하듯 줄을 그으며 과제를 보면 부작용이 생길 수 있다. 전체 내용을 본 후 한 장에 2~3개 정도 밑줄을 그어 활용하면 좋지만, 중요해 보이는 모든 내용에 줄을 그으면 나중에 어떤 내용이 정말 중요한지 분별할 수 없어 효과가 없다. 특히 형형색색 형광펜을 활용하여 줄을 긋는 경우, 펜을 번갈아 사용하면서 신경이 분산되고 시간 소요가 많아 줄을 긋는 취지에 적합하지 않다.이 방식을 활용할 때 너무 꼼꼼하게 보다가 다 읽지 못하거나 생각을 정리할 시간을 갖지 못해 낭패를 볼 수 있음을 유의해야 한다.

다. 자료를 한 번 읽고 말할 내용을 작성하는 유형

문서를 많이 보지 않았거나 보고 자료를 많이 만들어 보지 않아 자료 숙지나 발표에 부담이 있을 때 발표 자료를 작성하려 한다. 이런 유형은 자료를 읽은 후 내용을 어느 정도 이해하고 기억하고 있는지 점검해 봐야 한다. 많은 내용을 작성할 수는 있지만 오히려 자료 숙지는 안되는 경우가 많다. 너무 많은 내용을 작성하면 단순한 내용은 언급할 수 있지만 복합적인 질문은 답변하기 어렵다.

라. 몇 가지 자료 분석 틀을 가지고, 자료를 그 틀에 맞추려는 유형

이런 과제 숙지 방식은 경험이 없을 때 과제를 끌어가는데 도움이 된다. 틀에 정확히 맞는 과제가 주어지면 어느 정도 성공적으로 수행할 수 있지만 그런 경우가 드물다. 이 방식은 전체적인 자료 이해보다 분석 틀에 자료를 끼워 넣기에 바빠 내용 숙지가 제대로 되지 않고, 고민할 수 없고 심도 깊은 질문에 답변할 수 없다.

2) 과제 숙지 방법

과제 숙지는 어떤 내용이 주어지고, 그 자료들이 어떻게 배치되고 연계되는지를 파악하는 게 중요하다. 너무 꼼꼼하게 줄을 그어가며 보고, 심지어 외우려 하면 전체 내용을 충분히 볼 수 없고 시간이 충분치 않다. 대충 살피고 다른 무언가를 하려 하면, 전체 맥락을 놓치고 내용 연계성을 이해하지 못하고 내용 파악이 부족해 방안을 제시하지 못하거나 구체성이 떨어진다.

과제 숙지는 주어진 자료를 제대로 읽는 게 기본이다. 이를 통해 과제 미션, 전체 구조와 전반적인 내용, 의사결정 여부를 파악할 수 있다. 20~25분에 자료를 숙지하지 못하면 제대로 과제를 수행하기 어렵다. 이를 보완하는 방법으로 특정 자료는 읽지 않고 생략하거나 적고 줄을 그으면서 정리하는 방법도 있지만, 제대로 읽고 내용을 이해하지 못하면 효과를 볼 수 없다.

과제를 제대로 숙지하려면 자신이 이해할 수 있는 속도로 과제를 읽어야 한다. 자료 숙지에 어려움을 겪는 과제수행자를 많이 만났지만, 자신이 이해할 수 있는 속도로 자료를 읽는 연습을 꾸준히 하면 25분 이내에 읽을 수 있었다.

다음으로 과제 미션과 전체 구조 파악을 염두에 두고 자료를 읽는 게 중요하다. 어떤 내용이 있고 그 내용들이 어떤 의미로 미션과 연결되는지를 파악해야 적절한 수행(판단, 의사결정, 근거나 기준 마련, 방안 마련 등)을 할 수 있다.

이와 관련한 내용은 다음 장에서 자세히 설명하도록 한다.

Part
4

과제유형별 예시 및
수행방법

자료를 자세히 제시하고 이에 대한 수행방법을 설명하면 과제 특성 이해 및 수행 방법을 고민하지 않고 제시된 자료를 외우려는 부작용이 나타날 수 있어 구체적이고 자세한 내용까지는 제공하지 않는다. 실제 평가나 교육에 활용되는 과제는 아주 상세한 내용을 제시하는데, 이 장에서는 과제별 개요만을 제시하고 이를 어떻게 분석하고 고민해야 하는지를 자세히 설명하려 한다. 역량 개발 및 평가 관점에서 다양하고 많은 내용을 어떻게 활용하는지 설명하려 한다.

이런 설명을 참고하여 전체 내용에서 자신이 파악하고 고민한 내용을 중심으로 일관되고 체계적인 의사결정을 하면 된다.

1. 발표

1) 기본 개념

발표는 과제수행자(과장)가 특정 사안에 대해 평가자(상사)에게 보고(발표)하는 형식을 취하지만, 실제로는 과제수행자가 자료를 얼마나 이해하고 분석하였는지, 생각이나 판단, 의사결정, 방안 마련 등을 어떻게 하는지 평가한다.

발표와 질의응답 상황은 과제수행자의 생각이나 고민이 잘 드러날 수 있게 활용하는 장치로 발표력은 중요한 평가요소가 아니다. 어떤 과제수행자는 발표를 잘 하기 위해 발표력을 키우려 애쓰거나 발표 방식을 구조화시키려 하지만 정확한 내용 파악이 되지 않으면 발표력이나 발표 방식은 그다지 쓸모가 없다.

지자체나 정부부처 5급 역량평가 발표과제는 기획력이나 보고서 작성 능력을 평가하려고 자료를 분석해 보고서 작성을 요구하지만 4급 역량평가는 그렇지 않다. 4급 역량평가는 공식적으로 보고서 작성을 요구하지 않고, 제시하는 내용이 많아 제한된 시간 내에 발표 내용을 보고서 형식으로 작성할 수도 없다.

발표 내용을 작성하려면 전달할 핵심 메시지 몇 개를 키워드로 간략히 적는 게 좋다. 작성한 내용을 평가자에게 보여주거나 보고서 체계를 평가받지 않는다는 것을 염두에 둬야 한다.

2) 측정가능 역량

발표는 다양한 주제와 형식으로 구성되어 모든 역량 측정이 가능하다. 특히 의사소통, 정책기획, 성과관리, 이해관계조정 등을 측정하기에 용이하다.

가. 의사소통

발표 및 질의응답 과정에서 확인이 가능하다. 과제수행자가 의견을 명확하게 전달하는지, 평가자 질문을 잘 듣고 의도를 명확히 이해하는지, 질문에 적절한 답변을 하는지, 상대방 행동에 적절하게 반응하는지 등을 평가한다.

나. 정책기획

제시된 자료 및 미션을 정확하게 숙지하는지, 정책 및 현안 관련 문제점을 파악하는지, 미션에 대한 의사결정을 정확히 내리는지, 의사결정이 타당하고 일관성이 있는지, 대응방안을 마련하거나 염두에 두는지, 추가적으로 고려해야 할 사항을 인지하고 고민하였는지 등을 평가한다.

다. 성과관리

성과관리 역량의 모든 하위요소를 측정하기는 용이하지 않다. 성과관리는 목표를 수립하고 실행하고 업무진행을 확인하고 지원하는 등의 활동이 포함되는데, 발표 특성상 정책 목표를 세우거나 염두에 두고 있는지를 확인할 수 있다.

라. 이해관계조정

이해관계조정은 정책 수립 및 집행으로 불이익이나 손해를 보는 사람을 파악하는지, 이들 요구가 무엇인지 알고 있는지, 이를 어떻게 조치하는지, 이해관계와 요구사항을 감안하여 적절한 보완책을 마련하는지 등을 평가한다.

3) 사례

여기에 제시되는 사례는 발표에서 실제로 활용할 수 있는 수준이다. 이 사례는 실제 평가에서 활용하고 있는 자료가 아니므로 발표 과제를 이해하는데 이용하는 게 바람직하다.

과제에 제시되어 있는 과는 실제 우리 정부부처에 존재하지 않는 것으로 과제 내용에 맞게 설정한 것이다.

가. 지방대학 활성화 방안

| 역할
당신은 대학정책을 수립하여 대학을 육성 및 지원하는 업무를 담당하는 과의 과장입니다.

고등학생 급감으로 위기에 처한 지방대학 현황을 파악하여 활성화할 수 있는 방안을 마련하라.

| 상황

고등학생이 급격하게 감소하면서, 대학입학생 수가 대학 정원보다 적어졌다. 그로 인해 많은 지방대학이 모집정원을 채우지 못해 심각한 위기에 처해 있다.

예비 대학생들은 수도권 대학 진학을 우선적으로 생각하고, 재학생들은 취업에 유리한 수도권 대학에 편입하려고 준비하는 등 수도권 대학 입학 경쟁률은 높아지고 지방대학은 미달이 속출하고 있는 상황이다.

교육여건이 열악한 지방대학 육성책을 마련하지 못하면 더 큰 위기가 올 수 있어 지방대학 관계자들이 대책마련을 요구하고 있다. 이에 우선 지방대학을 활성화할 수 있는 방안을 마련해 경쟁력을 높여야 한다.

| 자료

① 지방대학 현황 관련 신문기사

지방대학 신입생 모집 결과, 대부분 지방대학이 20% 내외 미등록률을 나타내 위기감을 느끼고 있다. 지방대학 관계자와 학생들이 획기적인 지방대학 지원책을 마련해 달라고 강하게 요구하고 있다.

② 대학 재정구조 분석 자료

대학 재정지원이 수도권 대학에 집중되어 있어 지방대학 재정이 열악하다. 정부에서 지원되는 연구비나 재정 규모 상위 10개 대학 중 8~9개 정도가 수도권 대학인 반면 재정 규모 하위권 대학 대부분은 지방대학이 차지하고 있다. 재정지원 금액으로 보면, 수도권 대학이 80% 정도를 차지하고 있다. 민간에서 지원하는 재정 규모도 수도권 대학이 지방대학보다 월등히 높게 나타나고 있다.

③ 수도권 기업 분포도

대학생들이 취업을 원하는 대기업이 수도권에 90% 이상이 집중되어 있고 대기업도 수도권 대학 졸업생을 선호하고 있다. 이로 인해 수도권 대학 취업률은 70%가 넘는 반면 지방대학 취업률은 50%를 넘지 못하고 있다. 해결방안으로 대기업을 지방으로 분산시키는 계획이 제시되었지만, 지방 이전에 따른 이점이 별로 없기에 대기업은 지방 이전에 난색을 표하고 있다. 일부 대기업은 지방 이전 여건이 마련되면 이전을 검토하겠다고 하지만, 이전에 따른 세제 혜택, 인프라 구축 등을 원하는 걸로 나타났다.

④ 지방대학 교육 여건

지방대학 교육 여건이 열악하다. 교수 1인당 학생이 수도권 대학에 비해 매우 많고, 학술연구비도 수도권 대학 절반 수준으로 교수들도 지방대학을 꺼려한다. 이런 교육 여건 격차도 수도권대학 유입을 증가시키는 중요한 요인이 되고 있다. 일부 교수들은 지방대학을 수도권 대학으로 가기 위해 경력을 쌓는 통로로 인식하여 학교에 대한 애착이 부족하다. 지방대학 교수들의 강의 및 연구 여건을 개선해야 하고, 지방대학에 애착을 가질 방안도 마련해야 한다. 문화, 예술과 관련된 환경 및 교육 관련 인프라도 수도권에 집중되어 주말에 수도권으로 상경하는 대학생이 많아 지방대학이나 인근지역에 공동화 현상이 발생하고 있다. 지방대학은 정원에 미달인 학과가 많고 지방대학 간 차별화되는 특성도 없고 비슷한 학과가 많아 특색도 없는 상황이다.

⑤ 외국 지방대학 육성사례 벤치마킹

외국의 경우, 지방대학 경쟁력 제고를 위해 특성화를 추진하고 있다. 특성화란 대학들이 기업에서 요구하는 기술이나 능력을 파악하고, 신입생이나 재학생들이 관련 기술이나 능력을 익히도록 특화된 교육과정을 개설하고 운영하는 교육체계를 말한다. 각 지역별로 특화된 기술 분야를 선정하고, 이를 특화하기 위해 대학과 기업, 연구소, 지방자치단체 등을 하나로 묶어 '산·학·연·관' 네트워크를 구축하고 기술 개발·활용에 참여하도록 적극 지원하고 있다.

⑥ 지방대학 특성화 성공/실패 사례

성공 사례: 학교 이름보다는 특정 학부, 학과가 명문으로 자리잡은 사례가 늘고 있다. 기업들도 대학 이름보다는 자신들에게 필요한 인재를 육성하는 학교나 학과와 협약을 맺고 인재를 선점하려는 경향을 보이고 있다.

실패 사례: 대학 특성화 사업 등에 지원하는 예산을 일부 대학에서 횡령하는 사례가 발생하면서 부실한 사후관리가 문제로 대두했다. 대학이나 지역 여건을 고려하지 않은 채 지원한 특성화 예산은 별다른 성과를 내지 못해 문제로 지적되고 있다.

⑦ 대학 통합 이슈

대학 문제를 해결하는 현실적인 방안은 대학이나 학과 통합이다. 인구증가에 맞춰 대학, 학과, 정원이 급증하였지만 인구감소 상황에 따라 대학, 학과, 정원을 줄여야 한다. 하지만 대학이나 학과 통합은 쉽지 않다. 선행적으로 준비해야 할 활동이 많다.

우선 통합 대학 혹은 학과 대상 선정, 통합 방식과 통합 주체 선정 기준 등의 동의를 구해야 한다. 대상이 선정되어도 해당 대학이나 학과와 관련된 교수, 재학생, 졸업생들의 반발도 고려해야 한다. 또한 통합에 따른 피해 구제 방안도 마련해야 한다. 대학 통합 성공을 위해서는 대학 간 강점을 융합시키는 방향으로 진행되어야 하고 내부 구성원 거부감을 최소화시켜야 한다.

⑧ 대학 육성 보고서

지방대학 교육 및 연구 여건을 개선하기 위해, 지역 연합 운영 제도를 도입하여 공동 실험·실습 및 연구센터를 운영하고 지역사회와 연계한 특성화 전략을 수립하도록 한다. 정부는 종합적이고 체계적인 정책 수립으로 지방대학 스스로 발전하는 환경을 조성하고 지방대학은 지속적으로 개혁을 해 나가야 한다.

| 자료 작성(예)

아무런 편견없이 자료를 접하고 '[참고] 과제 분석 및 사고 흐름도'처럼 과제를 분석해서 수행한다면 평가에서 좋은 결과를 얻을 수 있다.

일부 과제수행자는 스스로 자료파악 능력이 부족하다고 생각해서 발표라도 잘하려고 아래 '효과적이지 못한 자료 작성(예)'처럼 발표용 자료를 정리하게 된다. 주어진 자료를 잘 요약하여 발표용으로는 잘 정리된 듯 보인다. 이 자료를 제출하고 보고서 형식과 내용으로 평가를 받는다면 좋은 점수를 받을 수 있겠지만, 4급 역량평가에서는 자료 작성 내용 및 발표 능력을 평가하지 않는다.

'효과적이지 못한 자료 작성(예)'처럼 자료를 작성하려면 10분 정도 시간이 필요하다. 자료를 읽고 내용을 파악하는데 20분 내외 시간이 소요되고 10분을 자료 작성에 할애하면, 주요 관심 요소인 의사결정 및 관련 문제해결방안, 이해관계자 등을 고민할 시간이 없다.

많은 훈련을 통해, 자료를 읽은 후 바로 정리가 되고 작성하면서 질의에 대한 답변까지 준비할 수 있다면, 걱정할 필요도 없고 관련 책을 보거나 교육을 받을 필요도 없다.

그렇지 않으면 자료 작성은 '적절한 자료 작성(예)'(검은 글씨)처럼 작성을 최소화하면서 고민하는 게 바람직하다. 예시에서 제시된 내용은 많지만 실제 자료 작성은 별로 많지 않다. 예시에서 파란 색 밑줄 친 내용은 작성하는 게 아니라 머리에서 생각하고 정리하는 부분을 글로 표시하였다. 그 부분을 제외하면 15줄 내외로 정리가 가능하다.

그런 방식으로 자료를 작성하며 머리로 생각하고 정리하면 5~10분 이내에 제시된 예시처럼 내용을 정리하고 답변도 할 수 있다.

[참고] 과제 분석 및 사고 흐름도

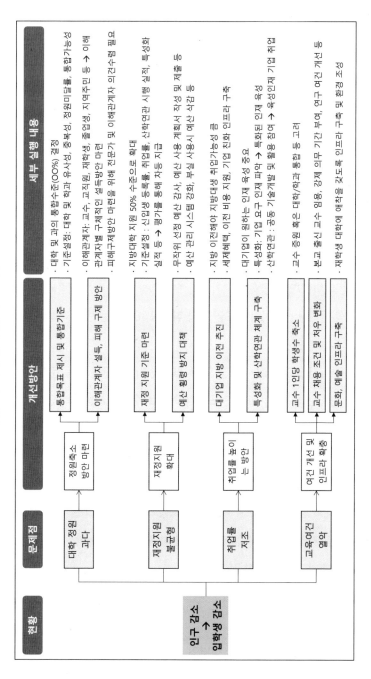

【 효과적이지 못한 자료 작성(예) 】

■ 현황

- 지방대학 20% 내외 미등록으로 대책 마련 필요

- 지방대학에 대한 지원 및 인프라 부족

■ 문제점

- 대학 정원 과다 : 학생이 감소하여 대학 정원이 학생보다 많음

- 지방대학 재정 지원 부족 : 재정규모 상위 10개 대학 중 8~9개 수도권
  대학, 민간지원도 수도권 대학이 높음

- 지방대학 취업률 낮음 : 대기업이 수도권에 90% 이상 집중되고 수도권
  대학 졸업생 선호하여 수도권 대학 취업률 70% 넘는 반면, 지방대학 취업
  률 50% 미만

- 교육 여건 열악 : 교수 1인당 학생 과다 및 학술연구비 부족, 문화 및 예술
  과 관련된 환경 및 교육 인프라 부족으로 주말에 지방대학 인근 공동화
  현상 발생

■ 개선방안

- 지방대학 경쟁력 제고를 위해 대학 특성화하여, 특정 기술 분야 선정하고
  대학과 기업, 연구소, 지방자치단체를 하나로 묶는 산·학·연·관 네트워
  크 구축하고 기술 개발 및 활용 지원

- 대학 통합을 통한 정원 축소 : 통합 기준, 통합 대상, 통합 주체, 통합 피해
  구제방안 등 강구 필요

- 지방대학 재정 지원 확대 : 정부의 지방대학 지원 비율 확대, 민간의 지방

대학 지원 요청

- 지방대학 취업률을 높이기 위해 대기업의 참여 유도, 지방자치단체와 긴밀한 협력관계 구축

- 교수 1인당 학생 줄이기, 학술연구비 지원, 교육 인프라 구축

■ 향후 계획

- 특성화 및 산·학·연·관 체계 구축을 위한 TF 구성

- 대기업 및 지방자치단체가 참여한 공청회 개최

- 지방대학 재정 지원 확대를 위한 기획재정부와의 협의

- 지방대학 인프라 구축을 위한 재정 마련

〖 적절한 자료 작성(예) 〗

■ 현황
- 인구 감소→대학 입학생 감소

■ 문제점
- 대학 정원 과다 ※ 정원 축소 방안 마련 필요
- 재정지원 불균형 : 지방대학 재정 지원 부족
  ※ 정부(80%) 및 민간 재정 지원 비율 조정 방안 마련 필요
- 지방대학 취업률 낮음 ※ 취업률 높이는 방안 마련 필요
- 교육 여건 열악 ※ 교육 여건 개선 및 인프라 확충 방안 마련 필요

■ 개선방안

- 대학 및 과 통합

▶ 통합 목표 및 통합 기준

   ☞ 지방대학 및 과 OO% 수준을 통합(목표 제시)

     → 예시: 지방대학 및 유사학과 20%를 통합함.

   ☞ 통합은 민감한 사항이고 반발이 예상되므로 이를 최소화하기 위해 구체적 통합 기준 제시

     → 통합기준: 통합 대학 간 물리적 거리, 대학이나 과 간 유사성 혹은 중복성, 정원 미달률, 대학 및 학과 간 통합 의사 등

     → 예시 : 미등록률이 50% 이상(과제수행자가 적정하게 정함)으로 같은 지역 내에 존재하는 대학이라든지, 대학이나 과의 교육과 정이 70% 이상 유사한 경우 통합 추진

▶ 이해관계자 설득 및 피해 구제

   ☞ 이해관계자는 교수, 교직원, 재학생, 졸업생, 지역주민 등

     → 아무런 조치가 없으면 조만간 지방대학이 없어질 수 있다는 걸 이해관계자들에게 이야기하고, 대학 생존을 위한 최소한 조치임 을 설득함

     → 교수와 교직원: 통합으로 인해 직위를 잃지 않도록 최선의 방안 (교수1인당 학생수 축소, 행정서비스 강화 서비스 등)을 마련하 겠다고 설명하고 이해를 구함

     → 재학생과 졸업생: 이런 조치를 취하지 않으면 대학이 아예 없어 질 수 있음을 설명하고 과의 정체성을 최대한 유지할 수 있도록 하겠다고 이해를 구함

     → 지역주민: 대학 미등록률이 50% 이상일 경우에 통합이 진행되 기에 지역경제에 실질적인 영향을 미치지 않는다는 걸 설명하고

동의를 구함

☞ 통합주체나 피해 구제 방안은 민감한 사항으로 의견수렴 과정 필요

→ 정부 차원에서 통합주체를 정할 수 있지만 Case별로 다를 수 있
으니 여러 상황을 가정하여 시뮬레이션이 필요하고, 이에 따라
피해 유형과 규모도 달라질 수 있으니 좀 더 전문가들의 의견수
렴이 필요해 보인다고 언급함

→ 통합방안을 마련한 후, 이해관계자들이 참여한 공청회 등을 개
최하여 수용가능한지 확인하고 수정하도록 함

▶통합에 따른 지원책

☞ 대학이나 학과가 통합을 하면, 추가 재정지원, 교수 및 교직원 처우
개선, 감사 완화 등 지원책 필요

- 지방대학 재정 지원 확대

☞ 지방대학 재정 지원을 ○○% 정도로 확대해야 재정 문제 해결에 도움이 됨

→ 현실적으로 급격히 지방대학 재정을 확대하는 건 무리로 판단되며 점
차 확대하여 ○○%(과제수행자가 판단하여 적절한 수준으로 제시하면
됨)까지는 늘려야 한다고 주장. 또한 민간 지원도 지방대학으로 확대
하도록 유도(지방대학 지원 시, 세재혜택 등을 통해 확대 유도 등)

☞ 지방대학 재정을 확대하면, 수도권 대학 반발이 생기겠지만 지금 수준
을 유지하면 대학 체계가 무너질 수 있다는 걸 이해시켜 수용하게 설득

▶ 재정 지원 기준

☞ 각 지방대학에 균등하게 재정 지원을 할 수 없기에 적절한 기준을 마련
하여 차등으로 제시

→ 신입생 등록률, 취업률, 산학연관 시행 실적, 특성화 실적 등 과제에
제시된 내용을 활용하여 나름의 기준 제시

▶ 예산 횡령 방지

☞ 일부 대학의 특성화 사업 지원 예산 횡령 사례를 보면, 재정 지원 확대에 따른 예산 횡령 방지 방안 마련

　→ 무작위로 선정하여 예산 감사를 실시한다거나, 예산 사용 계획서 작성 및 제출, 예산 사용 근거 자료 관리 시스템 강화, 예산 부실 사용 시 재정 지원 삭감 등 예방 방안을 제시

- 취업률 향상 : 대기업 지방 이전, 특성화 및 산학연관 체계

▶ 대기업 지방 이전 추진

☞ 수도권 대학 졸업생을 선호하는 대기업 특성상 수도권에 사업장을 두면 지방대학생이 대기업에 취업하기 더욱 힘들어짐

☞ 대기업이 지방으로 이전해야 지역 인재를 채용할 가능성이 커짐. 대기업이 여러 여건으로 지방으로 내려오기 힘든 구조이기에 대기업을 지방으로 유치하기 위한 방안 마련

　→ 세제혜택, 대기업이 기업 활동하기 좋은 인프라 구축 등

　→ 지자체 참여 유도: 대기업에 대한 지방세 감면, 이전 지역 건물이나 부지 무이자 임대 혹은 무상 제공, 물류 및 유통 관련 편의 제공 등 대기업 지방 유치 유인책 마련에 적극 참여하게 함

▶ 대학 특성화 및 산학연관 체계 구축

☞ 특성화는 기업과 긴밀한 관계형성을 통해 기업이 요구하는 인재를 파악하고 이에 특화된 인재를 양성하는 작업으로 해당 기업에서 관심과 매력을 느껴 취업에 긍정적으로 작용함

☞ 지방대학이 대기업이 원하는 인재를 육성할 수 있도록 지방대학과 대기업을 연계시켜 주고 지방대학에 관련 교육체계와 과정을 만들도록 지원

☞ 특정 기술 분야를 특화하기 위해 대학과 기업, 연구소, 지방자치단체 등을 하나로 묶어 '산·학·연·관' 네트워크를 구축하고 기술개

발 및 활용에 참여하도록 하고 이를 통해 육성된 인재가 기업으로 취업하는 구조를 갖도록 함

- **교육 인프라 확충**

  교수 1인당 학생수 축소

  → 학생들이 양질의 교육을 받기 위해 교수 1인이 담당하는 학생수를 줄여야 함. 줄이는 방법으로 대학이나 학과 통합 혹은 교수 증원 등을 고려할 수 있음

  → 대학이나 학과 통합으로 학생은 줄고 교수는 그대로 유지되어, 1인당 학생수 줄어드는 효과 발생. 초과하는 교수 인원을 줄이지 않고 유지하며, 은퇴 등으로 인한 자연 감소, 안식년 등을 활용하여 교수 인원 조정

  교수 채용 조건 및 처우 변화

  → 지방대학을 수도권 대학으로 가는 경력 통로로 이용하는 경우를 차단하기 위해 지방대학 본교 출신 교수 임용도 고려

  → 교수처우 개선 및 강제 의무기간 부여 등도 고려

  → 연구여건 및 지방대학 인프라 구축 등의 방안 모색

  지방대학 주변 문화/예술 인프라 구축

  → 지방대학 주변의 공동화 현상을 막고 학생들이 대학에 애착을 갖도록 인프라 구축 필요

  → 대학 및 주변 문화 인프라 조성을 통해 활기찬 학교생활이 되게 하고 주변에서 문화생활을 누릴 수 있는 여건 조성 필요

※ 파란 색 밑줄 친 글씨는 생각으로 정리하는 내용임

과제수행자가 발표를 하면 평가자는 이런 질문을 하게 된다.[14)]

① 문제 상황을 언급할 때

(근본원인을 제시하면)

- 그렇게 판단하는 근거는 무엇입니까?

(근본원인을 제대로 언급하지 못할 때)

- 지방대학 문제의 근본적인 원인은 무엇이라고 생각하십니까?

② 문제점을 언급할 때

- 문제를 해결하기 위해 가장 중요하게 여기는 기준이나 중점을 두어야 할 사항은 무엇입니까?

- 여러 가지 문제를 제시하였는데, 해결 우선순위가 있다고 생각하십니까? 우선순위를 생각하셨다면 말씀해 주십시오.

(문제점 제시가 부족할 때)

- 말씀하신 문제점 외에 추가적으로 고려해야 하는 문제는 어떤 게 있습니까?

(문제를 막연하게 제시하거나 근거가 부족할 때)

- 왜 그게 문제라고 생각하십니까? 그렇게 생각하시는 이유는 무엇입니까?

- 좀더 구체적인 문제라고 판단하는 내용이 있습니까?

---

14) 여기에서 제시된 평가자 질문은 꼭 확인해야 하는 정형화된 질문 위주로 제시하였다. 발표가 진행되는 상황과 과제수행자 답변, 발현되는 행동에 따라 질문 중 일부만 물을 수도 있고 응답과정에서 추가적인 질문이 생길 수도 있다.

---

③ 개선방안 제시할 때

(대학, 학과 통합 방안을 언급할 때)

- 대학, 학과 통합에 저항이 클 텐데, 통합을 추진해야 할 필요가 있습니까?

- 통합 대상이 되는 대학, 학과는 어떻게 선정할 수 있을까요?

- 통합 주체는 어떤 기준으로 선정하고 통합을 진행할 수 있을까요?

- 통합 과정에서 발생하는 이해관계자는 누구입니까?

- 이해관계자의 요구사항은 무엇이고, 이를 설득할 방안은 있습니까?

(재정 지원 비율 조정을 언급할 때)

- 지원 비율을 꼭 조정해야 한다고 생각하십니까?

- 어느 정도 비율로 조정하시려고 합니까?

- 비율 조정의 근거는 무엇입니까?

- 민간 지원 부분은 관여할 수 없는데, 어떻게 민간이 지방대학 지원을 확대하도록 유인할 수 있습니까?

- 재정 지원 비율 조정에 따른 이해관계자 입장은 고려해 보셨습니까?

- 이해관계자를 설득할 방안은 무엇입니까?

- 재정 지원 확대에 따라 부작용(비리, 사업 부실 운영 등)이 생길 수 있다는 걸 알고 계십니까?

- (알고 있다면) 부작용을 어떻게 예방하고 해결할 겁니까?

(취업률 향상을 언급할 때)

- 취업률을 높여야 하는 이유는 무엇입니까?

- 취업률에 영향을 미치는 요소는 무엇입니까?
- 취업률을 높일 수 있는 좀더 구체적인 방안은 무엇입니까?
- 취업률을 높이는 두 가지 방향이 있는데, 무엇인지 알고 계십니까?

(대기업 지방 이전을 말할 때)
- 지방 이전을 위해, 필요한 조치나 협조사항은 무엇입니까?

(특성화 방안을 말할 때)
- 대학이 특성화를 할 수 있도록 과장님이 지원할 사항은 무엇입니까?

(인프라에 대해 언급할 때)
- 교수들이 학교에 애착을 갖도록 하거나 수도권 대학으로 가는 통로로 삼지 않도록 할 수 있는 방안은 무엇입니까?
- 교수 1인당 학생수를 줄일 수 있는 방안은 있습니까?
- 문화나 지역의 인프라 부분에 대한 개선방안은 무엇입니까?
- 지방대학의 열악한 교육환경을 해결할 수 있는 방안이 있습니까?
- 지방대학 문제 해결 과정에서 가장 큰 장애요인은 무엇이라고 생각하십니까? 장애요인을 알고 있다면 어떻게 대응해서 극복하겠습니까?

| 과제수행

이 구조는 전형적인 발표 과제 패턴이다. 어떤 현상의 문제점을 찾고 개선방안을 마련하는 형식이다.

과제에서 요구하는 미션을 항상 생각해야 한다. 이 과제는 지방대

학 문제점을 파악하고 어떻게 활성화할 지를 결정해야 한다.[15]

먼저 현재 상황을 제대로 인식해야 한다. 상황 인식이 문제점 파악에 직접 도움이 되지 않지만 문제가 생긴 근본적인 이유는 알 수 있다.

인구수 감소로 대학 입학생 수는 줄었는데 대학 정원은 그대로인 상황으로, 여건이 취약한 지방대학 미등록률이 높아지고 재정적으로 열악해져 위기감이 높아지고 있다. 이를 알아야 제대로 된 지방대학 활성화 방안을 마련할 수 있다.

지방대학 문제는 몇 가지로 정리할 수 있다. '적절한 자료 작성(예)'처럼 일목요연하게 제시할 필요는 없고, 어떤 문제가 있는지만 파악하면 된다.

지방대학 문제는 학생 감소에 따른 대학 정원 과다(정원이 학생보다 많음), 재정지원 불균형, 취업률 격차 심화, 교육 여건 및 인프라 열악(교수 1인당 학생수 과다 및 학술연구비 부족, 교육 인프라 부족) 등이다.

해결방안(지방대학 활성화) 마련이 주목적이기에 문제점에 대해 너무 상세하게 제시하지 않아도 된다.

30분 동안 문제점에 대한 개선방안(지방대학 활성화)을 고민하고 어떻게 설명할 지에 집중한다면 평가자가 기대하는 답변을 할 수 있고 당연히 역량평가를 통과할 수 있다.

---

15) 다음에서 제시하는 모든 내용을 답변하거나 언급해야 하는 건 아니다. 최대한 많이 고민하고 언급하면 좋지만 30분이라는 짧은 시간에 모든 내용을 파악하고 고민해서 방안을 마련하긴 힘들다. 본인이 자신있는 부분을 중심으로 의사결정을 하고 일관성있게 대처방안을 제시하면 된다.

개선방안 관련 내용은 과제에 제시되어 있으니 이를 잘 활용하면 된다. 개선방안은 문제점과 연계하여 1개 이상 제시하는 게 좋다.

개선방안을 실행하는데 고려해야 할 사항이나 장애요인 등도 있으니 이를 어떻게 보완할지 고민해서 언급해야 한다.

근본적인 지방대학 문제는 학생보다 정원이 많아 생겼다. 이를 해결하려면 대학이나 학과를 통합하는 게 현실적 방안이다. 하지만 대학 종사자(교수나 교직원 등), 재학생, 졸업생, 주변 상인이나 주민 등 이해관계자가 많아 통합 논의 및 진행이 쉽지 않다.

대학 통합에서 중요한 고려사항은 통합 대상(대학, 학과 등)은 어떻게 선정할까, 통합 기준 및 주체는 어떻게 선정할까, 통합으로 인해 피해를 입는 대상에 대한 구제방안은 무엇인가 등이다.

통합 대상(대학 혹은 학과) 선정 기준을 마련해야 한다. 자료에서는 통합할 구체적인 대상을 제시하지 않기에[16] 특정 대학이나 학과를 정할 수 없지만 어떻게 통합할지를 구체화해야 한다. 예를 들어 통합 가능한 대학 간 최대 거리를 설정하고 그 범위 내에서 유사성 혹은 중복이 있는 대학이나 학과, 범위 내 미달률(예를 들어, 미달률 50% 이상 대학)이 높은 대학이나 학과들, 특성화나 산·학·연·관을 강하게 추진하는 대학 등을 고려할 수 있다.

이는 예시이고 과제수행자의 판단으로 정하면 된다. 짧은 시간에 고민하고 정해야 하기에 많은 기준을 내기는 힘들고 1~2개 정도면 충분하다.

---

16) 구체적인 통합 대상까지 제시하고 선정하도록 한다면 과제 규모가 너무 커지고 진행방향이 바뀐다.

통합 과정에서 관련자 반발을 최소화할 수 있는 통합 기준도 마련해야 한다. 통합 기준은 대상이 되는 주체들에게 큰 영향을 줄 수 있기에 균형과 설득력이 있어야 한다.

통합 대상인 대학이나 학과들과 관련된 이해관계자들을 설득시킬 방안을 마련하고 피해 구제방안도 고민해야 한다.

대학이나 학과 통합과 관련한 이해관계자는 교수, 교직원, 재학생, 졸업생, 지역주민들 정도로 볼 수 있다.

통합은 한쪽이 주체가 되어 다른 쪽을 흡수되는 방식으로, 통합 후 흡수된 쪽이 피해를 볼 가능성도 있다. 이런 통합 성격 때문에 해당 대학이나 학과는 어느 쪽이 통합 주체가 되고, 통합되면 어떤 피해를 입을까 걱정한다. 특히 통합되는 대학이나 학과의 교수, 교직원들은 직장을 잃을 수 있어 반발이 크고, 재학생, 졸업생, 지역주민의 반발도 예상된다.

과제수행자는 통합의 불안감을 해소하고 통합되어 피해를 입는 쪽에 어떤 조치를 취할지 정하여 설득하고, 피해를 최소화할 방안을 마련하여 공청회 등을 통해 수용할 수 있는지를 확인하는 절차와 내용을 고민해야 한다.

참고로 합리적인 통합 방안, 이해관계자 피해 구제 조치 등을 제시하지 않고 무작정 공청회를 언급하는 건 적절치 않다.

지방대학 재정지원 불균형을 해결하려면, 지방대학에 지원하는 정부나 민간 재정 비중과 금액을 확대해야 한다. 자료에서는 수도권에 치중된 현황만 제시되고 나머지 자료는 제시되지 않았으니, 과제수행자가 합리적인 판단을 하여 지원 비중을 조정하면 된다.

지방대학 재정지원 비중을 늘려야 하는데 어느 수준이 합리적일까? 정답은 없다.

과제수행자가 합리적으로 설명이 가능하고 상대방이 납득하면 된다. 지방대학 수가 많지만 무작정 지방대학 재정지원 비중을 80% 이상으로 늘린다면 수도권 대학 반발이 너무 크다.

수도권 대학과 지방대학의 재정지원 비중을 본인의 합리적 수준에서 결정하고, 비중을 결정한 이유와 근거를 제시하면 된다. 지원 비중을 얼마로 조정했나보다는 무슨 근거로 지원 비중을 정했는지가 중요하다. 예를 들어 대학 수, 재학생 수, 대학 균형 발전 등을 고려할 때 6:4, 5:5, 4:6 등의 비율로 조정하는 게 좋겠다는 의견을 제시할 수도 있다.

지방대학 재정지원 비율이 정해지고 여유가 있다면, 각 지방대학 간 차등 재정지원을 위한 기준을 마련해야 한다. 시간이 많지 않으니, 이 부분을 고려하지 못할 수도 있다. 예를 들어 신입생 등록률, 졸업생 취업률, 산·학·연 관 시행 실적, 특성화 실적 등 수치화하여 순위를 정할 수 있는 기준을 설정하면 된다.

재정지원과 관련해 자료 ⑥ 지방대학 특성화 실패 사례처럼 지원받은 예산 횡령에 대한 관리방안도 검토해야 한다.

기존보다 많은 지원금액을 받는 대학들에 대해 지원금 관리 계획을 마련할 필요가 있다. 예를 들어 예산 사용 계획서를 구체적으로 작성해서 제출하게 한다거나 매년 대학을 무작위로 선별하여 감사를 진행하는 등의 관리 계획이 필요하다.

취업률 격차를 해소하거나 지방대학생 취업률을 높이려면, 대기업을 지방으로 이전시키거나 기업에서 원하는 인재를 육성하여 제공하는 게 효과적이다.

자료 ③의 내용을 참고하면 대기업을 지방으로 이전해 오려면 인센티브나 유인책이 필요하다. 자료에 제시된 내용 외에 자기 생각을 가미해도 된다. 예를 들어 지자체와 협의하여 이전하는 대기업에 지방세를 감면하거나 이전 지역에 부지를 무상지원 또는 무이자 임대로 지원해 주는 등의 방안도 고려해 볼 수 있다.

자료 ⑤와 ⑥을 종합적으로 고려하면, 기업이 원하는 인재를 육성하여 제공하는 방안으로 지방대학 특성화와 산·학·연·관 협업체계를 구축할 수 있다.

지방대학 문제는 지방대학 간 차별화된 특성도 없고 비슷한 학과가 많아 변별력이 없는 것이다. 지방대학 특성화를 통해 기업이 필요로 하는 인재를 맞춤형으로 육성하면 해당 기업도 관심과 매력을 느껴 취업에 유리하다. 따라서 취업률을 높이려면 지방대학이 기업에서 요구하는 인재를 키워 경쟁력을 갖도록 교육체계나 과정을 특성화시킬 필요가 있다. 이를 보완하는 방안으로, 특정 기술 분야를 특화하기 위해 대학, 기업, 연구소, 지자체 등이 연계될 필요가 있다.

대학들이 모든 영역을 잘 할 수 없고 또한 모든 장비나 인프라를 가질 수 없으니 주변 대학들과 연구소 등이 서로 네트워크를 형성하여 장비나 노하우를 공유하는 게 바람직하다.

정부차원에서 이를 지원하기 위해 '산·학·연·관' 네트워크를 구축하고 기술 개발·활용에 참여하도록 유도하는 활동도 필요하다.

이런 활동을 통해 대학이나 연구소 중심의 기술개발능력을 강화하고, 여기에서 육성된 인재들이 대기업에 취업하는 구조를 만든다면 지방대학 취업률 향상에도 기여하게 된다.

열악한 교육 여건 개선은 인프라 측면과 분위기 측면으로 나누어 고려한다.

인프라 측면에서는 교수 1인당 학생 수를 낮추는 게 매우 중요하다. 교수 1인당 학생을 줄이려면 교수를 늘리거나 학생 수를 줄여야 한다. 앞에서 제시된 대학이나 학과 통합으로 한 과의 교수가 증가하면 해결이 가능하고, 그렇지 않은 대학의 경우 재정을 확보하여 추가로 교수를 채용하는 방안도 고려할 수 있다.

또한 교수들이 지방대학을 수도권 대학으로 가기 위해 경력을 쌓는 통로로 만들지 않게 학교에 애착이 많은 본교 출신의 교수 후보자를 우선 임용하도록 하거나 교수처우 개선 및 의무 기간 등을 부여하여 교수들의 이탈을 최소화하는 게 필요하다.

분위기 측면에서는 학교 공동화 현상을 예방하는 게 중요하다. 학교가 활기차고 문화생활을 누릴 여건을 만들면 수도권으로 상경하는 횟수가 줄어들고 구성원들이 학교에 대한 애착도 커질 수 있다.

나. 고속철 노선 선정

| 역할

당신은 교통 수요 파악 및 교통 계획을 수립하는 업무를 담당하는 과의 과장입니다.

| 미션

신규 고속철 건설과 관련하여 B시 요구를 반영하여, 기존 선로 계획을 변경할지 결정하고 관련된 현안문제 해결방안을 마련하라.

| 상황

최근 A시는 문화 관광단지 조성 및 유동 인구 증가 등으로 교통 수요가 급증하고 있다. 하여 서울에서 A시까지 고속철 설치 계획을 수립하고 있다.

고속철 계획이 알려지면서 중간 지역에 있는 B시가 고속철역을 만들어 달라고 요구하고 있다. B시도 최근 기업체 유인책이 성공하여 제조업체들이 대거 유입되었다. 물류량이 급증하면서 교통문제를 겪고 있던 차에, 고속철 설치 계획을 듣고 고속철역 설치를 요구하고 있다. B시에 고속철역을 설치하면 직선 선로 일부를 곡선으로 변경해야 하고, 추가로 역이 생겨 운행시간도 길어지는 문제가 발생하는 상황이다.

| 자료

① A시 현황

고속철 종착역으로 고려되는 A시는 문화 관광단지 조성으로 이미지를 바꾸면서 관광객이 급증하여 서울에서 A시까지 오는 고속도로 정체가 심각한 수준이다. 그럼에도 지속적으로 유동인구가 증가하고 있어 특단의 대책이 필요한 상황이다. 산악을 많이 지나야 하는 지역적 특성과 노령층이 많은 A시 인구분포를 고려할 때 고속도로 확충으로 교통문제를 해결하기에는 한계가 있다.

② 고속철 설치 계획 관련 신문기사

서울에서 A시로 가는 교통여건으로 인해 교통망 확충이 필요하며, 지역적 특성과 연령구조를 고려할 때 고속철 건설이 적절하다는 의견이 많다. 산악지역이라 고속도로는 사고 위험이 많고 추가 건설도 어렵고, 노인들은 버스 이용보다 철도 이용을 선호한다.

고속철 설치 계획이 알려지면서 A시 위주로 진행되는 이유를 묻고 항의하는 전화가 증가하고 있고, 자기 지역에도 역을 설치해 달라는 민원도 많아 대응방안 마련에 애를 먹고 있다.

③ B시 교통 여건

B시는 최근 제조업 중심 도시로 변하면서 물류량이 크게 증가했다. 이는 적극적인 B시 기업 유치 홍보 효과로, 지역경제 활성화에는 기여하고 있으나 교통 인프라가 부족하여 어려움을 겪고 있다. 기업체 증가로 인구도 급증하고 교통정체가 심각해지면서 교통 인프라 등 해결책 마련을 고심하고 있으나 A시 고속철 건설 문제로 우선순위에서 밀려 있다. B시에서도 현재보다 앞으로 교통상황이 더 어려워질 걸로 예측하고 정부에 대응방안 마련을 요구하고 있다.

④ B시 요구사항

B시는 고속철 설치 계획이 발표되자 B시에 역을 설치해 달라고 적극적으로 요청하고 있다. B시는 고속철이 인력 수송을 담당하고, 고

속도로가 물류를 담당하면 당분간 교통문제는 해결이 가능하다고 보고 있다. 하지만 고속철은 특성상 직선 위주로 노선을 설계하기에 노선에서 많이 벗어나는 B시를 계획에 포함시키지 않았는데, 정치권과 지역주민들이 계속 문제를 제기하고 있다.

⑤ 역 설치 및 선로 변경에 따른 영향

고속철 선로를 B시가 경우하게 바꾸면, 직선 선로보다 속도가 줄어 운행시간이 길어지는 비효율이 발생하고(직선, 곡선에 따른 예상 운행시간을 제시), 경유하는 역이 1개 이상 늘어나고, 고속철 필요 지역(C시와 D시의 고속철 필요성 제시)을 외면하는 부작용이 생길 수 있다.

반면 B시를 경유하게 되면 터널을 최소화하여 공사기간도 단축할 수 있으며, 이용객도 C시와 D시를 합친 인원보다 많아 경제성이 높게 나타났다.

⑥ 예산 문제

고속철 건설에서 우려하는 사항은 예산이다. 예산 규모가 큰 사업으로 충분한 재원을 확보하지 못한 상황이라 계획보다 기간이 길어질 수도 있다. 이를 해결하기 위해 지자체가 일부를 부담해야 하는데, 사전 협의를 통해 A시, C시, D시가 예산의 일부를 분담하기로 한 상황이고, B시는 갑자기 요청한 상황이라 예산이 확보되지 않아 적극적으로 분담할 의사를 보이지 않고 있다.

⑦ 지역 간 갈등 우려

고속철 노선에 포함된 A시와 C시, D시는 B시 요구에 강하게 반발하며 지역 간 갈등이 생기고 있다. A시는 저속철이 될 거라는 우려를 나타내며 기존 계획대로 진행을 요구하고, C시와 D시는 고속도로도 멀고 겨울에는 눈이 많이 내려 자주 고립되는 지역이라 고속철 역이 다른 지역으로 옮겨가는 걸 강하게 반대하고 있다.

B시는 공사기간과 경제성을 고려할 때, A시 인근 E시로 방향을 조정하면 모든 게 원활하게 해결될 수 있다는 입장을 제시하며 고속철 건설 계획을 원점에서 다시 검토해 줄 걸 요구하고 있다.

⑧ 고속철 건설 관련 해외 벤치마킹

S국은 추가로 제기된 여건을 고려하여 고속철 노선 변경 요청을 수용하였다. 계획 변경으로 손해를 보는 지역이 생기지만 각 지역 여건이나 경제성을 반영하였다. 이런 변경안을 결정하고 각 지역 주민을 모아 공청회를 개최하여 갈등을 최소화하는 노력을 하였고, 혜택을 받지 못하는 지역에 대해서는 다양한 교통운영계획을 수립하여 불편을 최소화하였다.

P국은 고속철 설계 및 운영 원칙을 고수하였다. 서로 간 이해관계가 다른데 이를 모두 수용할 수 없고, 계획변경으로 인한 돌발 변수도 관리하기 어렵기 때문이었다. 대신 계획에서 소외된 지역에 대해서는 연계 교통편을 제공하고 추가로 향후 우선적인 대책을 마련하기로 약속하며 갈등을 수습하였다.

⑨ 종착역 조정에 대한 견해

A시로 결정된 고속철 종착역을 그대로 유지할지 다시 논의해야 하는 상황이다. 최종 결정을 위해, 지역 균형발전과 고속철 이용 인원(경제성) 등을 고려하여야 한다. 지역 균형발전 측면에서 A시가 적절하며, 경제성 측면에서는 E시가 적절하다. 이를 고려해 적합한 종착역을 결정해야 한다.

| 자료 작성(예)

앞 발표과제와 마찬가지로 과제수행자들이 '[참고] 과제 분석 및 사고 흐름도'처럼 과제를 분석하고 수행한다면 평가에서 좋은 결과를 얻을 수 있다.

보통은 '효과적이지 못한 자료 작성(예)'처럼 문제점과 개선방안 체계로 분석하고 정리하려 한다. 하지만 이 과제는 앞의 과제와 달리 문제점을 찾고 개선방안을 마련하는 방식으로 수행하면 안 된다. 실제로는 현황 및 이해관계자 요구사항을 파악하고 모두의 요구를 만족시킬 수 있는 의사결정 및 대안을 마련하는 역할을 수행해야 한다.

자료 작성에 너무 많은 시간을 할애하면 안 된다. 앞에서도 언급했듯 30분 과제 숙지 시간 중 10분 내외 시간을 자료 작성에 할애하면 자료 파악 및 질의에 대한 답변을 고민할 시간이 없다.

자료 작성을 꼭 해야 한다면 '적절한 자료 작성(예)'(검은 글씨)처럼 작성을 최소화하고 고민 내용을 간략히 쓰는 게 바람직하다.

[참고] 과제 분석 및 사고 흐름도

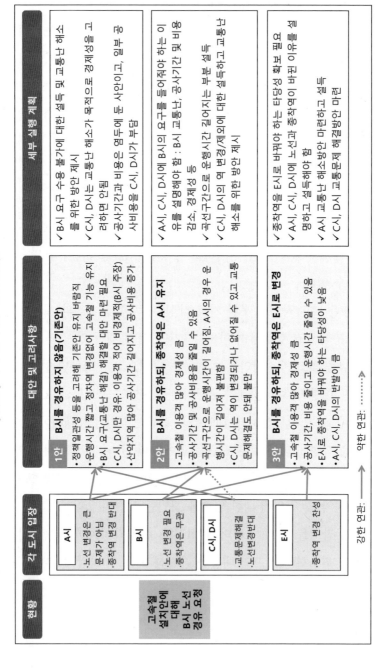

현황 | 각 도시 입장 | 대안 및 고려사항 | 세부 실행 계획

현황
고속철 설치안에 대해 B시 노선 경유 요청

각 도시 입장

A시
- 노선 변경은 큰 문제가 아님
- 종착역 변경 반대

B시
- 노선 변경 필요
- 종착역은 무관

C시, D시
- 교통문제해결
- 노선변경반대

E시
- 종착역 변경 찬성

대안 및 고려사항

1안 B시를 경유하지 않음(기존안)
- 정착일괄성 등을 고려해 기존안 유지 바람직
- 운행시간이 짧고 정차수 변경없어 고속철 기능 유지
- B시 요구(교통난 해결) 해결할 대안 마련 필요
- C시, D시만 경유: 이용객 적어 비경제적(B시 주장)
- 산악지역 다수 많아 공사기간 길어지고 공사비용 증가

2안 B시를 경유하되, 종착역은 A시 유지
- 고속철 이용객 많아 경제성 금
- 공사기간 및 공사비용을 줄일 수 있음
- 국선구간으로 운행시간이 길어짐. A시의 경우 운행시간이 길어져 불편함
- C시, D시는 역이 변경되거나 없어질 수 있고 교통 문제해결도 안돼 불만

3안 B시를 경유하되, 종착역은 E시로 변경
- 고속철 이용객 많아 경제성 금
- 공사기간, 비용 줄이고 운행시간 줄일 수 있음
- E시로 종착역을 바꿔야 하는 타당성이 낮음
- A시, C시, D시의 반발이 큼

세부 실행 계획

✓ B시 요구 수용 불가에 대한 설득 및 교통난 해소를 위한 방안 제시
✓ C시, D시는 교통난 해소가 목적으로 경제성을 고려하면 안됨
✓ 공사기간과 비용은 염두에 둔 사안이고, 일부 공사비용을 C시, D시가 부담

✓ A시, C시, D시에 B시의 요구를 들어줘야 하는 이유를 설명해야 함 : B시 교통난, 공사기간 및 비용 감소, 경제성 등
✓ 국선구간으로 운행시간이 길어지는 부분 설득
✓ C시, D시의 역 변경/폐지에 대한 설득하고 교통난 해소를 위한 방안 제시

✓ 종착역을 E시로 바꿔야 하는 타당성 확보 필요
✓ A시, C시, D시에 노선과 종착역이 바뀐 이유를 설명하고 설득해야 함
✓ A시 교통난 해소방안 마련하고 설득
✓ C시, D시 교통문제 해결방안 마련

강한 연관: ──→ 위한 연관: ┈┈┈>

〖 효과적이지 못한 자료 작성(예) 〗

■ 현황

- 고속철 결정(A시)에 따른 B시 반발

- 중간 지역 B시에 역을 만들거나 종착역을 E시로 바꾸라는 요청

■ 문제점

- B시를 경유하지 않으면, B시의 교통문제가 해결되지 않음

- B시를 경유하면, 곡선 선로가 생겨 운행시간이 길어짐

- B시를 경유하면, C시와 D시에 피해(계획했던 역을 다른 곳으로 옮겨야 하
  거나 아예 두 도시에 역을 설치하지 못함) 발생

- 여러 여건을 고려하면 종착역을 E시로 바꿔야 하는데 A시, C시, D시에서
  반발 예상

■ 개선방안

- B시를 경유하지 않을 경우

  ▶ B시 교통문제를 해결하도록 공청회 등을 열어 B시 반발 무마

  ▶ C시, D시를 지날 때 경제성 부족에 대한 해결방안 마련

  ▶ 공사기간 및 비용 문제 해결방안 마련

- B시를 경유하며 A시를 종착역으로 할 경우

  ▶ B시 경유에 따라 고속철 운행시간이 길어지는 문제 해결

  ▶ C시, D시 역 변경 혹은 철회 문제 해결을 위해 전문가 간담회 개최

- B시를 경유하며 E시를 종착역으로 할 경우

▶ C시, D시를 거치지 않으면서 C시, D시 반발 무마 및 교통문제 해소 방안 마련

▶ 종착역을 A시에서 E시로 변경됨에 따라, 변경 설득 논리 마련 및 A시 반발 무마 방안 마련

- 고속철 설치 과정 문제 해결 필요 : B시 공사비 부담 요청

【 적절한 자료 작성(예) 】

■ 현황

- 고속철 설치안에 대한 B시 노선 경유 요구

■ 각 도시 입장

- A시: 종착역 변경 반대

☞ 관광객 급증으로 고속도로 정체 심각하여 고속철 건설이 필요하며, B시 요구를 받아들이더라도 문제없음

→ B시 요구를 수용할 경우, 고속철 운행시간이 길어지는 게 부담

☞ 고속철 종착역을 E시로 변경할 경우, 교통문제 해결이 어려워 반대

- B시: 교통문제 해결(노선 변경), 종착역은 무관

☞ 급격한 교통량 증가로 교통문제를 겪고 있고 이를 해결하기 위해 고속철 역 설치 요구

- C시, D시: 고속철 노선 변경 반대

  ☞ 교통문제 해결을 위해 고속철 설치 필요

  ☞ 고속철이 B시를 경유하도록 변경할 경우, C시, D시 고속철 역을 변경하거나 C시, D시에서 역이 없어질 수 있어 노선 변경 반대

- E시: 종착역 변경 찬성

  ☞ B시 요구에 따라 E시는 크게 영향을 받지 않음

    → 경제성이 있어 E시로 종착역을 변경해도, E시 입장에서는 문제가 없으나 교통망 확충으로 교통문제가 없는데 추가 고속철 역 설치는 부담

  ☞ E시 입장에서 종착역 설치에 대해 나쁠 게 없어 찬성

■ 방안

- 1안: B시를 경유하지 않음(원안)

  ☞ 정책 일관성과 예측가능성 등 고려

    → 정책 원안으로 운행시간이 짧고, 정차역도 증가하지 않아 고속철 기능을 유지하지만, B시를 경유하면 운행시간이 늘어남

  ☞ B시 교통난 검토 및 해결 방안 제시

    → B시 어려움을 알고 있으나 요구가 늦어 원안을 바꾸기가 어렵다고 설득함

    → (가능하면) B시 대중교통과 트럭 운행시간 조정, 자가용 2부제 운행 등 교통문제 해결을 위한 응급 방안 제시 (※ 개인적 경험이나 의견을 방안 제시 가능)

☞ (C시, D시 경유) 비경제적이라는 의견 설득

→ 설득 논리: 고속철 설치 목적은 C시, D시 교통문제 해결도 포함되기에, 이용객이 적어 경제성이 떨어져도 역을 만들어야 함

☞ 공사기간 및 비용 부담 방안

→ 터널 공사로 공사기간이 길어지는 건 어쩔 수 없음. 산악이 많은 지형적 특성으로 인해 지금까지 교통이 열악했음. 이를 해결하기 위해 고속철을 놓으려고 한다고 설득

→ 부족한 공사비용 일부를 A시, C시, D시에서 부담하니, 고속철 건설에 많은 도움이 됨. 하지만 공사비용은 국가에서 많이 부담하는 게 바람직

- 2안: B시를 경유하되, 종착역 A시로 함(변경 안)

☞ 설치 타당성 및 경제성 큼

→ 시급한 B시 교통 정체를 해결해야 할 필요성 큼

→ B시는 C시, D시보다 수요가 많아 경제성은 큼. 고속철 운영에서 경제성도 고려해야 할 사항으로 B시가 매력적임

☞ 공사기간 및 비용 줄어듦

→ B시를 경유하면 산악지역이 적어 터널을 많이 만들지 않아도 됨. 공사기간이나 비용도 줄일 수 있음

☞ 운행시간 길어짐(곡선구간). B시 요구 수용 이유 설득

→ C시, D시가 교통이 열악하고 고속철이 필요함은 이해하지만, 교통 수요가 급격히 증가하는 B시 상황이 더 심각하며, 곡선 부분은 고속철 취지에 맞지 않으나 돌발변수가 발생하여 변경되었음을 설명하여 이해시킴

☞ C시, D시 불만 해결방안

→ C시, D시 입장은 충분히 이해하나 현재로서는 B시 상황이 더 심각해 노선을 부득이 변경해야 함

→ 노선 변경으로 역이 변경되더라도 없어지지 않게 노력 약속

→ 역이 변경되면 C시, D시 교통문제를 근본적으로 해결할 수 없어, 이에 대한 차선책 고려(예: 고속철과 연계하는 버스 노선을 개설하는 등)

☞ A시 불만 해소 필요: 운행시간 길어짐

→ B시를 경유해야 하는 당위성으로 A시를 설득해야 함

→ 종착역이 변경되지 않았고, 보다 시급한 B시 문제 해결 및 공사기간 단축 등으로 명분이 강화되었으니 운행시간 증가는 감수해야 한다고 설득

- 3안: B시를 경유하되, 종착역 E시로 함(변경 안)

☞ 경제성 큼

→ B시는 C시, D시보다 수요가 많아 경제성은 큼. 고속철 운영할 때 경

제성도 고려해야 할 사항으로 B시가 매력적임. 특히, E시를 종착역으로 할 경우 경제성이 더욱 커짐

☞ E시는 고속도로가 건설되어 교통문제가 많이 해결되었으나, 아직도 수요가 많아 고속철 건설 자체에 문제가 없음

☞ 공사기간 및 비용을 줄어듦
  → B시를 경유하면 산악지역이 적어 터널을 많이 만들지 않아도 됨. 공사기간이나 비용도 줄일 수 있음

☞ 곡선구간이 없어 운행시간이 짧음
  → 기존 안이 완전 변경되지만 경제성 확보뿐만 아니라 곡선 노선으로 운행시간이 길어지는 부작용도 없음

☞ A시 반발 : 고속철 목적(A시 교통문제 해결) 벗어남
  → B시 입장을 반영하고 운행시간을 짧게 하려면 E시가 최적임을 설득
  → A시에는 고속철을 대체할 인프라나 교통수단을 마련하여 해결하겠다고 설득(만일, 관련하여 자세한 내용이 있으면 활용)

☞ C시, D시 반발 : 자신들 입장은 전혀 반영이 되지 않아 반발
  → B시 교통난이 훨씬 심각해 노선을 변경하였고 고속철을 가장 효과적으로 운영할 수 있는 E시를 종착역으로 하였음을 설득

→ 교통문제를 해결할 방안을 제시(예를 들어, 고속철과 연계하는 버스 노선을 개설하는 등)

☞ 종착역으로서 당위성 떨어짐

→ 주어진 여건을 고려할 때, A시보다 E시가 효과적이라 변경 필요하다고 설득

[참고] 3개 안 중 가장 적절하다고 생각되고, 자기 생각이나 스타일에 맞고 방안 마련이 가능한 안을 선택하여 발표에 임하면 된다.

※ 실제 과제에서는 결론을 먼저 내고, 왜 그런 결정을 하게 되었는지, 결정으로 발생할 수 있는 문제나 부작용은 어떻게 해결할지, 이해관계자들은 어떻게 설득할지를 확인한다. 이 자료는 과제 순서나 분석의 흐름에 따라 약간의 메모를 작성하는 예시를 보여주는 구성이다.

※ 파란 색 밑줄 친 글씨는 생각으로 정리하는 내용임

| 주요 질문

　과제수행자가 발표하면 평가자는 이런 질문을 한다. 이 과제는 앞 과제와 성격이 달라 ①, ②, ③은 공통 질문이고 과제수행자 결정에 따라 ④, ⑤, ⑥ 중 하나를 질문하게 된다. 예시에서 제시한 3개 결정과 다른 결정을 할 경우 질문은 달라진다.

① 과제 취지를 제대로 이해하지 못할 때

  - 무엇 때문에 과장님에게 이걸 검토해 달라고 했을까요?

② 명확한 의사결정을 하지 않을 때

  - 명확한 의사결정이 필요한데, 의사결정을 하지 않은 이유는 무엇입니까?

  - 의사결정을 하지 않으면 어떤 문제가 생길지 생각해 보셨습니까?

  - 지금이라도 의사결정을 한다면, 어떤 결정을 하겠습니까?

③ 명확한 의사결정을 했지만 근거나 이유가 언급되지 않을 때

  - 왜 그런 결정을 하였습니까?

  - 다른 방안도 검토를 해 보셨습니까? 다른 방안을 배제한 이유는 무엇입니까?

  - 의사결정을 하실 때 고려한 사항은 무엇입니까? 혹은 의사결정 기준이 있었습니까?

④ A시 종착역, 직선 노선(원안)을 결정했을 때

  - 왜 이렇게 결정을 하셨습니까? 이 결정을 할 때 고려한 사항은 무엇입니까?

  - 이 결정으로 어떤 장애나 어려움이 생긴다고 생각하십니까? 장애나 어려움을 염두에 뒀다면, 해결 방안은 가지고 계십니까?

  - 이용객이 상대적으로 적어 경제성이 떨어진다는 의견이 있는데, 어떻게 해결(설득)하겠습니까?

  - 공사 기간이 길고 공사비용이 많은 부분에 대해 검토해 보셨

나요? 부담을 줄일 수 있는 방안은 고민해 보셨습니까?

- B시 입장을 고민해 보셨습니까? B시 교통 문제를 해결할 방안은 있습니까?

⑤ A시 종착역, B시 경유를 결정했을 때

- 왜 이렇게 결정을 하셨습니까? 이 결정을 할 때 고려한 사항은 무엇입니까?

- 이 결정으로 어떤 장애나 어려움이 생긴다고 생각하십니까? 장애나 어려움을 염두에 뒀다면, 해결 방안은 가지고 계십니까?

- 곡선 노선으로 인해 운행 시간이 지연되는 문제는 어떻게 해결하겠습니까?

- 계획 변경으로 혜택을 받지 못하는 C시, D시 입장에 대해 생각해 보셨습니까? 이들을 어떻게 설득하겠습니까?

- C시, D시 피해를 최소화할 방안을 고민하셨습니까?

- 노선 변경으로 C시와 D시가 부담하기로 한 예산은 어떻게 보충할 계획입니까?

⑥ E시 종착역, B시 경유, 직선 노선을 결정했을 때

- 왜 이렇게 결정을 하셨습니까? 이 결정을 할 때 고려한 사항은 무엇입니까?

- 이 결정으로 어떤 장애나 어려움이 생긴다고 생각하십니까? 장애나 어려움을 염두에 뒀다면, 해결 방안은 가지고 계십니까?

- 종착역이 E시로 바뀌면 원안이 모두 바뀌게 되는데, 이로 인한 반발은 예상하고 계십니까? 반발하는 측을 어떻게 설득하

겠습니까?

- E시로 바뀌면서 교통망이 중복된다는 의견이 나올 텐데 어떻게 대응하겠습니까?
- 계획 변경으로 피해를 입는 A시, C시, D시 입장에 대해 생각해 보셨습니까? 피해를 최소화할 방안을 고민하셨습니까?
- 노선 변경으로 A시와 C시와 D시가 부담하기로 한 예산에 대해서는 어떻게 보충할 계획입니까?

| 과제수행

앞에서 언급했듯 이 과제는 문제점과 개선방안을 마련하는 유형이 아니다. 요구하는 미션을 정확히 이해해야 한다. 어떤 노선으로 할지 정해야 하고, 이에 따른 방안(노선별 이슈, 이해관계자 반발 등)을 마련하는 게 미션이다.

'효과적이지 않은 자료 작성(예)'처럼 문제점과 개선방안 방식으로 정리하면 평가자 질문에 답변하기 힘들다. 정리된 내용은 자료 요약과 고민해야 할 사항이지만, 구체적인 의사결정 내용과 결정에 따른 대응방안을 정하지 못해 질의응답에 도움이 되지 않는다.

이 과제는 원래 계획한 노선을 유지할지, B시 요구에 따라 노선을 변경할지 결정하는 비교적 간단한 미션이다. 하지만 관련 지역 상황, 공사 여건, 고속철 노선 이해관계자, 각 지역에 미칠 영향 등을 고려하면 결정이 쉽지 않다.

추가로 의사결정에 따라 영향을 받는 지역(A시, B시, C시, D시, E시)을 어떻게 설득하고 지역 현안 문제를 어떻게 해결할지 고민해야 한다.

노선 결정을 위해 검토해야 할 요소를 정리해 보면, 노선을 계획할 때 고려했던 내용, 노선에 따른 고속철 운행 소요시간, 고속철 공사 기간 및 비용, 고속철 운영의 경제성, 관련 지역(A시, B시, C시, D시, E시) 이해관계 등이 있다.

이를 바탕으로 과제수행자는 다양한 측면을 고려하여 종합적인 결정을 해야 한다. 이러한 고민 과정을 정리하여 간략히 메모하는 건 괜찮다.

[대안별 장단점]

① A시를 종착역으로 하는 기존 노선 유지 방안

계획 수립 일관성을 유지하고 지역 간 교통 격차를 해소하는 명분을 갖출 수 있다. 직선 노선이라 고속철 장점을 잘 살릴 수 있고 정차역도 증가하지 않는다(B시를 경유할 때는 최소 1개 이상 역이 추가 설치될 것으로 예상됨)는 장점이 있다. 반면에 터널을 많이 뚫어야 해서 공사기간이 길고, 공사비용이 많이 소요되며, 이용객이 많지 않아 경제성이 떨어지는 단점이 있다.

② B시를 경유하여 A시를 종착역으로 하는 방안

교통문제가 심각한 B시 문제를 해결할 수 있고 터널구간을 최소화하여 공사기간 및 공사비용을 줄이고 이용객이 많아 경제성이 높다는 장점이 있다. 반면에 일부 구간이 곡선으로 바뀌고 역이 추가되어 운행 소요시간이 길어져 고속철 역할이 약화될 수 있으며, 원래 취지인 C시, D시의 교통문제가 해결되지 않는다는 단점이 있다.

③ B시를 경유하면서 종착역을 E시로 변경하는 방안

E시는 이용객이 많아 경제성도 높고 B시를 경유하는 노선의 곡선 구간 문제도 해결할 수 있다. 공사기간, 공사비용도 줄일 수 있는 장점이 있다. 반면에 E시는 고속도로 등 교통망이 잘 갖추어져 있어 고속철 설치 당위성이 떨어지고 C시, D시의 교통문제가 해결되지 않는다는 단점이 있다.

과제수행자는 이와 같은 자료 파악 및 상황 분석을 통해 기존 계획 (직선 노선)을 유지할지, 곡선으로 변경할지 아니면 계획을 변경하되 직선 노선을 유지하기 위해 종착역을 E시로 변경할지를 결정하고, 이에 대한 명확한 이유나 근거를 제시해야 한다.

[의사결정 및 방안 마련]

제시된 3개 방안 중 하나를 선택하여 평가자 질문에 답변하면 된다. 어떤 식으로 고민하고 답변을 준비하는지 각 방안별로 내용을 정리한다.

① B시를 경유하지 않고 A시를 종착역으로 결정(원안)

A시 교통문제를 해결한다는 정책 일관성을 유지하고, C시와 D시 교통문제를 해결하려고 원래 계획을 그대로 유지한다.

왜 원안을 그대로 유지하려는지 이유를 설명한다. 자료에 근거하여 정책 일관성, C시와 D시 교통문제 해결을 위해 결정을 유지해야 함을 설명하면 된다.

공사기간 및 비용을 줄이는 부분, 경제성을 높일 수 있는 부분을 고려해야 한다. 과제에서 제시된 내용을 보면 공사기간 및 비용을 줄이는 건 현실적으로 어렵다. 그렇다면 공사기간과 비용은 어떻게 보충할지 고민해야 한다. 공사기간이 길어지는 건 산악지역이 많아 터널을 뚫어야 해서 어쩔 수 없이 수용해야 한다. 부족한 공사비용은 A시, C시, D시가 일부 분담하고 있음을 설득해야 한다.

3개 도시 분담 예산이 공사비용을 줄이는데 크게 기여할 수 없다고 판단하면 당위성으로 접근해야 한다. 고속철은 사회간접자본으로 효율성보다는 주민 불편 해소에 중점을 둬야 한다는 논리로 설명하는 게 낫다. 산세가 험하고 날씨로 인해 고속도로 건설이나 고속버스 운행이 위험해서 고속철을 설치한다는 논리를 만들 수 있다. A시, C시, D시에서 예산 일부를 분담하기로 했다는 걸 언급하면서 이런 도시들의 교통문제 해결이 절실함을 어필할 수 있다. 이용객이 적어 경제성이 낮다는 지적도 비슷한 논리로 접근해서 설명하는 게 바람직하다.

아울러 B시 교통문제 해결책을 제시해야 한다. 우선 B시 교통수요가 급증하여 어려움을 겪고 있음을 이해하지만 늦게 요청해서 원안을 바꾸기 어렵다고 설득한다. 원안을 수정할 경우, 고속철 설치 목적인 C시, D시 교통문제를 해결할 수 없어 지역 간 갈등이 커질 우려가 있음을 언급한다. B시 교통문제가 심각하지만 현재로서는 해결방안이 없음을 설명하고, 교통난 해소를 위해 차기 계획수립에는 적극 반영하겠다고 약속하고, 대중교통과 트럭의 운행시간 제한 및 조정, 자가용 2부제 등 교통문제를 해결하는 방안을 제시한다.

② B시를 경유하고 A시를 종착역으로 결정

A시 교통문제를 해결한다는 정책 일관성을 유지하고 공사기간 단축 및 공사비용 절감, 경제성을 고려하여 B시를 경유하도록 노선을 바꾸되 종착역은 A시로 한다.

왜 이 안으로 바꾸게 되었는지를 설명해야 한다. 위 내용 외에 이 방안을 선택한 자기 판단을 설명하면 된다.

현재 A시 교통상황은 교통망 확충이 시급하니 공사기간을 단축할 수 있고, 부족한 예산을 고려할 때 공사비용을 절감할 수 있는 B시를 경유하는 게 적절하다고 설득한다. 또한 B시 수요가 많아 경제성이 높다는 걸로 설득한다.

B시를 경유하고 종착역을 A시로 하면, 곡선 구간으로 인한 운행 시간 증가, C시와 D시에서 분담할 예산과 공사비용 절감액을 비교하여 설득방안을 마련한다. 노선 변경으로 인해 역이 없거나 바뀌는 C시, D시 입장을 고려해서 적절한 교통대책 방안을 제시해야 한다.

곡선 구간으로 바꾸면 운행 시간이 증가하는 부분에 대한 보완 대책을 마련하거나 다른 이해관계자들을 설득해야 한다. 이를 극복할 수 있는 논리를 만들어 제시해도 되고 자료를 활용해 직선으로 가면 공사기간이 길어지고 공사비용이 증가하여 어려움이 있음을 근거로 설득할 수 있다. 또한 공사비용을 절감하면 A시, C시, D시에 예산 부담을 주지 않아도 된다는 의견을 제시할 수 있다.

자료에는 C시, D시 교통문제와 고속철을 통해 해결하겠다는 내용만 제시되고 대안에 대한 자료는 제시되지 않는다. 그렇다면 과제수행자가 일반적인 상황을 염두에 두고 교통문제 해소 방안을 제시하면 된다. 예를 들어 B시를 경유하더라도 C시, D시에 역이 설치되는

안을 만들어 반영하겠다거나, C시, D시 인근에 최대한 빨리 교통망을 확충하는 계획을 세우겠다거나, 고속철 건설에서 부담하려는 C시, D시 예산을 활용하여 C시, D시에서 가까운 역으로 무료 셔틀버스를 운행한다거나, 가까운 고속도로와 연계하도록 도로를 건설하고 톨게이트를 설치하겠다는 등의 방안을 제시할 수 있다.

③ B시를 경유하고 E시를 종착역으로 결정

B시 교통문제를 해결하면서 직선노선을 유지하고 공사기간 단축 및 공사비용 절감, 경제성을 고려하여 종착역을 E시로 변경한다.

왜 이 안으로 바꾸게 되었는지를 설명해야 한다. 위 내용 외에 이 방안을 선택한 자기 판단을 설명하면 된다. ②안과 비슷하지만 B시를 경유하고 종착역을 E시로 하면, A시에 대한 설득 방안 및 A시 노선이 E시로 변경되어야 하는 적절한 이유도 제시해야 한다.

E시로 변경하게 되면 고속철 건설의 원래 목적이 사라지게 되는데, 이를 어떻게 설득하느냐가 중요하다. 먼저 B시를 경유해야 할 이유를 설명하고 변경된 종착역인 E시는 이용객이 많아 경제성이 높고, B시를 경유하여 직선으로 설계할 수 있음을 근거로 적극 설득해야 한다.

정책 검토 과정에서 더 합리적이고 현실적인 방안을 선택했다 할 수 있지만, 교통 수요가 긴급한 지역을 배제하고 중복투자 우려가 있는 지역을 선정하는 게 적절하냐는 반론에 대한 고민이 있어야 한다. 이 부분만 해결된다면 나머지는 가장 대응하기 용이하다.

②안에서 보는 바와 같이 공사기간 단축, 공사비용 절감은 장점으로 작용한다. C시, D시 교통문제는 해결해야 할 사항이다. C시와 D시 교통문제는 ②안에서 제시한 내용과 동일하게 언급해도 무방하다.

2. 역할연기

1) 기본 개념

역할연기는 상사(과제수행자)와 직원(평가자)이 일대일로 의견을 나누며 직원 요구와 애로사항을 해결하는 면담으로 역량을 측정한다. 면담 자체보다 어떤 내용으로 어떻게 의사소통하고 공감하느냐가 매우 중요하다.

면담은 정해진 순서가 없고 상호 작용 속에서 이야기를 진행하는 방식이다. 어떤 과제수행자는 직원 업무가 늦어지는 부분에 대해 이야기하고 왜 늦어지는지, 어떻게 업무를 조정하고 지원할지 등에 관심이 많고, 어떤 과제수행자는 다른 직원 간 관계가 어떤지, 어떤 부분에서 문제가 되는지, 어떻게 개선해야 하는지 등에 관심이 많다.

평가 관점에서 보면, 과제수행자인 상사가 어떤 걸 먼저 이야기하더라도 상관없다. 평가자는 늦어진 업무를 먼저 이야기하면 업무지향적인 사람으로 인식하고, 직원간 관계를 먼저 이야기하면 관계지향적인 사람으로 인식한다.

어떤 성향을 보이더라도 그 자체가 평가 결과에 직접적인 영향을 미치지 않는다. 다만 업무지향적인 사람은 업무를 어떻게 완수할지에 관심이 많아 정책기획, 성과관리, 조직관리 등의 점수가 높을 가능성이 크고, 관계지향적인 사람은 다른 사람의 입장이나 상황을 많이 고려하여 의사소통, 동기부여, 이해관계조정 등의 점수가 높을 가능성이 크다.

2) 측정가능 역량

역할연기에서 측정할 수 있는 역량은 의사소통, 동기부여, 성과관리, 조직관리, 이해관계조정(약함) 등이다.

가. 의사소통

의사소통은 모든 과제에서 확인하지만 역할연기에서 가장 명확하게 볼 수 있다. 과제수행자의 판단을 평가자가 질문으로 확인하며 소통하는 다른 과제와 달리 역할연기는 자연스럽게 이야기를 풀어가면서 상대 반응을 확인하는지, 공감하는지, 내용을 이해하고 제대로 답변하는지를 확인한다.

역할연기에서 부정적인 의사소통은 상사인 자기 이야기를 듣기만하라는 식으로 면담하거나 직원이 모든 걸 이야기해 보라는 식으로 면담하는 행동이다. 역할연기에서는 과제수행자가 적극적으로 이야기하고 상대방 이야기를 잘 들어줘야 한다.

나. 동기부여

역량평가에서 동기부여는 직원의 특성과 상황을 파악하는 게 가장 중요하다. 제시된 자료를 통해, 직원의 특성, 상황, 입장을 파악하여 이에 대한 피드백을 전달하고 적절한 조치를 해서 직원이 업무 및 조직생활을 제대로 할 수 있게 해 주는지 확인한다.

직원을 격려하려고 무조건 인센티브를 쓰거나 막연한 칭찬을 하는 건 동기부여로선 적절하지 못한 행동이다.

다. 성과관리

역할연기의 대표적인 주제인 업무 지연과 밀접하게 관련된다. 직원 업무 지연을 확인하고 지연 이유를 파악하여 진도를 맞출 수 있는 조치를 취하는지, 예측하지 못한 상황을 대비한 점검 계획을 가지고 있는지 등을 확인한다.

라. 조직관리

업무 지연이 발생하면, 직원의 업무조정이나 지원을 해야 한다. 업무 지연을 해결하려고 직원 업무 여건에 맞게 사무분장을 조정하는지, 적절한 업무 지원을 하는지, 인력확보를 위한 방안이나 노력을 하는지를 확인한다.

업무 조정 혹은 지원 계획을 구체적으로 제시해야 한다. 과제에서는 충분한 인원을 주지 않아 결정하기 쉽지 않다. 과제수행자는 여러 여건을 고려하여 적절한 근거만 제시하면 어떤 걸 선택해도 무방하다.

마. 이해관계조정

이해관계조정은 크게 나타나지 않지만, 업무 조정에 영향을 받는 직원들의 피해를 알고 있는지, 이들을 설득할 방안이 있는지, 직원 어려움을 보완할 수 있는 방안을 고민하는지 등을 확인한다.

3) 사례

역할연기는 업무 성격, 직원 특성, 인력 현황 등에 따라 다양한 사례가 있다. 역할연기는 자연스러운 면담 상황을 만들고 직원과 2~3가지 문제를 논의하여 어떻게 해결하는지 확인한다.

여기에서는 다양한 사례보다 이해를 돕기 위해 3개 카테고리로 나누어 설명해본다.

가. 업무 지연

| 상황

업무가 지연되어 힘들어 하는 직원이 해결방안을 구하기 위해 면담을 요청한 상황이다.

| 자료

① 개인 혹은 과 전체 구성원 업무 진척도

직원 업무 진척 상황을 파악할 수 있도록 업무 계획 대비 진척도를 제시한다. 업무진척은 표나 그래프 등을 활용하여 간결하고 명확하게 보여준다.

표나 그래프에는 면담하는 직원 업무가 계획에 많이 못 미치고, 다른 직원들은 대부분 계획에 맞춰 진행되고 있거나 진척이 늦어도 크게 문제가 되지 않는 정도로 업무상황을 제시한다.

② 업무 지연 이유

직원이 나태하거나 무능력해서 업무가 지연되지 않아야 과장과 대등하게 면담을 할 수 있어, 직원 업무가 지연된 이유가 구체적으로 제시된다. 이런 자료로 직원(평가자)이 면담 과정에서 강한 의견을 제시할 수 있고, 과제수행자도 무조건 해당 직원에게 책임을 물을 수 없다.[17)

예를 들어 2명이 하던 업무인데 1명이 다른 업무로 차출되어 혼자 담당하고 있다거나, 올해 신규로 주어진 업무로 해당 업무 전문성이 부족해서 시행착오를 겪었다거나, 어떤 원인으로 업무가 계획보다 늦게 시작되었거나, 용역사업인데 수행업체에 문제가 생겼다거나, 업무가 몰리는 시기에 과장이나 다른 직원이 지원해 주기로 했는데 실질적인 지원이 없었다거나, 타 과 협조가 절대적으로 필요한데 해당 과에서 협조를 하지 않았다거나 등 다양한 이유를 제시한다.

③ 구성원 업무 및 특성 자료

각 구성원이 어떤 업무를 하고 구성원이 어떤 특성을 지니고 있고 업무 상황이 어떤지를 보여주는 자료다. 과제 구성에 따라 제시될 수도 있고, 필요하지 않을 수 있다.

업무 지연이 심해 일부 업무를 다른 직원에게 나누어 줘야 한다면 각 직원 업무량, 업무 유사성, 동일한 업무수행 경험, 전문성 혹은 용역 수행 경험 등 과제수행자가 업무 배분에서 검토할 자료를 제시한다.

---

17) 이 자료를 제대로 숙지하지 못했거나 강하게 질책하면 된다고 알고 있는 과제 수행자들은 자료에 근거하지 않고 우선 해당 직원을 질책하거나 왜 업무가 제대로 진행되지 않았는지 추궁하기도 한다.

업무가 지연된 상황을 파악하고 업무 지연을 해소할 수 있는 업무 조정을 해야 한다. 과제에서 업무 진척도가 제시되면 대부분 성과관리를 측정한다.

성과관리는 특성상 장기간에 걸쳐 확인할 수 있는 역량으로, 이를 짧은 분량의 과제에서 측정하려면 업무가 지연되는 상황에서 어떻게 대처하느냐를 보는 게 매우 효과적이다. 따라서 업무 진척도는 성과관리를 측정하는데 매우 중요한 요소다.

면담을 오는 사무관은 업무 진척이 가장 느리거나 심각한 상황이다. 사무관 업무 중 어떤 부분이 얼마나 심각한지는 자료 ①로 파악하여 업무 지원이 필요한지 여부를 결정한다.

업무 조정이 필요하다고 판단했다면, 사무관이 주도하고 다른 직원이 지원하도록 할지, 특정 업무 전체 혹은 일부를 다른 직원에게 넘겨 수행하게 할지, 얼마만큼 업무를 배분할지 등을 결정한다.

업무가 지연된 원인도 확인해야 한다. 자료 ②를 분석하여 사무관이 주장하는 이유가 타당한지, 억지인지를 판단하여 업무 지원 혹은 업무 배분 결정에 참조해야 한다.

업무지원/배분 결정 근거나 이유는 제시된 자료에서 과제수행자가 스스로 찾거나 만들어야 한다. 자신만의 명확한 근거나 이유가 있고, 다른 사람이 납득할 수 있다면 어떤 의사결정이라도 상관없고 이를 명확하게 전달하면 된다.

업무지원 방안은 본인이 결정하고 사무관(평가자)에게 제안해야 한다. 스스로 의사결정을 하지 못했거나 상대방 반응에 따라 대응하겠다는 전략을 세운 사람들은 사무관(평가자)에게 의견을 말하라고 하지만, 어떤 결정을 하고 어떻게 방안을 만들어 가는지를 평가해야 하는 평가자가 스스로 답을 주지 않는다. 업무지원과 업무배분은 고려해야 하는 사항이 다르다. 이를 유념해서 과제를 수행해야 한다.

[업무지원 결정]

다른 직원이 사무관 업무를 지원하게 결정했다면, 누가 업무를 지원할지, 왜 그 직원이 지원해야 하는지, 지원하는 직원 업무 부담은 어떻게 해소해 줄지, 지원하는 직원을 어떻게 설득할지를 제시해야 한다.

[업무배분 결정]

업무배분으로 결정을 했다면, 자료 ③을 참고하여(이 자료가 없어도 가능) 구체적인 의견을 제시해야 한다.

어떤 업무를 배분할지, 왜 그 업무를 배분하는지, 그 업무를 얼마나 배분할지, 1개 업무를 배분할지, 아니면 여러 개 업무를 배분할지, 누구에게 배분할지 그리고 왜 그 직원에게 배분하는지, 한 사람에게 배분할지, 여러 사람에게 배분할지, 업무를 배분받는 직원 업무부담은 어떻게 해소할지, 업무를 받은 사람은 어떻게 설득할지를 제시해야 한다.

참고로 업무를 배분할 때 업무 일부를 무조건 다른 한 사람에게만 배분하려고 하면 안 된다. 과제 성격이나 업무 내용에 따라 2~3단계(예: 사무관 업무 일부를 A직원에게 주고, A직원의 다른 업무 일부를 B직원에게 주는 방식) 업무조정이 필요한 경우도 있음을 유념해야 한다.

과제수행자는 자신이 왜 그런 결정을 했는지 설명하여 결정을 받아들이게 설득해야 한다. 그렇지 않으면 일방적인 과장 지시로 보일 수 있다.

업무 지연과 관련하여 꼭 언급하고 확인해야 하는 게 점검 및 모니터링이다. 이 부분은 성과관리 역량의 중요한 하위요소이기도 하다.

지연된 업무를 조정한 후, 업무를 주기적으로 점검(예를 들면, 주 1회 혹은 2주 1회 정도 점검 회의)하여 진척상황을 확인하고 추가적으로 지원해 줄 사항이나 의사결정이 필요한 사항 등을 확인하겠다고 동의를 구하면 된다.

| 평가자 반응

자신이 이야기하면 직원은 당연히 수긍할 거라고 기대를 하면 안 된다. 직원인 평가자는 과제수행자 행동을 유도하기 위해 아래와 같은 상황에서 적극적으로 반응(저항)한다.

이런 상황에 어떻게 대처할지 고민해 보면 평가에서 도움이 된다. 참고로 ③과 ④는 둘 중 하나만 선택한다.

① 업무 지연에 대해 별다른 언급이나 결정이 없을 때
  - "지연되고 있는 ○○ 업무에 대해 조치를 해 주셔야 하지 않을까요?" 혹은 "지금 지연되고 있는 ○○ 업무를 그대로 수행해도 별 무리가 없다고 생각하시나요?"라고 결정 요청

② 업무 지연에 대한 지적이 있을 때
  - 업무 지연 원인을 정확히 알고 있는지 질문

③ 업무 지원으로 업무 조정할 경우

- 업무 지원으로 결정한 이유가 무엇인지 확인함. 막연하게 업무 지원이 나을 것 같다고 답하면 그런 판단을 한 근거 질문
- 왜 업무 배분을 고려하지 않았는지 질문
- 누구에게 업무 지원을 하게 할지 확인하고 업무를 지원하는 직원을 어떻게 설득할지 질문
- 업무 지원을 해야 하는 직원이 업무 배분 방식을 원할 때 어떻게 설득할지 질문

④ 업무 배분으로 업무 조정할 경우

- 업무 배분으로 결정한 이유가 무엇인지 확인함
- 약간 지원만 있으면 자신이 충분히 수행할 수 있는데 왜 업무 배분을 해야 하는지 문제 제기
- 누구에게 업무 배분을 할 계획이며, 왜 그 직원이 해야 하는지 이유나 근거 질문
- 업무 배분을 받은 직원을 어떻게 설득할지 질문

⑤ 업무 지원/배분 받는 직원의 부담을 고려하지 않을 경우

- "업무 지원이나 배분은 좋은데, 해당 직원도 업무부담이 생길텐데 이는 어떻게 해결하실 건가요?"라고 질문

⑥ 점검 및 모니터링에 대한 언급이 없을 경우

- "과장님이 판단하시기에 업무 조정하신 대로 하면 업무가 원활하게 진행된다고 확신하십니까?" 혹은 "지금 상황처럼 예상

치 못했던 변수가 생기면 어떻게 하겠습니까?" 등 질문

나. 직원 간 갈등

| 상황

사무관이 업무 상황 혹은 개인적인 특성이나 여건 등으로 인해, 다른 직원들과 갈등을 겪어 이를 해결하기 위해 과장과 면담하는 상황이다.

사무관은 갈등 원인을 알지 못하고 어떻게 해결해야 하는지도 모른다. 과제수행자인 상사는 사무관에게 원인을 알려주고 해결방안을 코칭해야 한다.

| 자료

① 직원과 갈등 상황

사무관과 일하는 직원들이 성격, 대화방식, 일처리나 업무지시 방식 등으로 힘들어하는 상황을 제시한다. 예를 들어 성격이 급하고 신경질적이거나 자기중심으로 업무를 진행하거나 일방적으로 업무지시를 하거나 직원 의견을 무시하는 식으로 갈등을 일으킨다. 이로 인해 직원이 힘들어하지만 사무관은 직원 자세 문제로 치부한다.

② 직원 의견이나 반응 자료

직원들과 사무관 관계를 직접 제시하지 않고 다양한 의견을 통해 누구에게 문제가 있는지를 판단할 수 있는 자료를 제시한다. 직원이 사무관에 느끼는 감정이나 의견을 통해 어떤 갈등이 있는지, 사무관이 이를 정확하게 느끼고 있는지 등을 파악할 수 있게 한다.

참고로 자료를 분석하면 대부분 사무관에게 문제가 있다.

③ 사무관 상황을 인지할 수 있는 자료

사무관이 특이 행동을 보이는 이유를 분석할 수 있는 자료들이 제시된다. 이를 제대로 분석하고 이해할 수 있어야 사무관에게 적절하고 구체적인 코칭을 할 수 있다. 이와 관련된 자료는 사무관의 다면평가나 역량평가 결과, 업무성과 추이 또는 최근 사무관이 겪고 있는 심적 어려움 등이다.

| 과제수행

제시한 자료를 통해 해당 사무관과 다른 직원 관계를 파악하고, 사무관이 갈등이나 어려움을 느끼는 관계를 개선하도록 구체적이고 실질적인 코칭을 해야 한다.

과제수행자는 사무관이 다른 직원과 관계가 어떤지, 사무관의 어떤 행동이나 태도가 관계를 악화시키는지, 현재 사무관 심리상태는 어떤지, 직원들은 사무관을 어떻게 생각하는지, 직원들은 사무관에게 무얼 요구하는지 등을 정확히 인지해야 한다. 또한 사무관이 잘못하고 있는 부분, 사무관 입장에서 어쩔 수 없는 부분, 다른 직원들이 오해하고 있는 부분도 파악해야 한다.

과장은 잘못한 사무관의 행동이나 태도를 바꾸도록 구체적으로 개선방향과 행동을 알려줘야 한다.

"직원들과 잘 지내야 한다."

"직원을 잘 다독여 문제가 생기지 않도록 해야 한다."

"사무관이 마음을 열면 직원들은 잘 따른다."

"잠깐 시간을 내어 티타임이나 간식타임을 하면 관계가 좋아진다."

"가끔 동호회 활동이나 회식을 하면 좋다."

이런 식으로 상황을 살피지 않아도 할 수 있는 막연한 코칭은 사무관에게 도움이 되지 않는다.

과장은 사무관의 특정 행동(예를 들어, 업무지시를 불친절하게 하거나, 직원에게 신경질적인 반응을 보이거나, 직원의 의견을 무시하는 등)으로 직원이 힘들어하는 상황을 설명하고, 사무관이 어떤 부분에서 잘못했고 직원들이 왜 기분이 나쁜지를 설명하고 이해시켜야 한다. 그래야 사무관 행동변화를 이끌어 낼 수 있다.

사무관 업무 지시가 불친절하다면, 업무 지시를 친절하고 자세하게 하도록 조언한다. 직원들은 사무관 업무 상황을 모르고 업무를 어떻게 수행해야 하는지 모르는데, 자세히 설명하지 않고 그냥 하라고 하면 직원이 힘들어 한다는 걸 이해시킨다. 그리고 자신이 원하는 업무 수행 내용과 결과가 무엇인지 자세히 설명해 줘야 한다고 코칭한다.

사무관이 직원에게 신경질적인 반응을 보인다면, 스스로 감정을 조절하면서 업무에 임하도록 조언한다. 리더십을 보이고 직원을 이끌어야 하는 직위에서 직원에게 감정을 직접적으로 드러내면, 직원들이 불편해지고 업무 분위기가 나빠짐을 이해시킨다. 아울러 직원들이 의견을 제대로 제시하기 어렵고, 협력관계 구축이 어려우니, 감정을 잘 조절해서 일을 해야 한다고 코칭한다.

직원 의견을 무시한다면, 의견이 무시되었을 때 기분이 어떨지 상기시켜 상대방 의견을 최대한 듣고 판단하도록 조언한다. 직원 의견을 무시하면 직원들은 기분이 상하거나 위압감을 느껴, 좋은 의견이 있어도 점차 의견을 말하지 않게 되고, 문제가 있어도 알리지 않을 수 있다. 사무관도 모든 걸 파악하지 못하고 잘못된 판단을 할 수 있는데, 직원들이 이야기해 주지 않으면 심각한 위기에 처할 수 있음을 이해시킨다. 직원이 깊이 고민하지 않거나 일부만을 판단하여 말하더라도 잘 들어주는 게 중요하다고 코칭한다.

역할연기에서 과제수행자는 매우 좋은 행동이라 여기지만, 평가에 영향을 주지 않거나 부정적으로 평가되는 주의할 행동이 있다.

첫째, 사무관 문제 행동 피드백 및 코칭을 해 주지 않은 채, 관계 개선을 위해 동호회 활동이나 회식 등으로 직원과의 분위기를 바꾸는 노력을 하라는 조언이다.

둘째, 관계 개선을 위한 기회나 자리를 마련하고 중재를 하겠다는 언급이다. 관계 개선 기회와 자리 마련은 좋으나, 갈등은 당사자들이 직접 해결해야지 과장이 나서서 중재하려는 시도는 그다지 바람직하지 않다.

| 평가자 반응

직원인 평가자는 과제수행자 행동을 유도하기 위해 아래와 같은 상황에서 적극적으로 반응(저항)을 한다. 이를 어떻게 대처할지 고민해 보면 평가에 도움이 된다.

① 직원과 갈등을 언급하거나 조치가 없을 때

- "저와 직원들 사이에 갈등이 있는 건 알고 계시나요?", "직원

과 갈등이 생기는 원인이 무얼까요?", "직원이 저에 대해 보이는 태도에 대해 어떻게 생각하십니까?", "갈등을 어떻게 대응하면 좋겠습니까?" 혹은 "직원과 원만한 업무 수행을 위해 어떻게 하면 좋겠습니까?" 등 질문

② 직원 입장을 배려하라는 조언을 할 때
- "급하게 일을 해야 하는데 직원 사정이나 입장을 모두 배려하고 어떻게 업무를 잘 할 수 있냐?"는 반발 혹은 "직원 입장을 어떻게 배려하라는 건지 모르겠다."는 호소

③ 사무관 태도에 문제가 있다는 의견을 줄 때
- 급한 업무나 심리적 급박함으로 인해 나타나는 일시적인 현상일 뿐 평소에 그렇지 않은데 너무 과도한 해석이라는 반론 (※ 사무관 태도를 정확히 언급하지 않으면 직원 간 갈등을 해소할 수 있는 정확한 방안이 나오지 않음)
- 왜 그렇게 생각하는지 알려달라고 요청하고, 주무관들 문제라는 반론 제시
- (다면평가나 역량평가 결과를 활용하여 문제를 지적하면 수긍하면서) 사무관으로서 직원 관리를 어떻게 하면 되겠냐고 의견을 물음

④ 친해질 수 있는 기회를 만들어 보라는 조언을 할 때
- 업무가 시급한 상황에서 친해지고 마음을 열기 위한 활동(예, 티타임, 동호회 활동, 저녁식사나 회식 등)을 하는 건 효과적

이지 않다는 문제 제기
- 어떻게 친해져야 하는지 모르겠다고 답변
- 친해지기 위해 자신이 바꿔야 할 모습이 있는지 질문

다. 과 혹은 개인 이슈

| 상황

'업무지연', '직원 간 갈등'은 전형적인 내용과 구성이지만, 과 혹은 개인 이슈는 다양하고 일정한 패턴이 없다.

과 업무 환경, 개인 고민, 처한 여건 등으로 인해 직원이 겪는 어려움을 어떻게 파악하고 공감하고 해결하는지 확인하는 상황이다.

| 자료

① 직원 어려움

직원이 겪는 어려움을 제시하고 과장이 조치해 달라고 요구하는데, 직원 어려움은 다양하다. 업무 영역이 명확치 않아 겪는 불만, 경직된 공직문화 및 공직사회 적응 어려움, 업무 분장이나 업무량에 나타나지 않은 타 과 업무 협조 요청 및 이로 인한 업무량 증가, 장거리 출퇴근이나 야근으로 인한 건강 문제, 불공정한 인사평정 등이 주제로 나올 수 있다.

② 직원 요구사항

제시하는 자료에는 어려움에 대한 구체적인 상황이 기술된다. 직원은 상황을 벗어나거나 어려움을 극복을 위해 구체적인 해결방안을

요구한다. 예를 들어 조직 문화 부적응으로 휴직이나 타 부처로 전출을 요청하기도 하고, 건강으로 인해 휴직을 요청하기도 하며, 업무가 자기에게 맞지 않거나 너무 많다고 바꿔달라고 요청하기도 한다.

| 과제수행

주제가 수행에서 큰 비중을 차지하지 않지만, 수행 시 유의해야 한다. 직원 요구사항을 무작정 수용하면 과제를 계속 진행할 수 없는 경우도 있다. 예를 들어 타 부처 전출 요구, 휴직, 업무 변경 요청을 수용하게 되면 다른 주제(업무지연, 직원 갈등)를 해결할 필요가 없게 된다.

직원 요구는 과장이 받아들이기 쉽지 않은 내용으로, 무조건 수용할 수 없다고 거절하기보다 상대방이 납득할 수 있게 설득해야 한다. 이 부분을 간과하지 말고 타당한 설득논리를 만드는데 고민을 해야 한다.

업무 영역이 명확치 않을 때는 적정하고 균등한 업무 분장을 해야 한다. 업무 분장에 나타나지 않은 타 과 업무 협조 요청은 공식적인 채널을 통해 조정을 하거나 해당 과의 인력 지원 요청 등을 통해 직원 업무를 경감해 줘야 한다.

조직 문화 부적응은 원인을 파악하여 조직에 적응할 수 있는 해결책을 제시해 줘야 한다. 개인이 조직에 순응해야 한다는 지시가 아닌 현실적인 조직 적응 방안을 제시해야 한다.

과다 업무나 장거리 출퇴근 등으로 인한 건강 악화는 건강관리 방안을 제시하고, 출퇴근 문제 해결책도 제시해야 한다. 전출, 휴직, 퇴직 문제는 이로 인한 조직이나 개인에게 발생할 부작용을 이해시키고 이를 완화하거나 철회할 수 있는 방안을 제시해야 한다.

| 평가자 반응

직원인 평가자는 과제수행자 행동을 유도하기 위해 아래와 같은 상황에서 적극적으로 반응(저항)을 한다. 이를 어떻게 대처할지 고민해 보면 평가에서 많은 도움이 된다.

① 의사결정을 하지 않을 때
- "제가 힘들어 하는 사항을 알고 계십니까?"라고 물음
- (알고 있으면) "저의 어려움을 해결할 수 있는 방안을 주셔야 하지 않나요?"라고 물음
- (알지 못하면) "제가 무얼 힘들어 하는지 관심은 있으신가요?"라고 물음

② 요청을 무조건 들어줄 수 없다고 할 때
- "제가 얼마나 힘들고 심각한 상황인지 이해하고 계시나요?"라고 물음
- "요청을 들어줄 수 없다면, 다른 방안을 고민해 보셨나요?"라고 물음

3. 서류함 기법

1) 기본 개념

서류함 기법은 3개 소과제를 묶어 놓은 형태로, 소과제별 내용과 성격이 달라 다양한 행동요소를 측정할 수 있다는 장점이 있고, 짧은 시간에 성격이 다른 여러 업무를 어떻게 효과적으로 처리하는지 파악할 수 있다.

서류함 기법은 자신이 고민하고 결정한 내용을 간략히 작성하여 제출하고 이를 근거로 평가자가 확인할 사항을 질문하는 방식으로 진행된다.

서류함 기법은 자료 작성이 필수다. 보고서 작성 능력을 보려는 게 아니고 평가과정에서 자기 결정을 바꾸지 못하게 하려는 취지로, 자신이 결정하고 생각한 내용을 평가자가 알아볼 수 있는 수준으로 간략히 적으면 된다.

서류함 기법은 50분 준비시간이 주어져 여유가 있다고 생각하지만, 3개 소과제는 자료 파악 및 수행 방식이 달라 시간이 많이 소요된다. 시간 관리를 제대로 하지 못하면 일부를 수행하지 못하는 경우도 있으니 유의해야 한다.

2) 측정가능 역량

서류함 기법에서는 과제 내용 구성에 따라 과장급 역량 모두를 측정할 수 있다. 과제 특성상 주로 정책기획, 성과관리, 조직관리, 동기부여 등을 측정할 수 있다.

가. 정책기획

발표에서 설명한 대로 의사결정 및 관련 고민을 평가한다. 하지만 발표보다 간단하고 단순한 의사결정을 많이 다룬다.

나. 성과관리

업무 지연이 생기고 이를 조정한 후, 업무 진척도 점검을 측정하는 경우가 많다. 업무가 지연되고 있는 상황에서 정해진 기간에 달성하기 위해, 어떤 조치를 취하고 어떻게 관리하고 진도를 체크하는지를 확인한다.

다. 조직관리

직원 업무량을 조정하거나 인력을 재배치하는 활동으로, 일상 업무 상황에서 일부러 업무나 인력을 조정하지 않기에 업무가 지연되거나 결원이 생기는 상황을 설정하여 측정한다. 원활한 업무 추진을 위해 어떤 원칙을 가지고 업무 조정이나 인력 재배치를 하는지 확인한다.

라. 동기부여

직원 특성 및 상황 파악과 관련된 역량이다. 제시된 내용에서 직원이 어떤 특성을 가지고 있고, 그런 특성이 업무나 조직생활에 어떻게 작용하는지 파악하여 해결책을 제시하고 관심과 격려를 통해 업무를 잘 수행하게 하는지 확인한다.

3) 사례

서류함 기법에 적합한 소과제 사례를 제시한다. 사례는 자주 등장하는 소재를 중심으로 제시하지만, 이 사례들이 평가과제에 그대로 적용되지는 않는다.

가. 조직 통합

| 상황

해당 부처가 대과 체계로 방향을 세우고 각 국별로 업무 유사성이나 통합 가능성 등을 판단하여 2개 과를 선정하고 통합을 검토하는 상황이다. 2개 과를 통합하면 유사업무 통합, 기능 및 업무 조정, 직원 역할 조정 등을 해야 하고 필요시에는 일부 인원을 감축해야 한다.

통합 대상인 과장(과제수행자)에게 통합 여부를 검토하고 통합을 하게 된다면 어떤 걸 대비해야 하는지 방안을 마련하도록 요청하고 있다.

| 자료

① 통합 이슈 검토

대과 체계로 바꿔야 하는 상황에서, 국장으로부터 과간 통합이 가능한지, 통합한다면 어떤 방식으로 진행하고 무얼 고려하면 좋을지를 검토하라는 지시를 받는다.

해당 과(A과)는 업무가 많아 인력 충원이 필요한 상황이다. 각 과
(A과, B과, C과, D과)의 상황이 서로 달라, 사소한 갈등이 지속적으
로 생기고 있다.

A과와 B과는 역할과 업무가 유사한 부분이 많고, C과는 업무량이
다른 과에 비해 상대적으로 적다고 분석되며, D과는 승진을 앞두고
있고 과를 옮길 때가 된 직원이 많아 D과로 가고 싶어 하는 직원이
많은 걸로 분석된다.

② 4개 과 상황 및 통합 시 고려사항

A과(과제수행자의 과), B과, C과, D과의 업무 내용 및 조직 현황이
제시된다.[18]

B과의 경우, A과와 유사한 업무가 많아 이전부터 통합이 고려되었고
통합이 결정될 경우 B과 중심으로 통합이 이루어질 가능성이 크다.

C과의 경우, 업무량이 적고 통합하면 A과 중심으로 통합할 가능성
이 크지만 A과 업무와 유사성이나 연계성이 없어 통합 후 업무 조정
이 곤란할 수 있다.

D과의 경우, 직원 구성 특성상 조만간 업무 수행에 어려움이 예상되
어 통합 필요성은 어느 정도 있으나, 통합할 명분은 크지 않다. 다만
통합하면 A과 직원들에게 승진 기회가 확대되는 등 좋은 점이 있다.

③ 통합 사례

---

18) 참고로 과 간 통합이 결정되면, 통합을 주도하는 과 중심으로 업무나 인원이
조정되기에 어느 과를 중심으로 통합할지 결정이 중요하다.

잘못된 통합 부작용 사례를 제시한다. 부작용 사례를 보면, 과 역할이나 업무 유사성을 고려하지 않아 통합 이후 과 정체성이 모호해지기도 하고, 직원 보직경로가 꼬이기도 하고, 업무량을 고려하지 않아 업무량이 균등하게 조정되지 않거나, 한 직원이 너무 많은 업무를 담당하는 경우가 발생해 곤란을 겪기도 한다.

| 자료 작성(예)과 관련 질문

서류함 기법에서 많은 내용을 작성하는 건 바람직하지 않다. 예시는 각 결정별로 제시하지만 실제 평가에서는 과제수행자가 결정한 내용에 대해서만 작성하면 된다. 여기에 제시된 내용은 예시일 뿐 모범답안은 아니다. 과제수행자는 자신의 성향, 경험, 판단 등에 따라 정리하고 답변하면 된다.

과제수행자가 아래 예시처럼 작성하여 제출하면 평가자는 후속 질문을 하게 된다.

[B과와 통합]

■ 이유: 업무 유사성(통합 정당성)

  - 직원 의견 수렴

■ 통합 논리: A과 업무 많음. 유사한 업무 통합으로 업무 조정

■ 고려사항

  - ① A과 업무 가중: B과에 A과 가중 업무 조정 필요 전달

  - ② B과 중심 통합에 대한 직원 반발 설득 필요: 대과 체계에서 통합 추세 수용, A과 직원 처우는 최대한 보장받도록 노력

〈질문〉

- B과와 통합을 결정한 이유는 무엇입니까?

- B과 중심으로 통합될 가능성이 크다는 건 알고 계십니까? (알고 있다면) 과장님은 보직을 잃게 되는데 괜찮겠습니까?

- B과 중심으로 통합되면 소속 직원들에게 불이익이 생길 수 있는데, 이 부분을 생각해 보셨습니까?

- B과와 통합 결정을 직원들에게 어떻게 설명하시겠습니까? 통합과 관련하여 직원 입장을 생각해 보셨습니까?

- 혹시, A과를 중심으로 통합이 이루어지게 할 방안을 생각해 보셨습니까?

[C과와 통합]

■ 이유: C과 업무량 적어 업무 조정 가능, 통합 주도권을 가질 수 있음
■ 고려사항
  - ① C과 반발: 통합되는 C과 직원 배려 및 설득, 불이익 받지 않게 운영 약속
  - ② 연계 업무 없어 업무 조정 곤란: 통합 시, 전 직원 업무를 검토하고 업무 조정 기준을 마련하여 조정안 마련
  ※ 업무내용이 제시되면, 이를 바탕으로 구체적 조정안을 만들어야 함 (작성사항 아님)

〈질문〉

- C과와 통합을 결정한 이유는 무엇입니까?

- C과 반발은 예상하십니까? 어떤 반발이 있을까요?

- C과 반발이나 C과 중심 통합 요구에 대한 대응방안이 있습니까?
- C과와 통합 결정을 직원들에게 어떻게 설명하시겠습니까? 통합
  과 관련하여 직원들은 어떤 입장일지 생각해 보셨습니까?
- 통합이 직원들에게 어떤 영향이 있을까요?
- C과와 업무나 역할에서 연계되는 부분이 없어 통합을 하면 어려
  움이 있을 수 있는데 이 부분을 생각해 보셨나요?
- 통합되면 직원 업무를 어떻게 조정할지 검토해 보셨습니까? 검토
  해 보셨다면, 업무 조정 기준은 어떻게 정하셨습니까?

[D과와 통합]

■ 이유: 직원 merit가 있어, 직원 설득 용이

   - D과와 통합시 승진 기회 확대

■ 고려사항

   - ① 통합은 용이하지만 통합 명분 필요: A과와 D과 업무 조정 고민 및
       D과 추후 업무 곤란 해소 노력

   - ② 통합 후 타과에서 고참 직원 전입할 경우: 통합 과정에서 이해를 구
       해 일정 기간 전임을 막음

〈질문〉

- D과와 통합을 결정한 이유는 무엇입니까?
- D과와 통합 결정을 직원들에게 어떻게 설명하시겠습니까? 통합
  과 관련해 D과 직원들은 어떤 입장일지 생각해 보셨습니까?
- 통합이 직원들에게 미칠 영향을 검토해 보셨습니까?

- D과와 통합은 A과 입장에서 관심이 있겠지만, D과에서는 소극적일 수 있는데 관심을 갖도록 할 방안을 검토해 보셨습니까?
- A과와 D과 업무 조정을 해야 하는데, 어떻게 조정하실지 구체적으로 이야기해 주십시오.

[조직 유지(통합 반대)]

■ 이유: 각 과 여건, 직원 의견 고려하지 않음
 - 대과 추세이나, 각 과 여건을 보면 통합은 곤란
 - 각 과 이슈는 내부적 해결 가능. 각 과 내부 논의 필요
 - 우리 과(A과) 업무 과중 문제는 자체적으로 해결 가능
■ 고려사항: 업무 가중 문제 고려, 업무 조정
 ※ 이 경우 과제에 업무비중 자료가 제시되고 이를 분석하여 적절한 조정안을 제시하면 됨(작성 사항 아님)

〈질문〉
- 통합을 하지 않기로 한 이유는 무엇입니까?
- 직원들은 업무 과중을 해결하기 위해 특정 과와 통합을 원할 수 있는데, 이 결정을 하면서 직원 입장을 생각해 보셨습니까?
- 업무과중이 해결되지 않아 직원들이 반발할 수 있는데, 직원들을 어떻게 설득하시겠습니까?
- 업무과중 해결을 위해 업무조정을 언급하셨는데, 구체적으로 어떻게 조정하실 계획이십니까?

4과 여건이나 국장 지시를 보면 과들을 통합하는 게 바람직하다. 하지만 과장은 여러 측면을 고려하여 통합이 적절한지 여부를 판단해야 한다. 다음에 제시한 내용은 통합 찬성과 반대에 대한 의사결정 과정을 설명하고, 선택에 따른 추가활동도 제시한다.

[통합 찬성]

① 이유

통합을 하기로 했다면, 통합이 필요한 이유를 제시해야 한다. 제출하는 자료에는 최대한 간단히 적고 평가자가 질문할 때보다 구체적으로 언급하면 된다.

국장 지시가 있었으니 당연히 해야 한다고 생각하면 곤란하다. 국장이 통합을 검토하고 추진할 수 있는지 검토를 지시했지만, 통합은 당연한 게 아니고 과를 책임지는 입장에서 꼭 통합을 해야 하는지, 통합에 따른 부작용은 없는지 등을 검토하여 적절한 이유를 제시해야 한다.

예를 들어 역할이나 업무 중복 해소를 위해 통합한다든가, 과 업무가 많은데 인원 충원이 안 되는 상황이라 통합해서 업무를 조정한다든가 등 자기 판단에 따른 통합 이유를 제시하면 된다.

② 통합 과 선정 근거

어떤 과와 통합할지 결정하고 근거를 제시해야 한다.

과간 역할이나 업무 중복을 해소하기 위해서라면 A과와 B과 통합을 추진해야 한다. 대과 체계 취지를 고려할 때 두 과 통합이 적절하다.

인원 부족을 해소하기 위해 통합을 한다면 A과와 C과 혹은 D과 통합을 추진해야 한다. C과와 D과 상황이 다르기에 통합을 고려할 때 이 부분도 충분히 염두에 두어야 한다.

A과와 B과 통합이라면, 어느 과를 중심으로 통합할지를 정해야 한다. 과제 내용으로 보면, B과 중심으로 통합될 가능성이 크기에 그대로 수용할지, A과 중심으로 진행할 방안을 제시할지 결정해야 한다. 통합 후, 인원이나 업무 조정에서 통합되는 과에서 피해를 보는 경우가 많기에 어느 과 중심으로 통합하느냐는 중요하다.

A과와 C과 통합은 A과 입장에서 매우 좋다. A과는 업무가 많고 인원이 부족한 반면, C과는 업무량이 상대적으로 적어 통합을 하면 적절하게 업무량을 배분할 수 있다. 다만 업무 유사성이나 연계성이 없어 업무 조정할 때 곤란할 수 있으니 업무 배분 방안을 염두에 둬야 한다. A과 주도로 통합할 거라고 판단할 수 있지만, C과 입장이 반영되지 않아 C과에서 통합에 반발하거나 C과 주도로 통합을 요구할 수 있음을 고려하고 설득 방안도 고민해야 한다.

A과와 D과 통합은 업무적으로 별다른 도움이나 효과는 없지만, A과 직원 입장에서 보면 승진 기회가 많아져 받아들이기 쉽다. 하지만 D과 직원 반발과 승진이 늦은 다른 과 직원 전입 요구를 막을 방안을 고민해야 한다.

③ 통합에 따른 추가 활동

통합에 따른 추가 활동도 고려해야 한다.

A과와 B과 통합에서 B과 중심으로 통합하면 업무 조정은 할 필요가 없고, A과 직원을 어떻게 설득할지 고민해야 한다. 반면 A과 중심

으로 통합하면 어떤 업무를 누구에게 조정할지 제시해야 한다. 과제에서는 업무 내용 및 조정을 고민할 자료가 제시되니 이를 활용해서 제시하면 된다. 그냥 업무를 조정하겠다는 언급만으로 좋은 평가를 받기 어렵다.

A과와 C과 통합, A과와 D과 통합에서는 앞에서 제시한 내용을 제외하고 업무와 관련한 특별한 고민은 없다.

어떤 과와 통합을 결정하든 직원들에게 설득할 방안이나 내용도 고민해서 제시해야 한다. 직원들 의견을 듣지 않고 통합을 결정했으니 직원 입장에서 통합이 필요한 이유를 설명해 줘야 한다.

[통합 반대]

① 이유

통합하지 않으려면, 통합하면 안 되는 이유와 통합하지 않을 때 고려해야 할 활동 등을 제시해야 한다. 예를 들어 A과와 B과 역할이나 업무 중복이 심각하지 않으며 중복된 역할이나 업무만 조정하면 된다거나, 준비없이 통합을 진행할 경우 통합 부작용이 훨씬 크다는 등 이유를 제시하면 된다.

② 통합 반대에 따른 추가 활동

통합하지 않으면 A과 업무 부담을 어떻게 줄일지를 고민해야 한다. 업무 부담을 나눌 수 있는 인원 충원은 가능하지 않기에 B과와 업무가 중복되는지를 검토하여 중복을 조정하는 방법과 상대적으로 업무량이 적은 C과를 활용하는 방법 등도 고려할 수 있다.

중복 업무 조정에서는 조정해야 할 업무를 선정해서 B과로 이관하고, 남은 업무를 내부 직원 사이에서 조정하는 방안을 고려해 볼 수 있다. 이 방안에서 B과가 이관하려는 업무를 받을지는 당장 고려하지 않아도 된다. 과제 성격상 그런 부분까지 협의하거나 조치할 수 없기 때문이다. 어떤 기준으로 이관 업무를 선정하고 남은 업무를 합리적으로 내부 직원들에게 조정할지에 집중하면 된다.

이런 방안 마련은 C과로 업무를 이관할 때도 마찬가지로 제시하면 된다.

여기에 제시된 내용이 모범답안이 아니며, 과제수행자 개인 판단으로 다른 방법을 찾아 제시해도 무방하다.

나. 업무 지연[19] 지원

| 상황

직원 업무가 지연되고 있어 목표달성 및 다른 직원 업무수행, 타과에 영향을 미치고 있는 상황이다. 과장은 직원 업무가 지연된 이유를 파악하고, 업무 지연을 해결하는 방안을 마련해야 한다.

| 자료

① 직원 업무 진행 상황

직원 업무 종료까지 2개월 정도 남은 시기로, 직원 업무내용과 업

---

19) 서류함 기법은 제시된 자료 분석으로 업무 지연을 판단하고 업무 조정 내용을 결정하는 방식이지만, 역할연기는 업무가 지연된 직원과 직접 면담하여 업무 지연 원인을 파악하고 해당 직원이 어느 정도 업무를 수행할 수 있는지 확인하여 누구에게, 얼마만큼 업무를 나누어 줄 건지 제시하는 방식을 활용한다.

무 계획 및 진척도가 그래프나 표로 제시된다.

A직원은 업무가 3주 정도 지연되어 특단의 조치를 취해야 할 수준으로, 업무 종료 때(2개월)까지 일부 업무에 대한 지원이 필요하다. A직원 지연 업무를 누가, 어떤 방식으로 지원할지를 정해야 한다.

B직원은 현재 진행 중인 업무 일정을 앞당겨 처리해서 여유가 있지만 2주 후부터는 부담이 많은 업무를 수행해야 한다.

C직원은 업무가 약간 지체되고 있지만 2주 후면 업무가 줄어 일정을 지키는데 문제가 없고, 1개월이 지나면 업무 부담이 거의 없이 업무를 수행한다.

나머지 직원 업무가 제시되지만 특별한 지연은 없으며, 일정이 빠듯해서 다른 사람을 지원할 여력이 없다.

② 구성원 특성 및 업무 지연 상황

A직원은 인간관계가 좋고 타인 도움 요청을 거절하지 않고 도와주는 스타일로, 업무 능력도 나쁘지 않다. 그런데 자신이 현재 수행하는 업무가 내부 사정으로 계획보다 한 달 정도 늦게 시작되어 현재 지연되고 있는 상황이다.

B직원은 성과지향적이고 업무 처리가 매우 빠르다. 하지만 자기주도적인 성향이 강해 다른 직원과 협업해서 일하기보다 자기 독자적으로 일하는 걸 선호한다.

C직원은 신중하고 다양한 상황을 고려하여 업무를 추진하다 보니 업무가 약간 지체되는 경우가 있지만 정해진 시간 내에 깔끔하게 업무를 처리한다. 협업하여 일하는 걸 좋아하는 편이지만 여유가 없이 일하는 건 싫어한다.

업무 지원은 A직원 업무 일부를 떼어 내어 다른 직원(B, C)에게 분배하는 방식과 B직원이나 C직원이 A직원을 도와 함께 업무를 수행하는 방식을 고려할 수 있다.

| 자료 작성(예)과 관련 질문

예시는 각 결정별로 제시하지만 실제 평가에서는 과제수행자가 결정한 내용에 대해서만 작성하면 된다. 여기에 제시된 내용은 예시일 뿐 모범답안은 아니다.

과제수행자가 어떻게 처리할지를 작성해서 제출하면 평가자는 후속 질문을 하게 된다.

[아무런 의사결정하지 않았을 때]

- 왜 아무런 결정을 하지 않았습니까?
- A직원 상황을 어떻게 이해하십니까? A직원이 혼자서 무리없이 업무를 완수할 수 있다고 생각하십니까?
- A직원에게 어떤 조치를 취하실 계획이십니까?
- 이 내용과 관련하여 어떤 고민과 판단을 하셨습니까?
- 이런 상황에서 과장 역할은 무엇이라고 생각하십니까?

[B직원에게 일부 업무를 배분하도록 할 때]

- B직원에게 업무 배분: 현재 업무 여유. 업무 처리 빠름

- 배분 이유: 업무스타일 차이로 협업 힘듦. B직원 독자 처리가 효율적임

- A직원 설득: A직원 능력과 입장 이해하지만, 두 직원 업무스타일과 성
  격 차이로 협업 비효율

- 고려사항: 2주 후, B직원 업무 부담이 커져 적절한 업무 조정 및 업무
  진척 관리 필요

〈질문〉

- 이런 결정을 내린 근거는 무엇입니까?

- B직원 업무 상황을 고려하셨습니까?

- 2주 후부터 B직원 업무가 많아질 걸로 예상되는데, 보완책으로
  어떤 걸 염두에 두고 계십니까?

- 이런 결정을 할 때, A직원 불만 및 입장은 고려하셨습니까? A직
  원 불만은 어떻게 설득하시겠습니까?

- (배분할 업무가 구체적이지 않으면) B직원에게 배분할 업무는 무
  엇입니까? 배분할 업무를 정하신 기준은 무엇입니까?

[C직원에게 일부 업무를 배분하도록 할 때]

- C직원에게 업무 배분 : 2주 후면 업무 부담 작아짐
- 배분 이유 : 현재 C직원 업무가 많아 A직원을 지원하는 방식 곤란
- A직원 설득 : A직원 능력과 입장은 이해하지만 업무 상황 등을 고려할
  때 협업보다 떼어주는 게 효율적
- 고려사항 : 현재 C직원 업무가 많아 2주 동안은 관심을 가지고 업무
  진척 조정 필요

〈질문〉

- 이런 결정을 내린 근거는 무엇입니까? 결정할 때 고려하신 사항
  은 무엇입니까?
- C직원 현재 업무 상황을 알고 계십니까? C직원 업무 수행 성향으
  로 볼 때 갑자기 업무가 증가하는 걸 부담스러워 할 텐데, 이를
  어떻게 설득하시겠습니까?
- 추가 업무 수행에 대한 C직원 부담을 완화할 보완책을 염두에 두
  고 계십니까?
- 이런 결정을 할 때, A직원 입장 및 불만은 고려하셨습니까? A직
  원 불만은 어떻게 설득하시겠습니까?
- (배분할 업무가 구체적이지 않으면) C직원에게 배분할 업무는 무
  엇입니까? 배분할 업무를 정하신 기준은 무엇입니까?

[B직원이 A직원을 지원하도록 할 때]

- B직원이 지원 : 현재 업무 여유
- 지원 이유 : A직원 입장을 고려. A직원이 업무를 잘 알아 도와주는 게 효과적
- B직원 설득 방안 : 자기주도적 성향 강함(지원 반발 가능성 큼) → 지원해서 협업해야 일 진척 빠르다고 설득
- A직원과 B직원 협업 방안 : B직원이 지원할 업무를 지정하고(B직원 성향 고려), B직원 역할과 책임 구체화하게 함

〈질문〉

- 이런 결정을 할 때 고려하신 사항은 무엇입니까?
- B직원 현재 업무 상황을 고려하셨습니까?
- B직원이 주도적인 성향이라 업무 지원을 싫어할 텐데 이런 결정을 B직원에게 어떻게 설득하시겠습니까?
- 2주 후부터 B직원 업무가 많아져 업무 지원에 부담이 많아질 텐데, 이에 대한 보완책은 염두에 두고 계십니까?
- A직원과 B직원이 원만하게 협업하여 일하도록 할 구체적인 방안이 있습니까?
- B직원 역할과 책임을 명확히 하면 부담을 덜 할 걸로 예상되는데 역할과 책임을 어떻게 구체화하셨습니까?

[C직원이 A직원을 지원하도록 할 때]

- C직원이 지원 : 2주 후면 업무 부담 작아짐. 협업하여 일하는 걸 좋아해 A직원과 함께 하면 시너지 예상
- 지원 이유 : A직원 입장을 고려. A직원이 업무를 잘 알아 도와주는 게 효과적
- C직원 설득 방안 : A직원 업무 상황을 고려해 협업이 필요하고 C직원이 협업을 잘하기에 C직원이 지원하도록 했다고 설득
- A직원과 C직원 협업 방안 : 협업 자체는 문제가 없고 C직원이 2주간 바쁘기 때문에 이를 고려하여 업무 지원 방안을 마련하도록 함

〈질문〉

- 이런 결정을 할 때 고려하신 사항은 무엇입니까?
- C직원 업무 상황을 고려하셨습니까? C직원 업무 수행 성향으로 볼 때 갑자기 업무가 증가하는 걸 부담스러워 할 텐데, 이를 어떻게 설득하시겠습니까?
- C직원은 2주간 업무가 많아 업무 지원이 어려울 수 있는데 이에 대한 보완방안은 무엇입니까?
- 추가 업무 수행에 대한 C직원 부담을 완화할 보완책을 염두에 두고 계십니까?

[두 직원이 함께 지원하도록 할 때]

- 대상 : B직원, C직원
- 결정 이유 : B직원, C직원 업무 상황 및 스타일을 고려할 때 가장 효과적
  - B직원 : 2주간, 일부 업무를 배분받아 독자수행
  - C직원 : 2주 후부터 A직원을 지원하여 협업으로 업무수행 → 신중하며 깔끔한 업무처리
- B직원, C직원 업무 상황 고려

〈질문〉

- 두 직원을 모두 참여시킨 이유는 무엇입니까?
- B직원은 배분, C직원은 지원으로 정하신 이유는 무엇입니까?
- 이런 지원 방식이 A직원 입장에서 보면 혼란스러울 수 있습니다. 혼란을 최소화할 방안은 염두에 두었습니까?
- B직원에게는 어떤 업무를 배분해 주시겠습니까?
- C직원은 1개월 이후에 업무부담이 적어지는데 2주 이후 업무부담에 대해서는 어떻게 처리하실 계획입니까?

| 과제수행

먼저 업무 진척 상황을 분석해 조치가 필요한 직원을 찾아야 한다. 자료를 보면 A직원과 C직원 업무가 지연되고 있다. A직원은 어떤 식이든 업무 지원이 필요하고 C직원은 업무가 약간 지연되었지만 업무 스타일이나 향후 업무량으로 볼 때 한 달만 지나면 오히려 업무

에 여유가 생길 걸로 보인다.

과장은 지연된 업무 및 이유를 파악하고 지원이 필요한지 판단하여 구체적인 지원 방안을 결정해야 한다.

A직원 업무가 지연되고 있는데, A직원 업무는 과 내부 사정으로 계획보다 3주 정도 지연이 발생한 상황이다. 업무 지연 이유가 제시되지 않으면 일부러 유추하거나 추측할 필요는 없다.

A직원 스스로 해결할 수 없는 상황이니 어떤 업무를 어떻게 지원할지 결정해야 한다.

업무 지원을 어떻게 해야 할까? 남은 2개월을 고려하면 B직원과 C직원이 여유가 있어 보인다. 따라서 2명을 염두에 두고 결정하면 된다. 업무 지원은 A직원 업무 일부를 쪼개 B직원 혹은 C직원에게 배분하는 방식과 B직원 혹은 C직원이 A직원을 도와주는 방식 중에서 결정할 수 있다. 또한 B직원이든 C직원이든 갑자기 업무 부담이 커지기에 불만을 가질 수 있으니 달랠 방안도 마련해야 한다.

중요한 건 어떤 결정을 하느냐가 아니라 왜 그렇게 결정했는지, 결정으로 인해 불만을 가질 직원들을 어떻게 설득하느냐다.

다음의 [업무 배분], [업무 지원], [중재안] 중 하나를 선택하여 고민 및 결정을 하고, 업무 진행에 대한 [점검 및 모니터링]을 하면 된다.

[업무 배분]

A직원 업무 일부를 떼어 배분하기로 결정한다면, 다음 사항을 고려해야 한다.

A직원 입장을 우선 고려해야 한다. A직원은 업무 지연이 자신 문제가 아니라 과의 사정 때문인데 자신을 믿고 다른 직원이 협조하게 하

면 원만하게 진행될 수 있는 상황에서 업무를 다른 직원에게 나눠주는 게 불만이다. 업무 지연이 능력부족으로 인식될 수 있기에 저항이 크다. 왜 업무를 나누어 주는 게 좋은지 설명해서 설득해야 한다.

누구에게 업무를 배분할지 구체적으로 결정해야 한다. B직원 업무는 현재 부담이 없지만 2주 후부터 부담이 될 수 있고, C직원은 현재 업무 상황에서는 부담이 있지만 1개월 이후에는 업무 부담이 거의 없다는 걸 염두에 둬야 한다. B직원이나 C직원의 입장에서는 업무 부담이 증가하기에 업무를 배분해 줄 때 이들에 대한 설득도 고려해야 한다.

어떤 업무를 얼마만큼 나누어 줄지도 구체적으로 결정해야 한다. 업무를 배분하려면 업무를 인계받을 직원이 잘 하거나 관련이 있는 업무를 주는 게 좋다. A직원 업무 중 어떤 걸 떼어 주는 게 효과적인지를 판단하여 업무를 명확하게 나누어 줘야 한다. 잘 알지 못하는 업무 내용을 분석하려고 하지 말고 업무 배분에 집중해야 한다.

또한 업무를 배분할 때, B직원은 2주 이후 업무 부담, C직원은 현재 업무 부담에 대한 보완 방안도 고민해야 한다.

[업무 지원]

A직원 업무를 다른 직원(B직원 혹은 C직원)이 도와 수행하도록 결정한다면, B직원이나 C직원 입장을 고려해야 한다. 이 방식은 A직원 입장에서 수용하기 쉽다. 하지만 B직원이나 C직원은 갑작스레 지원을 해 줘야 하는 상황이 발생하였기에, 이들 입장을 고려하여 의견도 듣고 설득도 해야 한다.

B직원은 자기주도적이고 독자적으로 일하는 걸 선호하는 성향으

로, 업무를 지원하는 방식을 좋아하지 않는다. 차라리 자신에게 일부 업무를 배분해 달라고 요청할 수 있다. 이런 불만을 이해하고 잘 무마해야 한다. B직원에게 왜 A직원을 도와야 하는지 설명해 줘야 하고, 2주 후 B직원 업무가 많아질 때 어떻게 해야 할지 방안도 제시해야 한다. 또한 A직원과 B직원이 갈등없이 일을 할 수 있는 조치도 제시해야 원만하게 일이 진행될 수 있다.

C직원은 협업하여 일할 수 있어 보다 설득이 용이하다. 하지만 현재 상황에서 업무를 지원할 여유가 없는데 왜 업무를 지원해야 하는지 설명해 줘야 하고, 이에 대한 대책도 제시해야 한다.

[중재안]

보통 한 사람에게 업무를 지원하도록 하는 방안을 고민하는데, 두 사람에게 적절하게 부여하는 방안도 있다.

상황을 보면 B직원은 2주간 여유가 있고, C직원은 1개월부터 여유가 있다. 그리고 B직원은 독자적으로 일하는 걸 좋아하고 C직원은 협업을 좋아하는 성향이다.

초반 2주간은 B직원이 업무를 배분받아 일하고, 그 이후로는 C직원이 A직원 업무를 지원하는 방식도 고려할 수 있다. 다만 3주부터 1개월까지 업무를 어떻게 지원할지 고민해야 하고, B직원에게 어떤 업무를 부여하고 C직원을 어떻게 설득할지 고민해야 한다.

[점검 및 모니터링]

업무 지연이 발생하면 가장 신경을 써야 하는 내용이다. 업무 지연은 관리 부재 혹은 관리 소홀로 인해 발생한다.

과장이 업무 지연 상황에 지속적인 관심을 가지고 있었다면 그 상황이 벌어지기 전에 대응책을 마련했을 것이다. 그렇지 못해 업무 지연이 발생하였으니, 다시는 이런 상황이 발생하지 않도록 업무 조정 이후 해당 업무가 잘 진행되고 있는지 지속적으로 점검하는 활동(주기적 점검 회의 등)은 꼭 해야 한다.

점검은 예측하지 못한 변수가 생겨 지연되는 일이 없도록 예방하는 것이 목적이다. 주기적으로 점검하고 진행상황을 공유하겠다는 계획을 세우면 된다.

다. 업무 조정

| 상황

과 역할이나 업무량은 그대로인데, 직원 1명이 병가로 부재인 상황에서 남은 직원들 업무를 조정하여 분담하는 상황이다. 2 0)

과장은 업무 증가에 적절한 조치를 취해 직원 부담을 최소화하고 업무에 차질이 생기지 않도록 해야 한다.

| 자료

① 업무 공백 발생

A직원이 건강 악화로 갑작스레 병가에 들어가게 된 상황이다. 급하게 병가에 들어가고 업무 완료까지는 3개월이 남아 인력충원으로

---

2 0) 업무 조정은 ① 직원 1명 부재로 인한 남은 직원 업무 분담, ② 과 역할 확대 혹은 업무 관련 이슈 증가 등으로 절대적인 업무량 증가로 나눌 수 있으며, 분량 제한이 있어 실제 과제에서는 직원 부재 상황이 자주 등장한다.

해결하기 어려워 남은 인원으로 업무를 수행해야 한다.

A직원은 몇 가지 단독 업무를 수행하고 있어, 업무를 받아 바로 수행하기가 쉽지 않다. 업무 부담이 크거나 지연된 직원은 없으나, A직원 업무를 나누게 되면 부담이 커지게 된다.

② 직원별 업무 내용

B직원, C직원, D직원, E직원은 업무 진척이 무난하고 업무비중도 크지 않아 업무를 조정할 수 있다. 이들 업무 중요도 및 난이도, 업무 내용 및 업무 진척을 표나 그래프로 제시한다.

B직원은 중요도가 상대적으로 높은 업무를 담당하고 있으며, 업무 진척은 잘 되고 업무 부담은 크지 않은 상황이지만 업무 대체는 쉽지 않다.

C직원은 업무 진척은 무난한 편이며 다양한 업무를 담당하고 있어 수행 부담이 비교적 크다. A직원 업무와 비슷한 업무가 일부 있지만 기존 업무와 성격이 다른 업무를 추가로 받을 경우 업무 몰입이 쉽지 않다.

D직원 업무는 A직원과 유사성이 높다. A직원은 독자적으로 업무를 수행해서 내용을 알고 있는 직원이 없는데 D직원이 인계를 받으면 다른 직원보다 업무 내용 파악에 적은 시간이 소요될 걸로 보인다. 다만, 현재 D직원 업무가 마감까지 촉박한 일정으로 진행되고 있어 인계에 부담이 크다.

E직원은 업무 난이도가 높은 편이다. 업무량은 많지 않지만, 난이도가 높은 업무를 여러 개 수행하고 있어 진척이 빠르지 않고 다른 업무와 병행도 쉽지 않다.

예시는 각 사례별로 제시하였지만 실제 평가에서는 과제수행자가 결정한 내용만 작성하면 된다. 여기에 제시된 내용은 예시일 뿐 모범답안은 아니다.

과제수행자가 어떻게 처리할지를 작성해서 제출하면 평가자는 다음 질문을 할 수 있다. 여기에 제시된 질문은 과제수행자 결정에 따라 선택적으로 이루어진다.

[의사결정이 없을 때]

- 왜 아무런 의사결정을 하지 않았습니까?
- 이런 상황에서 과장 역할은 무엇이라고 생각하십니까?
- A직원 업무를 일정 내(3개월)에 완료하기 위해서 가장 적절한 방안은 무엇이라고 생각하십니까?
- A직원 업무를 과 내에서 조정 및 배분해야 하는데, 어떤 직원에게 어떻게 배분하면 좋겠습니까? 왜 그렇게 생각하십니까?

[특정 직원에게 전담시킬 때]

- 왜 그 직원에게 A직원 업무를 전담하게 하셨습니까? 그 직원을 선택한 이유 혹은 다른 직원들을 배제한 이유는 무엇입니까?
- 업무를 받은 직원이 얼마만큼 부담을 느낄지 알고 계십니까?
- A직원 업무를 모든 직원들에게 적절하게 배분할 생각은 해 보지 않으셨습니까?
- 해당 직원 부담이 클 텐데, 어떻게 해소하시겠습니까? 아니면 지원할 추가 방안을 가지고 계십니까?

- 한 명에게 부담시켰을 때 발생할 수 있는 문제나 부작용에 대해 생각해 보셨습니까?
- 조정이나 배분 이후 예상외로 업무가 늦어질 수 있는데 이에 대한 방안은 염두에 두고 계십니까?

[각 직원에게 1/4씩 배분]

■ 이유 : 공평한 업무 배분
  - 각 직원별 상황을 고려하면 업무 배분 곤란
■ B직원, E직원 : 중요도, 난이도가 낮은 업무
  - 중요도, 난이도 높은 업무 수행 중(부담 감소)
■ C직원, D직원 : 연계성이 높고 중요한 업무
  - C직원(업무 종류 줄여줌), D직원(마감 업무 일정 관리) 조정 필요
■ 주기적 점검 및 미진 사항에 대한 지원
  - 직원 업무 과중이나 진척 확인
  - 필요시, 업무 재분배 등

〈질문〉
- 각 직원들에게 1/4씩 업무를 배분하신 이유는 무엇입니까?
- 직원마다 업무 특성과 진행상황이 다른데 1/4씩 나누는 게 적절하다고 생각하십니까?
- 각 직원 업무상황은 이해하고 계십니까?
- 직원별 구체적인 배분 기준은 무엇입니까?
- 배분할 때 가장 염두에 두신 부분은 무엇입니까?

- 조정이나 배분 이후 예상외로 업무가 늦어질 수 있는데 이에 대한 방안은 염두에 두고 계십니까?

[직원별 업무량 차등 배분]

〈각 직원별 업무 배분〉

■ 이유 : 직원별 업무량과 부담이 다름

- B직원 : A직원 업무 35% 받음. 업무량 적음
- C직원 : A직원 업무 15% 받음. 다양한 업무 수행 중
- D직원 : A직원 업무 20% 받음. 촉박한 업무 수행 중
- E직원 : A직원 업무 30% 받음. 업무량 적으나 다양한 업무 수행 중

■ 고려사항 : 업무량, 업무다양성, 마감일정 등 고려 주기적 점검/지원

※ 제시된 배분량은 예시로 제시된 내용으로, 과제를 수행할 때는 과제수행자가 직접 판단해서 배분량을 정해야 함

〈질문〉

- 각 직원별로 차등 배분하셨는데, 어떤 기준으로 업무량을 정하셨습니까?
- 각 직원들에게 A직원 어떤 업무를 주실 계획입니까?
- 각 직원들 업무상황은 이해하고 계십니까?
- 배분할 때 가장 염두에 두신 부분은 무엇입니까?
- 조정이나 배분 이후 예상외로 업무가 늦어질 수 있는데 이에 대한 방안은 염두에 두고 계십니까?

[업무 특성과 상황을 고려한 배분]

〈업무 특성과 상황을 고려한 직원별 배분〉

■ 이유 : 업무와 직원 상황 고려

■ B직원 : C직원 부담 적은 몇 개 업무를 맡고 A직원 업무를 약간 수행

■ C직원 : 업무량이 적은 업무 B직원 인계(업무 수 줄임), A직원 유사하고
비중 큰 업무 수행

■ D직원 : 유사성 가장 높아 A직원 업무 많이 받게 함
 - 촉박한 D직원 마감 업무에 관심과 관리 필요

■ E직원 : D직원 촉박 업무 지원, A직원 업무 약간 받음

■ 고려사항 : 각 직원의 업무 진행을 주기적 점검하고 필요시 지원

〈질문〉

- 업무 특성을 고려하여 배분하셨는데, 이 방식을 택한 이유는 무
 엇입니까?

- 이런 배분 방식이 해당 직원들에게 혼란을 주거나 오히려 부담을
 가중시키지 않을까요?

- 각 직원들에게 A직원 어떤 업무를 주실 계획입니까?

- 각 직원들 업무상황은 이해하고 계십니까?

- 배분할 때 가장 염두에 두신 부분은 무엇입니까?

- 조정이나 배분 이후 예상외로 업무가 늘어질 수 있는데 이에 대
 한 방안은 염두에 두고 계십니까?

[조정/배분이 불명확할 때]

- 구체적인 업무 조정이나 배분을 하지 않은 이유는 무엇입니까?

- (업무 조정이나 배분 기준을 제시하지 않았다면) A직원 업무를 조정하거나 배분한다면 어떤 기준으로 하시겠습니까?

- (업무 조정이나 배분 기준을 제시했다면) 각 직원에게 구체적으로 얼마만큼 업무를 조정 혹은 배정하시겠습니까? 그리고 그렇게 조정이나 배정한 이유는 무엇입니까?

- 업무 조정이나 배분이 이루어진 후에 어떤 문제가 발생할 수 있는지 염두에 두셨습니까? 이에 대한 대처방안은 무엇입니까?

| 과제수행

직원 부재로 업무를 조정하는 상황으로, 과 업무 진행이나 직원 업무 상황을 고려하여 적절한 업무 분배/조정을 할 수 있는지 확인하는 것을 목적으로 한다.

과제수행자는 자기 경험이나 판단을 바탕으로 업무 분배나 조정을 한 후, 이에 대한 적절한 근거나 이유를 제시하면 된다.

업무를 배분하기 위해 먼저 A직원 업무를 분석하고, A직원 업무를 나머지 직원들에게 어떻게 분배, 혹은 조정할지를 결정해야 한다. A직원 업무를 1명에게 전부 인계하기는 어렵다. 다른 직원들 업무 여건을 고려해서 분배하는 게 바람직하다.[21]

A직원 업무를 4등분하여 각 직원에게 적당히 분배하면 간단하다. 명확하고 합리적인 배분 원칙이 있고, 각 직원들을 고려한다면 괜찮

---

21) 보통 상황에서 1명에게 모든 업무를 인계하는 건 바람직하지 않지만 자신의 판단으로 1명에게 인계하는 게 효과적이라면 명확한 근거와 방안을 제시하면 된다.

다. 하지만 이런 조정이 현실에서도 쉽지 않듯, 과제에서도 다양한 요소를 살피면 결정하기 쉽지 않다.

참고로 보통 과제에서는 직원 개인 업무가 다양하게 많이 주어지지 않기에 여러 가지 배분 방안을 적용해 봐도 여유가 있다. 다양한 배분 방안을 적용해 보고 그 중 가장 적절하다고 판단하는 방안을 고민해서 답하면 된다.

[업무량]

업무량 측면에서 B직원, E직원은 조정이나 배분할 여지가 많고 C직원, D직원은 상대적으로 적다.

B직원은 중요도가 높지만 업무 부담이 크지 않으니 업무를 맡길 수 있다. A직원 업무 중 독립적이고 책임부담이 많지 않은 업무를 줄 수 있다.

E직원은 난이도가 높은 업무 여러 개를 병행하고 있으나 업무량이 많지 않아 업무를 맡길 수 있다. 난이도가 높아 업무 진척이 빠를 수 없으니 난이도가 낮은 업무를 배정하거나, E직원의 난이도 높은 업무 일부를 다른 직원에게 인계하고 A직원 업무를 좀더 많이 배정할 수 있다.

[업무비중]

업무비중도 고려해야 한다.

단순하게 보면 B직원과 E직원은 업무량이 적어 A직원 업무를 많이 배정할 수 있고, C직원과 D직원은 업무량이 많아 A직원 업무를 적게 배정해야 한다. 예를 들어 B직원, E직원은 A직원 업무량의

30~35%씩을 담당하고, C직원, D직원은 A직원 업무량의 15~20%씩을 담당하도록 할 수 있다.

하지만 업무비중이 있기에 단순히 업무량만으로 결정하기는 곤란하다. B직원은 업무량이 적지만 중요도가 높은 업무를 수행하고, E직원도 업무량이 적지만 난이도 높은 업무 여러 개를 수행하고 있다. 즉 단순 업무량만을 고려하면 B직원과 E직원은 금방 업무 과부하에 걸리게 된다.

C직원은 업무량이 많은 편이지만, 업무 비중보다 많은 업무 종류가 더 영향을 미치고 있으니 업무 종류를 줄이고 업무량을 늘리는 방안을 고민할 수 있다.

D직원은 업무량보다 업무 일정 문제를 고려해서 조정을 해 주면 좋다.

[업무 유사성]

C직원, D직원은 유사한 업무가 존재하고, B직원, E직원은 없다.

A직원은 독자적으로 업무를 주로 수행하여 그나마 업무 유사성이 있는 직원이 업무를 맡아야 차질을 최소화할 수 있다. 따라서 업무 조정은 D직원을 중심으로 이루어지는 게 바람직하다.

D직원은 A직원과 업무 유사성이 가장 높아, 원활한 업무 수행이 가능하다. D직원 업무 중 A직원 업무와 유사하지 않은 일부 업무를 다른 직원에게 인계하고 A직원 업무를 좀더 많이 배정할 수 있다. 촉박한 업무 일정 관리는 염두에 둬야 한다.

C직원도 A직원과 업무 유사성이 있고 다양한 업무로 부담이 있지만 중요도나 난이도가 높지 않다. 다른 직원(B직원 혹은 E직원)에게

일부 업무를 넘겨 종류를 줄이고, A직원 업무 중 유사한 업무와 중요도가 높은 업무를 배정한다면 효과적으로 업무를 수행할 수 있다.

이를 염두에 두고 A직원 업무량을 산정하여 어떤 업무를 누구에게 얼마만큼 줄지 정하면 된다.

위에서 제시한 어떤 내용을 활용해도 상관없으며, 조정한 이유만 명확히 제시하면 된다. 여기에서는 구체적인 업무 내용이나 수치가 제시되지 않았지만, 실제 과제에서는 비교적 상세한 내용이 제시되기에 구체적인 수준까지 업무 조정을 해야 한다. 조정 방식이나 내용에 정답은 없지만 구체적이지 않으면 좋은 평가를 받을 수 없다.

업무 지연 주제와 마찬가지로, 업무 조정 이후 각 직원들이 조정된 업무를 잘 진행하는지 점검하는 활동을 해야 한다.

점검은 조정 후 예측하지 못한 변수가 생겨 업무 수행에 차질이 생기지 않도록 예방하는 것을 목적으로, 일정한 날짜를 정해 점검회의를 하고 진행상황을 공유하겠다고 하면 된다.

라. 직원 간 갈등 해결

| 상황

두 직원 간 심각한 갈등이 발생하여 업무수행에 차질이 생기고 과 분위기도 나빠져 이를 해결해야 하는 상황이다.

과장은 두 직원이 갈등을 겪는 상황과 갈등 원인이 무엇인지 파악하고 갈등을 해결할 방안을 마련해야 한다.

① 직원 간 갈등

업무 능력이 뛰어나지만 인간관계가 서투른 A사무관과 인간관계가 뛰어나지만 업무에서 약간씩 실수가 있는 B주무관이 갈등을 겪는 상황이다.

A사무관은 B주무관 업무 태도가 마음에 들지 않아 가끔 지적을 하고, B주무관은 자신을 무시하는 듯한 A사무관 태도에 불편한 마음을 가지고 있다.

며칠 전 B주무관이 실수를 하자 업무 태도를 강하게 질책하여 관계가 더욱 안 좋아졌다.

② 두 직원 업무 스타일 및 성격

A사무관은 기획력이 뛰어나고 업무 판단을 잘 하는 반면, 직원에 대한 배려나 상대방을 이해하는 능력이 부족하고 자기 판단을 지나치게 믿어 일방적으로 지시하는 경향이 강하다.

최근에는 승진심사에서 탈락하면서 조급하고 신경질적인 반응이 많아졌다.

B주무관은 직원들과의 관계가 매우 좋고, 외부 전문가와 활발한 네트워킹도 하면서 업무를 잘 하기 위해 노력하고 있다. 하지만 업무 기획이나 보고서 작성 능력은 다소 부족하다. 특히 꼼꼼한 자료 작성이 되지 않아 가끔 의도하지 않은 실수도 한다.

며칠 전에도 A사무관이 지시한 사항을 깜빡하고 보고서에 넣지 않아 A사무관에게 크게 질책을 받았다.

③ 두 사람에 대한 직원 반응

A사무관에 대한 직원 반응은 명확한 업무 방향 수립이나 지시를 긍정적으로 보나, 함께 협업해서 일하는 건 부담스러워한다. 특히 최근에는 사소한 일에도 신경질적인 모습을 보여 매우 당황하고 있다.

B주무관에 대한 직원 반응은 폭넓은 관계 형성으로 다양한 입장을 반영하여 업무를 추진하고 적극적이고 활동적인 모습을 긍정적으로 본다.

다만 문서나 보고서를 작성하는 능력을 키울 필요가 있다. 또한 지나치게 전문가 의견에 의존해 A사무관을 무시하는 듯 비치는 모습은 조심해야 한다는 의견이 많다.

| 자료 작성(예)과 관련 질문

여기에 제시된 내용은 예시일 뿐 모범답안은 아니다.

■ A사무관과 B주무관 개별 면담

　- 목적 : 업무스타일, 오해 등 해소

　　▶ A사무관 : 업무능력 우수, 일방적 업무 지시, 직원 배려 이해능력
　　　　　　　　부족, 협업 부담

　　▶ B주무관 : 관계 좋음. 외부 전문가 네트워킹. 기획 및 보고서 작성
　　　　　　　　능력 부족. 잦은 실수

■ 면담 및 조치 내용

　- A사무관 : B주무관 관계 능력 인정, 업무 능력 코칭 필요

　　▶ 직원들과 소통 노력, 친절한 업무 지시

　- B주무관 : 외부 전문가 의견도 좋지만 A사무관을 먼저 배려 존중

　　▶ 실수 줄이고, 기획 및 보고서 작성 능력 배양

과제수행자가 어떻게 대처할지를 작성해서 제출했다면 평가자는 이런 질문을 할 수 있다. 여기에 제시된 질문은 과제수행자 결정에 따라 선택적으로 이루어진다.

① A사무관 특성이나 상황을 전혀 언급하지 않을 때
- A사무관의 업무능력과 인간관계는 어떻습니까?
- A사무관이 B주무관을 어떻게 생각하고 있을까요?
- A사무관 어떤 특성이 B주무관과 갈등을 만든다고 생각하십니까?
- A사무관이 상사로서 B주무관을 잘 이끌기 위해 어떻게 하면 좋을까요?
- A사무관이 고치거나 고려해야 할 행동은 무엇입니까?

② B주무관 특성이나 상황을 전혀 언급하지 않을 때
- B주무관의 업무능력과 인간관계는 어떻습니까?
- B주무관이 A사무관과 갈등을 겪는 원인은 무엇이라 생각하십니까?
- B주무관이 A사무관에게 어떤 감정을 가질까요? 불만을 줄일 수 있는 방안은 어떤 게 있습니까?
- B주무관이 업무와 관련하여 A사무관 도움을 받거나 시너지를 낼 수 있는 방안은 무엇입니까?
- B주무관이 고치거나 고려해야 할 행동은 무엇입니까?

③ 해결책으로 면담 내용보다 형식(회식, 동호회 활동 등)적인 부분
을 제시할 때

- 두 사람 간 갈등은 왜 생겼다고 생각하십니까?
- 두 사람 간 갈등으로 나타나는 부작용은 무엇입니까?
- 회식이나 동호회 활동으로 B주무관의 감정이 풀릴까요?
- 근본적인 두 직원 문제가 해결되지 않았는데, 회식이나 동호회
  활동으로 관계가 개선될 수 있겠습니까?
- 이런 활동 전에 과장이 면담에서 직원들에게 해 줘야 할 말은
  어떤 게 있겠습니까?

④ 면담 내용을 구체적으로 제시하지 못할 때

- 두 직원의 업무 및 인간관계와 관련하여 어떤 특성을 가지고
  있다고 분석하셨습니까?
- 면담을 준비할 때, 두 직원 입장을 고려해 보셨습니까?
- 직원별로 개별 면담을 하시겠습니까? 두 직원과 함께 면담을
  하시겠습니까?
- A사무관에게 B주무관과 어떻게 관계를 형성하라고 이야기 하
  시겠습니까?
- B주무관에게 A사무관과 어떻게 관계를 형성하라고 이야기 하
  시겠습니까?

| 과제수행

직원 특성 및 관계를 파악하고 팀워크 형성이나 관계 개선을 할 수
있는지를 확인하려는 과제이다.

과장은 직원 어려움을 도와줄 수 있는 위치로, 이런 경우 면담으로 해결하는 게 바람직하다. 하지만 서류함 기법은 실제 면담을 진행하는 게 아니므로 평가자와 질의응답에서 어떤 내용으로 면담할지를 이야기하면 된다. 일부 과제수행자들은 면담하는 걸 정답으로 알고 면담만을 언급하는데, 어떤 내용을 말할지가 중요하다.

두 사람 갈등을 해결하려면 A사무관과 B주무관의 개인적 특성을 파악하고, 갈등을 겪는 상황 및 주요 갈등 원인이 무엇인지, 갈등으로 인한 부작용은 무엇인지 등을 분석한다. 그리고 개별 면담을 통해 이런 내용을 이해시키고 원만한 관계 형성을 위한 조언이나 코칭을 해 주어야 한다.

[A사무관 특성]

A사무관은 업무 능력이 뛰어나고 자기 실력을 믿다 보니 직원 입장을 이해하는 능력이 떨어진다. 자신이 요구하는 수준에 미치지 못하면 직원을 혼내며, 직원을 다독이고 배려하기보다 일방적으로 지시하면서 업무를 끌어가는 스타일이다. 이로 인해 직원들은 함께 일하는 걸 부담스러워 하지만, 본인은 당연한 업무 방식으로 생각한다.

최근 승진에서 탈락해서인지 조급하고 신경질적이며, 특히 B주무관이 외부 전문가에 지나치게 의존하는 모습이 자신을 무시하는 걸로 느껴져 기분이 좋지 않다. 기획이나 보고서 작성을 잘 하기에, 기획이나 보고서 작성 능력이 떨어지는 B주무관을 이해하지 못하고 성의가 없다고 질책하는 경우도 있다.

[A사무관 면담 내용]

A사무관은 업무보다는 인간관계 코칭이 필요하다. A사무관은 업무에 너무 집중하여, 직원 감정과 입장을 별로 공감하지 않으니 직원들이 쉽게 다가오지 못함을 알려준다. 직원들과 소통하고 이해할 수 있는 기회를 만들고, 본인 생각이나 본심을 전달하여 관계를 개선하도록 코칭한다.

직원들마다 업무스타일이나 능력에 차이가 있는데 모든 걸 A사무관 수준에 맞추라고 하면 직원이 힘들다는 걸 알려준다.

B주무관의 업무방식이 A사무관과 많이 다르다는 걸 이해하고 다독이며 업무를 지시하고 기획이나 보고서 작성 능력을 잘 지도해 주면, 실무나 현장에 능한 장점을 살려 업무성과를 극대화할 수 있다고 조언해 준다.

B주무관이 외부 전문가에 많이 의지하는 건 A사무관을 못 믿어서가 아니라 다양한 의견을 들어 자신이 부족한 능력을 보완하려는 의도이니 독려해 주면 더 잘할 거라고 조언해 준다.

승진심사에서 탈락했으나 업무 능력이 뛰어나니 다음에는 승진할 수 있다는 다독여주고 과장이 되면 업무뿐만 아니라 직원 관리도 중요함을 알려준다.

[B주무관 특성]

B주무관은 직원이나 전문가 등 인간관계를 통해 업무를 수행하는 스타일이다. 활발하고 적극적인 성격이지만 기획이나 보고서 작성 능력이 부족하고 자료 작성에서도 실수를 해 A사무관에게 질책을 받곤 한다.

업무와 관련하여 A사무관보다 외부 전문가에게 의존해 A사무관이 기분 나쁠 수 있다는 사실을 인식하지 못한다. 이로 인해 A사무관과 관계가 더욱 나빠지고 있지만, B주무관은 A사무관이 인정해 주지 않는다고 섭섭해 한다.

[B주무관 면담 내용]

B주무관은 인간관계보다는 업무 능력 코칭이 필요하다. B주무관이 일을 잘 하기 위해 외부 전문가와 네트워킹도 열심히 하고 있음을 칭찬하고, A사무관이 오해하지 않도록 자기 의도를 설명하라고 조언한다. 또한 자신 위치와 역할에 맞게 기획이나 보고서 작성 능력을 키우고 실수를 하지 않도록 꼼꼼한 업무처리가 필요하다고 코칭한다.

이런 부분을 보완하기 위해서 A사무관에게 도움을 받고 배우는 게 좋다고 이야기한다. A사무관이 본인과 다른 스타일이라 힘들겠지만, A사무관에게 기획이나 보고서 작성 능력 등 배울 점이 많다고 이야기해 준다.

A사무관이 인간관계가 서툴고 최근 예민해져 있는 상황에서 B주무관이 자기 지시는 듣지 않는다고 생각해서 심하게 질책하는 걸로 보이니, A사무관을 상사로서 대우하면서 외부 전문가로부터 얻은 정보를 적절한 때 제공하면 서로 시너지를 낼 수 있다고 조언한다.

참고로 위에 제시된 면담 내용을 모두 언급해야 하는 건 아니다. 면담 내용처럼 직원을 이해하고 코칭하면 내용을 얼마나 활용하는지는 상관없다.

두 직원을 면담한 후 분위기 전환이나 단합을 위해 회식이나 동호회 활동을 한다는 건 괜찮다.

업무를 떠나 편한 만남은 조직생활에서 중요하지만 무작정 회식이나 동호회 활동을 언급한다고 해서 관계형성 측면에서 좋은 점수를 받는 건 아니다. 오히려 면담과 관련한 구체적인 내용 없이 회식이나 동호회 활동을 언급하면 역량평가에 대해 잘못된 사전교육을 받았다고 판단할 수 있다.

마. 이해관계 조정

| 상황

과에서 추진하는 정책과 관련하여 피해를 입었거나 피해가 예상되는 이해관계자가 민원을 제기하는 상황이다.

과장은 민원이 제기된 상황을 정확히 이해하고 민원인 요구사항을 파악하여 어떻게 처리할지 결정해야 한다.

| 자료

① 민원 발생

최근 A사업이 무자격자 사업장 난립으로 소비자들 피해가 증가하면서 자격부여를 고민하게 되었다. 소상공인 보호를 위해 그동안 무자격으로 할 수 있던 사업을 자격증을 갖춘 사람(신규 사업자)들로 제한하고 무자격 사업장은 점진적으로 폐쇄하기로 하였다.

이 정책은 작년에 시행하기로 하였으나 기존 사업자들 항의로 시행이 연기된 상황이다. 원활한 정책 집행을 위해서는 이해관계자 간 합의가 이루어져야 하는데 쉽지 않은 상황으로, 신규 사업자 측에서 조속한 정책 집행과 사업 연기에 따른 피해보상을 요구하는 민원을 제기하였다.

② 이해관계자 요구

신규 사업자들은 시행을 고려해서 자격도 따고 설비 등에 투자가 이루어졌는데 사업이 연기되면서 피해가 발생하고 있으니 적절한 보상 및 조속한 시행을 요구하고 있다.

이 상황을 알게 된 기존 사업자들은 강하게 반발하고 있다. 당분간 관련 정책이 시행되지 않을 거라 판단하고 있었으나 민원이 제기되어 위기감을 느꼈다.

이들은 애초에 자신들을 고려하지 않았고 현실적인 여건을 무시한 채 무리한 정책이 수립되었다고 반발하며 관련 정책 폐기를 요구하고 있다.

③ 과 입장

이해관계자들 반발이 예상보다 커 고민이 많다. 기존 사업자들을 위해 유예기간을 주고 자격을 취득하도록 유도하거나 다른 사업을 할 수 있도록 유도하는 방안을 고려하고 있다. 하지만 기존 사업자들 반발이 강해 방안을 논의하지도 못하고 있으며 이들을 설득하지 않고 무작정 정책을 밀어붙이기도 힘든 상황이다.

또한 이해관계자 간 갈등으로 정책이 시행되지 않아 발생한 피해를 보상하기 쉽지 않은 입장이다.

여기에 제시된 내용은 예시일 뿐 모범답안은 아니다. 예시는 각 사례별로 제시하지만 실제 평가에서는 의사결정을 한 내용만 작성하면 된다.

과제수행자가 어떻게 대처할지를 작성해서 제출했다면 평가자는 다음 질문을 할 수 있다. 여기에 제시된 질문은 과제수행자 결정에 따라 선택적으로 이루어진다.

[명확한 결정을 하지 않았을 때]

- 결정을 해야 하는데, 결정을 하지 않은 이유는 무엇입니까?
- 가장 중요한 결정사항은 무엇이라고 생각하십니까?
- 어떤 부분을 검토하고 고민하셨습니까?
- 과장이 결정을 하지 않으면 어떤 일이 생길지 알고 계십니까?

[이해관계자나 그들의 요구를 파악하지 못했을 때]

- 이해관계자가 누구라고 생각하십니까?
- 왜 이런 민감한 상황이 생겼다고 생각하십니까?
- 각 이해관계자들이 무얼 요구하고 있습니까?
- 이해관계자 요구를 파악하고 있다면 이를 어떻게 해결할 생각입니까?

[정책을 즉시 시행하기로 결정할 때]

■ 이유 : 정책 일관성, 신규 사업자 보호, 소비자 피해 최소화
■ 기존 사업자 설득

   - 소비자 피해 감소방안, 기존 사업자 최대한 보호
■ 기존 사업자 보호 방안

   - 유예기간을 두고 자격취득 유도
■ 피해 소비자 지원 방안 마련

   - 피해 정도를 파악하고 관리 부재로 인해 피해는 일정부분 보상

〈질문〉

- 이런 결정을 내린 근거나 이유가 있습니까?

- 기존 사업자들 반발이 심할 텐데, 어떻게 설득하겠습니까?

- 기존 사업자들 피해를 최소화할 방안은 무엇입니까?

- 유예기간을 주더라도 기존 사업자들이 적극 응하지 않을 텐데,
  그들의 참여를 유도할 방안은 고민해 보셨습니까?

- 피해 소비자 보상을 고려하고 계신데, 어떤 보상방안을 고민하고
  계십니까?

[정책을 시행하지 않기로 결정할 때]

■ 이유 : 기존 사업자 보호

■ 신규 사업자 설득

   - 기존 사업자 보호 필요, 협의 안돼 시행 곤란

   - 보완책 마련 조속 시행

■ 신규 사업자 구제 방안

   - 조속 시행 추진 노력, 기존 사업자 폐업 시 우선권 부여

■ 소비자 피해 보호 방안 마련

   - 피해 유형 및 사례 홍보

〈질문〉

- 어떤 근거로 기존 사업자 입장을 수용하게 되었습니까?

- 신규 사업자들 불만이 많을 텐데, 어떻게 설득하겠습니까?

- 사업을 준비 중이었던 신규 사업자들을 구제할 방안은 무엇입니까?

- 소비자 피해를 없애기 위해 정책을 수립하였는데, 이 정책을 시행하지 못한다면 소비자 피해를 막을 다른 방안은 고민해 보셨습니까?

| 과제수행

  정책 이해관계자를 파악하고 이해관계를 조정하거나 이해관계자 요구를 수용 혹은 중재할 수 있는지를 확인하는 과제이다.

  가장 먼저 정책 찬성 측(신규 사업자)과 반대 측(기존 사업자)의 상황과 요구사항을 파악해야 한다.

[찬성(신규 사업자)]

신규 사업자들은 정책 시행을 기대하면서 자격을 따고 설비 투자를 하면서 준비했지만 시행이 미뤄지면서 어려움을 겪고 있다.

이들은 무자격자들로 인해 피해자 발생을 줄이고, 정책 시행을 예측하여 자격을 갖추고 준비한 사람들 피해를 줄이기 위해 조속히 정책을 시행해야 한다는 입장이다.

[반대(기존 사업자)]

기존 사업자들은 아무런 준비가 되지 않았는데 정책을 시행하면 자신들이 곤란해져 정책 시행을 막아야 한다. 이들은 일부 소비자의 피해 때문에, 현실 여건을 고려하지 않고 정책을 시행하는 건 문제라는 입장이다. 지금껏 A사업에 종사한 자신들의 입장이나 대책을 고려하지 않은 무리한 정책이니 시행해서는 안 된다고 강력히 주장하고 있다.

[요구사항 및 방안]

상황이 파악되면 어느 쪽 입장과 요구를 수용하느냐를 결정해야 한다. 어느 쪽 입장을 수용하던 평가에 영향을 미치지 않는다. 명확한 결정과 더불어 수용한 이유를 제시하고 결정에 따른 해결 방안을 제시하면 된다.

신규 사업자 요구 수용 근거는 무자격으로 인한 피해자 보호 및 추후 피해 차단, 정책 집행을 예측한 신규 자격 취득자 구제 등을 제시할 수 있다. 근거나 이유 제시와 더불어 정책 시행으로 무자격으로 인한 피해 소비자도 줄어드는 효과도 제시하며, 기존 사업자들이 입게 될 피해를 최소화할 방안도 고민해야 한다.

기존 사업자 요구 수용 근거는 기존 사업자 보호가 중요하고 무자격으로 인해 피해보다 기존 사업자들의 피해가 더 심각할 수 있음을 제시하고, 소비자 피해를 막기 위한 좀더 효과적인 방안 등을 제시할 수 있다. 기존 사업자 피해를 막을 수 있지만, 무자격으로 인해 지속적으로 발생하는 소비자 피해 예방 및 정책 시행을 예측해서, 자격증을 따고 설비 투자 등 사업을 준비한 신규 사업자 피해 구제 방안도 고민해야 한다.

[이해관계 해결]

의사결정과 이유를 제시한 후, 이해관계자들을 설득하거나 의견을 조정할 수 있는 방안과 피해에 대한 구제 방안도 제시해야 한다.

신규 사업자 입장을 수용하면, 자격증을 갖지 않은 기존 사업자 피해를 최소화시켜야 한다. 일부 문제로 기존 사업자들이 사업을 할 수 없다면 억울하다. 따라서 계속 사업을 하게 하거나 3~5년 정도 유예기간을 두어 자격증을 취득할 기회를 제공하는 등 대책을 마련해서 제시한다. 또한 피해자가 발생한 만큼 피해자를 지원하는 방안도 제시해야 한다.

기존 사업자 입장을 수용하면, 자격증 취득 및 설비를 갖추고 준비 중인 신규 사업자 피해 예방 및 보상 대책을 세워야 한다. 정책 시행을 대비해 준비하고 있었던 신규 사업자들을 위해 한시적으로 사업에 참여를 허용한다든지, 기존 사업자가 사업을 정리할 때 자격증을 가진 사람을 우선적으로 사업자로 선정하는 등 대책을 마련해서 제시한다.

또한 신규 사업자들을 위해 보상도 염두에 둬야 한다. 준비한 설비도 기존 사업자에게 적절한 가격으로 인계하도록 연결시켜 준다는 등 대책을 마련해서 제시한다.

소비자 피해를 예방하기 위해 실시하려던 정책을 시행하지 않아 발생할 수 있는 피해자 예방 방안도 고민해야 한다.

[참고]   표나 그래프 해석이 매우 중요하다.

서류함 기법, 역할연기에서 표나 그래프를 많이 활용한다. 특히 업무량(업무비중), 업무 진척도, 개인 역량평가, 다면평가 자료 등을 제시할 때 자주 활용한다.

서류함 기법은 과 이슈 중 업무 조정이나 직원 간 갈등, 협력 등을 다루는 내용이 많다. 글로 설명하면 많은 내용이 필요하지만 표나 그래프 등을 활용하면 간단하고 명료하게 제시할 수 있다.

역할연기는 직원 상황이나 특성을 설명할 때 표나 그래프를 많이 활용한다. 표나 그래프를 해석할 수 있어야 직원(평가자)과 면담을 원활하게 진행할 수 있다.

앞에서는 구체적 예시를 제공하지 않았지만, 여기에서는 과제에서 활용하는 구체적인 표나 그래프 예시를 통해 설명한다.

| 업무량/업무비중

여러 직원 업무량이 제시되며, 1~2명 직원 사정으로 인해 업무량을 조정할 때 사용하는 자료이다.

[직원 업무량(예시)]는 직원 업무 비중을 나타낸 표이다.

[직원 업무량(예시)]

업무	직원업무비중						
	A	B	C	D	E	F	G
OO 정책 수립 및 시범운영	35	15	15	15	10	5	5
대민원 시스템 개발(용역)	35	15	15	15	10	5	5
사이버교육시스템 업그레이드	30	15	15	15	15	5	5
고객 서비스	-	30	20	30	10	10	-
전산시스템 유지・보수	-	20	25	15	10	15	15
대민원 응대(콜센터) 관리	-	5	10	10	45	10	20
과 내 서무업무	-	-	-	-	-	50	50
계	100	100	100	100	100	100	100

업무조정은 직원들 업무를 어떻게 조정하는지를 확인하기 위해 [직원 업무량(예시)]와 같은 자료를 제시한다.

이 자료를 보고 직원들 업무별 비중이 얼마나 되는지 파악해야 한다. 업무 파악이 끝나면 직원별로 구체적인 조정안을 만들어야 한다. 예를 들어 직원 B(다른 직원이어도 상관없음)가 사정이 생겨 업무 80% 정도만 수행할 수 있고 20% 업무는 수행할 수 없다고 하자.

B직원 업무 20%는 다른 직원에게 배분해 줘야 한다. 우선 어떤 업무를 줄 건지 정해야 한다. 어떤 업무로 정할지는 직원 직급, 역할, 업무 성격(떼어낼 업무량, 업무유사성 등), 업무를 받을 수 있는 직원 상황 등을 고려해야 한다.

업무량 측면에서 보면, '전산시스템 유지・보수(비중 20%)' 업무를 주면 가장 간단하다. 하지만 어떤 업무가 적절하고 효율적인지는 검토해야 한다. 어떤 경우에는 '사이버교육시스템 업그레이드(비중 15%)'와 '대민원 응대(콜센터) 관리(비중 5%)'를 줄 수도 있고 '고객서비스' 업무 중 20%를 다른 직원에게 인계하는 게 나을 수도 있다. 이는 정해진 룰이 없고 과제수행자가 판단하면 된다.

배분할 업무가 정해지면 어떤 직원에게 업무를 줄지 결정한다. 같은 직급 직원, 업무 부담이 적은 직원, 유사한 업무를 수행하는 직원, 수행하는 업무가 다양하지 않은 직원 등 합리적으로 고려하면 어떤 직원을 선택해도 상관없다. 인계받는 직원 부담이 크다고 판단될 경우에는 직원 2~3명에게 업무량을 쪼개서 분배할 수도 있다.

참고로 업무량, 담당직원, 업무부담 등은 고민 순서가 없으니 자신이 편한 방식으로 고민하고 결정하면 된다.

| 업무진척도

여러 직원의 업무 진척도가 표나 그래프로 제시되며, 직원별 업무 진척상황을 파악하여 적절한 조치를 취할 때 사용하는 자료이다.

[직원 업무 진척도(예시1)]은 일부 직원 업무 진척도가 표로 제시된 자료이다.

[직원 업무 진척도(예시1)]

                                                            : 업무수행 일정   : 업무시작 및 마감 시한

직원	업무	9월 1주	2주	3주	4주	10월 1주	2주	3주	4주	5주
A	OOO 원산지 현황 및 이슈 분석									
	OOO 협상 대응책 마련									
	OOO 부가가치 창출 분석									
	OOO 수입을 위한 협상 초안 개발									
B	XXX국 의약품 협상안 분석									
	의약품 국내경쟁력 분석									
	XXX국 의약품 협상전략 초안 작성									
C	OOO 관련 산업계 품목별 경쟁력 분석									
D	△△△ 기술 제안 분석									
	△△△ 국내 기술경쟁력 분석									
	다자간 협상 사례 분석									
	XXX국 협상 예상전략 분석									
E	협상에 따른 국내 파급력 분석									
	협상 관련 법안 분석									
	협상 타결에 따른 대응전략 마련									

현재

이런 자료를 보며 직원 업무가 얼마나 진행되고 있는지 파악해야 한다. 자료에서는 10월 2주(현재)까지 업무가 계획대로 진행되지 않은 직원은 A, C, D이다.

A직원은 'OOO 협상 대응책 마련'이 2주 지연됐지만 지난 주 완료되었고, 'OOO 부가가치 창출 분석' 업무는 지연되는 상황이다.

C직원은 업무가 이번 주에 종료되어야 하지만 3주 정도 늦게 시작하여 3주 정도 지연된 상황이다.

D직원은 '△△△ 기술 제안 분석'이 1주 지연됐지만 완료되었고, '△△△ 국내 기술경쟁력 분석'은 지난 주에 종료되어야 하지만 4주 늦게 시작하여 4주 지연된 상황이다. '다자간 협상 사례 분석'은 지난 주 완료되어야 하지만 2주 정도 지연된 상황이다.

B직원은 모든 업무가 잘 진행되었고 일부 업무는 조기 달성이 예상되고, E직원은 '협상에 따른 국내 파급력 분석'이 2주 지연되었지만 이번 주에 완료될 예정이라 현재는 업무지연이 없는 상태이다.

표를 설명하기 위해 자료 일부만 제시하여 업무 지연이 심각하지 않게 느껴지나, 실제 과제는 좀더 심각한 상황으로 제시된다.

10월말을 업무 마감기한으로 하고 업무 진척을 살펴보면, C직원과 D직원을 우선 검토해야 한다. C직원의 'OOO 관련 산업계 품목별 경쟁력 분석'과 D직원의 '△△△ 국내 기술경쟁력 분석'은 진척이 늦은 게 아니라 시작이 늦어 전체 기간이 밀렸다는 점에 주의해서 결정할 때 고려해야 한다.

C직원은 업무가 3주 늦어지고 있지만, 1개 업무이고 3주 늦게 해당 업무를 시작했기에 조치를 취할 수도 있고, 그대로 관찰만 할 수도 있다.

D직원은 4개 업무 중 3개가 일정을 지키지 못하고, 현재 2개 업무

는 지금도 지연되고 있다. 이 직원에게 어떤 조치를 할지 결정하면 된다. 업무 처리를 가장 잘하는 B직원을 활용하는 방법도 조치 중 하나이다.

세부적인 결정은 개인 업무 경험에 따르면 된다.

[직원 업무 진척도(예시2)]는 직원 업무 진척도를 나타낸 그래프이다.

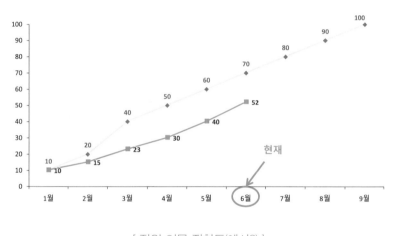

[직원 업무 진척도(예시2)]

이 자료는 개인 업무 진척을 관리하기 위해, 특정 직원 업무 진척만을 표시하고 있다. 이는 앞 자료와 달리 개인 업무 상황을 제대로 읽어내는지를 확인한다.

주로 역할연기에서 나오는 자료로, 직원 업무 수행 정도를 읽어내고, 어떤 조치를 취하는지 확인할 때 주로 사용한다.

그래프를 보면 9월까지 완료해야 하는 업무인데 6월말 현재 52% 진행되고 있어 매우 위기를 느껴야 하는 수준이다. 이 그래프를 읽어낸 후 직원과 면담해서 이런 상황이 생긴 원인을 파악하고, 이에 대한 직원 의견도 확인해야 한다. 또한 계획된 기간까지 업무를 완수할 수 있는 방안(업무 조정, 업무 지원 등)도 제안하고 설득해야 한다.

| 역량평가/성과평가

직원 역량평가 결과는 역할연기에서 면담과 피드백에 적절히 활용하는 자료로, 다양한 형식으로 제시된다.

[개인 역량 평가 결과(예시1)]은 직원 업무 역량 평가 결과를 표와 그래프로 제시된 자료이다.

[개인 역량 평가 결과(예시1)]

No.	하위 평가 요소	점수	매우 저조		저조		보통		우수		매우 우수	
			10	20	30	40	50	60	70	80	90	100
1	변화지향성	53.0										
2	심리 긍정성	45.0										
3	업무 태도	65.0										
4	성실성	93.0										
	종합점수	64.0										

현실에서는 더 많은 평가 요소를 평가하겠지만, 평가 상황에서는 혼란이 생기지 않도록 단순하게 제시한다.

이 자료만으로는 개인 평가 결과가 조직에서 어느 수준인지는 알 수 없다. 하지만 절대평가로 제시되어 어떤 요소가 뛰어난지, 저조한지는 비교할 수 있다.

이 직원 특성을 분석해 보면 성실성이 매우 높고 업무 태도도 좋지만, 변화지향성은 그다지 높지 않고 심리 긍정성도 낮은 편으로 나타났다. 따라서 과제수행자는 업무 수행과 관련한 직원 모습(성실성, 업무 태도)은 칭찬하고 심리 긍정성을 높일 수 있도록 지원해야 한다.

과제 구성상, 해당 직원의 심리적 불안이 과 내에서 여러 가지 갈등을 일으키는 원인인 경우가 많다.

[개인 역량 평가 결과(예시2)]는 평가 결과를 그래프로 제시한다.

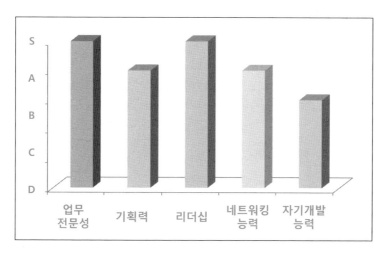

[개인 역량 평가 결과(예시2)]

자료의 해석방법은 [개인 역량 평가 결과 (예시1)]과 같다. 다만 평가 결과가 상대평가로, 척도가 S, A, B, C, D로 조직 내에서 어떤 수준인지는 판단할 수 있다.

해당 직원은 업무전문성과 리더십 역량이 굉장히 뛰어나고, 자기계발 분야에서 다른 분야보다 상대적으로 낮음을 알 수 있다.

[개인 역량 평가 결과(예시3)]은 리더십 역량을 해당 직원, 과원, 전 직원을 비교하여 제시한 그래프이다.

[개인 역량 평가 결과(예시3)]

　[개인 역량 평가 결과(예시2)]보다 해당 직원 수준이 어떤 위치에 있는지를 보다 구체적으로 보여준다.

　예를 들어 해당 직원은 전체적으로 높은 점수를 유지하며 조직 기여도는 자체 점수도 높고 다른 직원보다 매우 높게 나타나며, 업무완성도는 자체 점수는 약간 낮으나 다른 직원보다 매우 높게 나타나고 있다. 이에 비해 업무 기여도는 과원 전체 평균보다 낮다. 전체 기여도는 높은 편이다.

　이런 분석을 바탕으로 해당 직원에게 적절한 피드백이나 조치를 해 줘야 한다.

　[개인 역량 평가 결과 (예시4)]는 리더십 역량 다면평가 결과를 그래프와 피드백 내용으로 제시한 자료이다.

[개인 역량 평가 결과(예시4)]

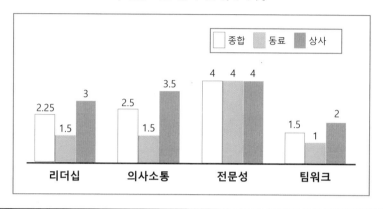

항목	피드백 내용
리더십	직원에 대한 관심이 부족하고 개인 성과와 조직 성과를 연계하여 직원에게 비전을 제시해주는 노력을 할 필요가 있음
의사 소통	다른 직원의 의견에 관심이 없고 상대방 의견을 경청하고 수용하는 노력이 필요함. 상사와 소통은 잘 하지만 동료와 소통에는 문제가 있음
전문성	자기 업무에 대해 지속적으로 학습하여 수행능력을 함양하고 맡은 일과 연관된 지식, 스킬 등을 충분히 숙지함
팀워크	조직 전체 업무 성과에 관심이 부족하고 구성원간 유용한 정보와 아이디어 공유보다 개인적 성과에 집중하여 협력을 깨뜨리는 경우가 있음

다면평가 결과는 한 직원을 여러 명이 평가한 결과로, 해석방법도 다른 예시와 차이가 있다. 피드백 내용은 종합 평가 결과를 바탕으로 작성되어 있고 다른 예시와는 다르게 문장으로 되어 역량 수준을 이해하기가 용이하다. 평가 결과를 해석하는 연습이 필요하다.

피드백 내용을 보면 상사는 리더십이 있다고 평가하지만, 동료는 리더십이 없다고 평가한다. 상사 입장에서는 직원을 잘 이끈다고 보지만, 동료는 일방적 지시나 강요로 인식할 가능성이 크다.

의사소통을 보면 상사는 높게 평가하고 동료는 낮게 평가한다. 이를 보면 해당 직원은 상사에게 보고나 의견 제시 등을 잘 하지만, 동료와는 의사소통을 잘 하지 않거나 독단적인 의사소통을 할 가능성이 크다.

팀워크를 보면 모든 구성원이 낮게 인식하고 있으며, 피드백 내용을 보면 전체 업무에 대한 관심부족과 협동이 잘 안 되고 있음을 나타낸다.

이런 해석을 할 수 있어야 역할연기나 서류함 기법에서 직원 상황과 특성을 이해할 수 있고, 개선을 위한 구체적 피드백이나 코칭이 가능하다.

[성과평가 결과 (예시)]는 3년간 개인 근무평정과 리더십 역량 다면평가 결과를 그래프로 제시한 자료이다.

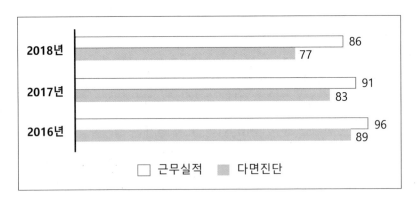

[성과평가 결과(예시)]

지금까지와 달리 근무실적과 다면진단 결과를 함께 제시한다. 이는 개인 업무 및 주변 평가를 비교하기 위한 자료이다. 이를 해석해 보면 3년 연속 근무실적과 다면진단 결과가 하락하고 있으며, 특히 다면진단 결과가 크게 하락하고 있다. 이는 업무 측면에서도 문제를 보이고 있지만 주위에서 보는 역량 측면에서 문제가 훨씬 심각하다는 걸 의미한다.

추가로 제공되는 다른 자료를 참고하여 어떤 게 이런 현상이 생기게 하는지를 파악하여 적절한 조치를 할 수 있어야 한다.

4. 집단토론

1) 기본 개념

집단토론은 민감한 사안을 다른 사람들과 어떻게 논의하고 어떤 주장을 펼쳐 자신 의견을 관철시키는지, 또는 조율을 거쳐 결론을 내고 수용하는지를 확인하는 과제이다.

이해관계가 다른 3개 과가 서로 간 입장을 주장하고 논의를 통해 합의안을 도출해야 한다.

역할에 따른 유·불리는 없다. 논의 과정에서 자기 입장과 자신에게 유리한 기준으로 어떻게 논리를 전개하고 다른 사람을 설득하느냐에 따라 토론 결과는 얼마든지 달라질 수 있다.

유의할 점은 인력을 차출당하지 않거나 예산 삭감을 최소화하는 등 자신에게 유리한 결과를 얻는다고 반드시 좋은 평가를 받는 건 아니다. 또한 상대방에게 아무런 근거없이 양보를 한다고 해서 좋은 평가를 받을 수도 없다.

상대방과 원만하게 의사소통해야 하며, 합리적으로 논의하여 그에 합당한 결과를 도출해야 한다.

2) 측정가능 역량

집단토론에서 측정할 수 있는 역량은 의사소통, 조직관리, 이해관계조정 등이다.

가. 의사소통

의사소통은 다른 3개 과제와 차이가 있다. 다른 과제들은 평가자와 일대일로 대화하는 반면, 집단토론은 다른 과제수행자 2명과 논의를 통해 자기 의견을 전달하고 상대 의견을 듣는다.

3명이 자기 입장에서 유리한 기준으로 합의안을 만들기 위해 토론을 한다. 다른 과제는 평가자가 이끌어가니 고민과 답변에 집중하면 되지만 집단토론은 과제수행자간 논의로 진행되기에 다른 사람 생각이나 의견을 잘 듣고 그들이 무슨 생각을 하는지 파악하고 자기 생각을 효과적으로 전달해야 한다. 논의 내용이나 결과에 상관없이 다른 2명 이야기를 제대로 듣지 않으면 좋은 평가를 받을 수 없다.

나. 조직관리

집단토론은 인원 차출, 포상 대상 선정 등 인력문제와 예산 삭감 혹은 증액에 따른 예산조정문제를 주제로 하고 있다. 인력과 예산이라는 자원은 조직관리와 밀접하게 관련된다.

인력 차출이나 예산 삭감이 주된 주제이기에 이로 인한 피해를 최소화하기 위한 기준을 제시하고 논의로 합의한다.

다. 이해관계조정

토론에 임하는 상대방이 가장 큰 이해관계자이다. 각 과 피해가 적으려면 상대방 양보가 필요하기에, 이해관계가 발생하고 이를 조정

하는 설득과정이 진행된다. 또한 토론 과정이나 결과로 인해 영향을
받는 사람을 고려하는지 확인한다.

예를 들어 직원이 차출되어 공백이 생기면 과에 남는 직원들 업무
가 가중되는 걸 고려하는지, 예산이 삭감되면 관련 업무를 하는 직원
도 업무가 없어지는 걸 고려하는지 등을 확인한다. 또한 이로 인해
영향을 받는 사람들에 대한 보완책을 마련하는지도 측정할 수 있다.

3) 사례

여기에서는 집단토론에서 많이 활용되는 주제 5가지를 다룬다. 주
제들은 실제로 평가에서 활용되지만 이런 주제만 제시되는 건 아니
며 여기에 제시된 과제수행이 모범 답안이 아니라는 걸 유의해야 한
다.

가. 인원 차출

| 상황

TF나 위원회 구성 등으로 해당 국에서 인원 1명(주로 사무관)을 차
출해야 하는 상황이다.

3개 과는 인원 차출이 여의치 않은 상황으로, 자기 과에서 인원이
차출되지 않도록 다른 과장을 설득해야 한다.

① 국 전체 상황

국이 추구하고 있는 비전이나 주요 정책에 대한 설명 자료, 소속 과별 주요 업무 및 이슈 개요

② 각 과별 현황 자료

각 과별 인적 구성 및 개인별 담당업무 자료

③ 각 과별 주요 업무 상세 자료

각 과별 주요 업무 관련 실태(통계자료 등), 트랜드 및 외부환경 변화, 지원 현황 등에 관한 자료

④ 각 과별 업무 관련 이슈

주요 업무 이슈로 정책 업무를 수행해야 하는 환경적 필요성, 지원 방안, 제도 개선 필요성 등 해당 인력을 차출하기 어려운 근거 자료

⑤ 각 과별 차출 대상자 추진 업무 실적 및 관련 기준

차출 대상자 추진 업무 및 관련 실적에 대한 핵심 포인트 기술 자료, 업무와 관련한 주요 논의 기준(예, 긴급성, 중요성, 난이도 등)이 제시된 자료

[기조발언][22)

과 추진 목표, 차출 대상자 업무 성격 등을 언급하며 차출 우려가 있는 사무관이 과에서 매우 중요한 역할을 하고 있음을 간접적으로 이야기한다. 참조할 자료는 ① 국 전체 상황, ② 각 과별 현황 자료, ③ 각 과별 주요 업무 상세 자료 등이다.

[기준 설정]

3명 입장이 다르고 시간이 짧아, 논의를 위한 차출 기준을 설정해 진행하면 효과적이다. 인원 차출 과제는 업무 관련 기준(중요도, 난이도, 긴급성 등이 많이 제시되지만 과제내용에 따라 기준은 달라짐)이 제시되며 이는 ⑤ 각 과별 차출 대상자 추진 업무 실적 및 관련 기준에서 제시된다.

3명에게 제시된 자료는 유리한 기준과 불리한 기준이 서로 달라, 어떤 기준을 우선 적용하느냐에 따라 차출 대상자가 달라진다. 따라서 차출 기준 설정 논의가 매우 중요한 과정이다.

예를 들어 어떤 사무관은 긴급성이 낮고, 어떤 사무관은 중요도가 낮고, 어떤 사무관은 난이도가 낮다. 자신에게 유리한 기준이 먼저 적용될 수 있게 적절한 논리를 만들어야 한다.

---

22) 기조발언은 반드시 해야 하는 건 아니지만 평가자가 요구하는 경우도 있다. 기조발언은 자연스런 토론 분위기 형성에 도움이 되며, 과제수행자가 과제 상황을 어느 정도 이해했는지, 논의를 어떻게 이끌어갈지 보여주는 기회이다. 기조발언은 논의 취지와 방향을 알리는 목적으로 활용하면 된다.

[논의 진행]

초반 기조 발언 후, 논의는 상황에 따라 달라진다. 어떤 조는 기준 설정을 하고, 어떤 조는 개인 업무 및 여건을 논의하고, 어떤 조는 업무 내용을 논의하고, 어떤 조는 특정 사무관들에 집중하여 논의를 진행한다. 어떤 방식과 내용으로 논의하더라도 사무관 한 명을 차출하기 위한 과정이면 문제가 없다.

논의에서 집중해야 하는 자료는 ③ 각 과별 주요 업무 상세 자료, ④ 각 과별 업무 관련 이슈, ⑤ 각 과별 차출 대상자 추진 업무 실적 및 관련 기준 등이다.

여기에서는 기준 설정을 중심으로 설명하려고 한다.

긴급도가 낮은 과는 긴급도 논의를 피하고 중요도나 난이도가 낮은 과에서 차출하도록 이야기를 하고, 중요도가 낮은 과는 중요도 논의를 피하고 긴급도나 난이도가 낮은 과가 차출하도록 논의를 끌어간다.

결론 여부보다 상대방 이야기를 잘 듣는 게 중요하다. 사무관을 뺏기지 않아야 한다고 생각해서 상대방 이야기를 듣지 않고 자기 자료만 들여다보며 논의를 하는 경우가 많은데 안 좋은 모습이다.

집단토론은 상대방 이야기를 잘 듣고 적절하게 대응하는지를 평가한다. 자료파악이 조금 부족하고 논리가 약하더라도 상대방 이야기를 잘 듣고 논의에 적극적으로 참여하면 충분히 만회할 수 있다.

논의할 때 미리 결론을 내고 무조건 몰아가서는 안 된다. 상대방 말을 듣고 수긍할 수 있는 건 받아들이고 자기 입장을 어떻게 설득할지 고민해야 한다.

예를 들어 중요도가 낮은 과를 설득하려 했는데, 중요도가 낮은 과에서 수긍할 수 있는 명확한 근거를 대면 계속 억지를 부리지 말고 난이도가 낮은 과를 설득해야 한다.

[결론]

어떤 과에서 차출하는 결론이 나도 상관없고 논의를 하다 결론이 나지 않아도 괜찮다. 도출 여부, 방향이나 내용은 크게 중요하지 않다.

결론을 내는데 너무 집중하지 말고 상대방과 잘 논의하여 적절한 주장으로 자기 의견을 관철시키려 노력하면 된다.

만일 차출 인원이 일찍 선정될 경우, 추가적인 미션이 있으니[23] 이를 논의하면 되고 역시 결론을 내는 게 중요하지 않다.

가장 주의할 점은 결론이 나지 않을까 조바심이 나서 무조건 양보해서 합의하는 행동이다.

나. 포상자 선발

| 상황

국에서 직원 1명에게 표창을 수여하려고 한다. 3개 과에서 후보자 2명씩을 선정하여, 그 중에서 1명을 확정하는 상황이다.

각 개인별로 장점과 단점이 제시되고 이를 근거로 자기 과 직원이 선정되도록 다른 과장을 설득해야 한다.

---

23) 인력 차출에 따른 업무 공백을 다른 과에서 어떻게 지원해 줄 것인가를 논의하는 미션이 제시되는 경우가 많다. 다만, 이 미션을 하기 위해 인원 차출을 서둘러 끝내려는 행동은 주의해야 한다.

① 포상자 선발 상황

포상을 실시하는 이유, 포상 성격 등을 설명하는 자료

② 각 과별 현황

각 과 업무성격, 인력현황, 구성원 상벌 현황 등을 제시한 자료, 논의과정에서 활용할 수 있는 2명 선정 근거 자료

③ 후보자별 특성

후보자 업무실적, 역량평가 결과, 다면평가 결과, 업무 및 인간관계상 장·단점, 특이사항 및 고려사항 등 특성 자료

| 과제수행

[기조발언]

자기 과 직원 특성, 업무수행 능력, 실적 등을 이해하고 포상 취지나 성격 등을 고려하여, 유리한 기준이 될 만한 내용을 언급하고 직원이 받을 수 있는 근거를 설명한다. 참고할 자료는 ① 포상 대상 선발 상황, ② 각 과별 현황 등이다.

[기준 설정]

이 주제는 업무실적, 역량평가 결과, 다면평가 결과, 개인 장단점 및 특성 등이 기준으로 제시된다.

6명의 자료는 개인별로 유리한 기준과 불리한 기준이 다르다. 어

떤 직원은 업무실적이 뛰어나지만 사소한 징계 경력이 있고, 어떤 직원은 업무실적은 무난한 편이나 평판이 좋다. 어떤 직원은 역량평가 특정 영역에서 매우 우수한 반면 다른 영역에서는 낮게 나오고, 어떤 직원은 역량평가에서 특별히 우수한 영역은 없지만 대부분 영역에서 무난하다. 어떤 기준을 적용하고 어떻게 설득하느냐에 따라 대상자가 바뀔 수 있다.

자기 과 직원들에게 유리한 기준을 우선 제시하고 불리한 기준은 뒤로 미루는 전략이 필요하다. 선발 기준을 정하면 누가 대상자인지 가려질 수 있어 기준 설정이 매우 중요한 과정이다.

[논의 진행]

이 주제는 실제 공직에서 자주 다루는 내용으로, 다른 주제보다 내용이 단순하다. 주로 검토해야 할 자료는 ③ 후보자별 특성이다. 논의할 때 상대방과 의사소통 및 논의자세를 신경 써야 한다.

후보자들 특성이 제시되기에 자기 과 직원에게 유리한 내용을 분석하고 이를 설득하고 관철시키려 노력하면 된다. 자기 과 직원이 업무실적이 좋으면 업무실적을 강조하고 역량평가 결과가 좋으면 역량평가를 강조하고 다면평가 결과가 좋으면 다면평가를 강조하는 게 좋다. 또한 업무 및 인간관계 장단점, 특이사항 및 고려사항 등도 생각하며 논의할 필요가 있다.

[결론]

인원 차출과 마찬가지로 포상자 1명을 선정하여도 되고, 논의하다 결론이 나지 않아도 된다. 결론을 내기 위해 논의하는 과정이 중요하다.

다. 예산 삭감

제출한 예산안을 삭감·조정해야 하는 상황이다. 국 차원에서 일정 예산을 줄여야 하는데 3개 과 상황을 고려하여 서로 간 논의를 통해 적절한 삭감안을 마련해야 한다.

| 자료

① 과 주요 업무 및 목표

각 과가 추진하는 주요 업무별 설명 자료, 업무 관련 상황 및 목표 자료

② 각 과별 주요 사업 및 예산안

적절한 삭감 근거를 마련할 수 있는 각 과 주요 사업 항목별 구체적 예산 자료

③ 예산안 사용처

주요 사업 현황 및 사업 추진 예산 자료, 사업 성격(신규 사업 또는 계속 사업)을 규정한 자료, 예산 집행 기대효과 자료

| 과제수행

[기조발언]

과 역할, 추진하는 업무 성격, 업무별 예산 등을 간략히 설명하고,

논의를 어떻게 끌어갈지를 제시한다. 참고할 자료는 ① 과 주요 업무 및 목표, ② 각 과별 주요사업 및 예산안을 주로 활용한다.

[기준 설정]

예산은 인력 차출과 다른 방식으로 기준을 설정해야 한다. 예산 삭감 기준은 주로 예산 성격, 과 간 예산 유사성, 예산 집행 시급성 및 중요성 등을 고려해야 하는데 이는 ② 각 과별 주요사업 및 예산안, ③ 예산안 사용처 등에 제시된다.

예산은 3명 중 누구에게 유리하거나 불리한 기준으로 제시되지 않는다. 어떤 기준이냐에 따라 모든 과 예산이 삭감 대상이 된다.

예를 들어 어떤 예산 항목은 규모가 커서 삭감 여지가 있고, 어떤 예산 항목은 계속 사업이어서 예산 탄력성이 있어 삭감할 수 있고, 어떤 예산 항목은 각 과별 중복성이 있어 통합 및 삭감할 수 있다고 논의한다.

[논의 진행]

예산 삭감은 계획했던 업무에 차질을 주고 직원 업무가 축소되는 등 부작용이 있으니 신중히 고민해서 논의해야 한다. 사람을 쪼갤 수 없어 1명을 차출하는 상황과 달리 예산은 한 과에서 모두 삭감하는 경우가 없기에 어떤 기준으로 어느 과에서 얼마 정도 예산을 삭감할 수 있느냐를 논의한다.

예산 과제는 준비과정에서 각 과별로 어떤 예산을 얼마나 삭감해야 할지 시뮬레이션을 해보고 정확한 삭감안을 마련해야 한다. 삭감안 마련은 시간이 꽤 소요되기에 시간확보도 중요하다. 다른 2명이 있어 자기 주장만 수용될 수 없으니 상대방과 적절한 논의를 통해 접점을 찾아야 한다.

예산 삭감은 특정 과에서 모두 삭감하는 경우는 없고 논의에 따라 어떤 과는 많이 삭감되고 어떤 과는 적게 삭감된다. 여러 기준을 고려해서 어떤 예산은 내년으로 미루고, 어떤 예산은 얼마만큼 줄일지를 구체적으로 계산해 미션에서 요구하는 삭감 수준을 맞추고 이를 근거로 논의해야 한다.

만일 삭감할 예산이 너무 커 논의가 힘들 때는 각 과별로 일정 수준(예를 들면, 삭감액 60% 수준)까지 공통으로 삭감한 후, 나머지 예산을 논의하여 삭감하는 방식도 고려할 수도 있다.

물론 이 방식은 서로 간 동의가 있어야 하고 어떤 예산을 삭감할지도 미리 고민하고 논의해야 한다.

[결론]

논의를 통해 조금씩 예산을 삭감하면 된다. 목표액을 채우려고 너무 애쓰지 말고 상대방과 논의에 집중하여 합리적이고 자기에게 유리한 예산 삭감안을 제시하고 관철시키려 노력하면 된다.

결론이 나지 않을까 조바심을 내거나 양보하면 평가를 잘 받을 거란 생각 때문에 논의 과정과 상관없이 자기 과 예산을 쉽게 삭감하는 행동을 하면 안 된다. 예산이 삭감되면 해당 업무를 하는 직원 업무 및 성과에 영향을 미치기에 너무 쉽게 양보를 하면 직원을 고려하지 않는다는 평가를 받아 다른 측면에서 나쁜 결과를 낳을 수 있다.

라. 예산 증액

| 상황

국 미션 강화를 위해 예산이 증액되어 예산을 투입할 추가적인 사업을 선정해야 하는 상황이다.

각 과별로 추가 투자가 필요한 사업을 제시하고 논의를 통해 증액된 예산을 확보해야 한다.

| 자료

① 국 전체 상황

국이 추구하는 정책 및 관련 업무 방향 자료, 국 상황을 알려주는 자료

② 과 주요 업무

각 과 역할 및 주요 업무, 향후 중점 추진 업무 자료

③ 각 과별 주요 사업 및 예산안

각 과 주요 사업 세부적인 활동 내역 자료, 예산 항목 및 관련 내용 자료

④ 추가 투자 사업 내용

추가 투자 사업 목표, 배경 및 필요성, 현재 사업 현황 자료, 구체적인 추진 방안 자료, 실행을 위한 세부 항목별 예산 자료와 사업 수행에 따른 기대효과 자료

[기조발언]

국이나 과 추진 목표를 이해하고, 과에서 어떤 정책이나 업무에 힘을 쏟을지를 제시하고 추가 투자할 사업이 이와 어떻게 연관되는지를 간략히 설명한다. 참고할 자료는 ① 국 전체 상황, ② 과 주요 업무 등을 주로 활용한다.

[기준 설정]

예산 증액은 예산을 다루는 면에서 예산 삭감과 비슷해 보이지만 차이가 있다. 예산 삭감은 해당 예산 의미와 중요성에 호소하지만, 예산 증액은 과 방향성을 고려한 추가 사업 필요성에 집중한다. 이를 위해 ② 과 주요 업무, ③ 각 과별 주요사업 및 예산안, ④ 추가 투자 사업 내용 등을 활용한다.

예산 증액 기준은 증액 예산을 투입한 추가 사업이 얼마나 성과를 낼 수 있느냐에 달려 있어 이를 잘 설득해야 한다.

[논의 진행]

예산 증액은 기존 업무 계획에 영향을 주지 않아 과에 미치는 영향력 등은 고려하지 않아도 된다. 예산 증액은 기존에 준비했던 사업은 그대로 진행하면서 추가로 성과를 내는 사업을 할 수 있어 예산 삭감보다 덜 민감하지만 논의를 대충하면 안 되고, 어떤 사업으로 설득할 지 미리 염두에 두면 좋다.

예를 들어 과의 추가 사업이 다른 과보다 어떤 측면에서 나은지,

어떤 효과가 있는지 등을 고민하고, 우리 과에서 추가 사업을 위해 어느 정도 예산 증액을 요구하면 다른 과에서 수용할 수 있을지 등을 고민하고 다른 2명을 설득해야 한다. 다른 2명과 증액된 예산을 적절하게 배분할 수 있는 방안을 찾아야 하며, 자신이 정해놓은 안으로 억지로 몰고 가면 안 된다.

[결론]

예산 증액도 특정 과에서 모두 가져가기는 힘들고 3개 과가 합리적인 수준에서 나누는 경우가 많다. 논의에 따라 어떤 과는 많이 가져가고 어떤 과는 적게 가져간다.

상대방과 논의에 집중하여 자기에게 유리한 점을 호소하고 좀더 많은 예산을 가져오려고 설득하면 된다.

마. 책임 소재 규명

| 상황

국 차원에서 진행하거나 관리하고 있는 업무로, 국민 피해가 발생하고 이에 따른 배상을 해야 하는 상황이다. 배상액은 각 과 책임 비중에 따라 정해진다.

배상액은 책임 비중에 따라 각 과 예산에서 충당하기에 각 과별로 책임을 면하거나 최소화하기 위해 책임소재를 가리는 논의를 해야 한다.

| 자료

① 국 상황 및 사고 발생 경위

국에 소속된 과의 역할 및 주요 업무 소개 자료, 대민 업무 내용 자료, 사고 발생 경위

② 과 업무/역할 및 사고 발생 사례

국에서 진행하는 업무로 인해 피해가 발생하는 상황, 시설이나 설비 관리 소홀로 인해 물적 피해나 부상을 당하는 상황 등 사례 및 관련 책임 규정 설명 자료

③ 사고 관련 각 과 업무 내용

해당 사고와 관련된 각 과별 세부 업무 내용을 설명하고 사고 원인에 어떻게 영향을 미치는지, 사고 예방이나 최소화를 위해 어떤 활동을 했는지 등을 소개하여 책임소재에 대해 논의할 수 있는 자료

④ 보상 수준 및 책임비중에 따른 분담비율

피해 보상액 수준 및 책임비중에 따른 분담 수준을 제시하고 분담금 액수로 인해 과에서 발생할 수 있는 업무차질도 언급하여 이를 고려하여 논의할 수 있는 자료

| 과제수행

[기조발언]

자기 과가 담당하고 있는 업무 성격과 범위를 명확히 하여 사고 관련성이 적음과 예방을 위해 노력한 활동을 설명한다. 참조할 자료는 ① 국 상황 및 사고 발생 경위, ③ 사고 관련 각 과 업무 내용 등이다.

[기준 설정]

사고 책임은 모든 과들과 관련이 있다. 보는 관점에 따라 과별 책임 범위는 다르다.

논의를 통해 각 과 입장에서 사고 원인을 규정하고, 원인과 업무 관련성, 과별 예방 조치 범위, 책임 소재 등을 정해야 한다.

책임 소재 규명은 ② 과 업무/역할 및 사고 발생 사례, ③ 사고 관련 각 과 업무 내용 등을 근거로 적절한 논리나 관점을 정해야 한다.

[논의 진행]

논의를 위해 집중해야 하는 자료는 ③ 사고 관련 각 과 업무 내용과 ④ 보상 수준 및 책임비중에 따른 분담비율 등이다.

책임 소재가 명확하면 각 과별 분담비율이 정해지기에, 사고와 관련성이 깊은 업무가 무엇이고 어느 정도 관련성이 있는지를 논의하면 된다.

책임이 크다고 느낀 과는 보상액을 3개 과가 균등하게 분담하자는 쪽으로 설득하고, 책임이 작다고 느낀 과는 보상액을 최소화하려고 설득해야 한다.

논의 과정에서 어떻게 설득하고 상대방 이야기를 잘 듣고 답변하는지를 평가한다. 따라서 상대방 말을 듣고 논의에 집중해야 한다.

[결론]

자기 논리와 관점으로 상대방을 설득해 가면서 타협점을 찾아가야 하는데, 보상 문제가 있기에 한 과에서 전적으로 책임을 지고 보상액을 모두 부담하는 결과는 나오기가 힘들다. 상대방 입장과 의견을 수용하여 적절한 방안을 찾을 수 있도록 논의를 해야 한다.

어느 과 책임이 얼마이고 보상금을 어느 정도 부담해야 하는지 논의하되, 결론을 내려고 조바심 내지 말아야 한다. 양보가 좋다고 믿고 무조건 양보하지 말아야 한다.

Part
5

역량평가 대비 활동

1. 연습 단계

2. 평가 직전 단계

3. 평가 수행 단계

1. 연습 단계

1) 이해할 수 있는 자료 숙지 속도를 찾아라

많은 과제수행자들이 과제 숙지에 부담을 갖는다. 자료를 꼼꼼하게 보려면 시간이 많이 필요한데 제한된 시간에 내용파악 및 분석하기가 힘들고, 필기시험에 익숙해진 습관 때문에 전체 맥락을 이해하기보다 과제 내용을 외우려고 한다.

자신이 놓친 내용을 평가자가 질문할 거라는 불안감, 구체적인 수치까지 확인할 거라는 압박감 등으로 과제를 꼼꼼히 읽고 외우려는데 많은 시간을 보낸다.[24] 그래도 불안해서 발표나 보고할 내용을 작성하게 된다.

이런 경향은 기획이나 보고서 작성, 발표 등을 많이 해 보지 않은 사람들에게서 더 강하게 나타난다. 기획이나 보고서 작성을 해보지 않았다는 부담으로 자료 작성에 집중하고, 발표를 해보지 않은 불안감에 외워서 혹은 써서라도 발표하겠다고 생각한다.

30분 준비시간 동안, 읽고 자료 작성에 많이 할애하면 자료 분석과 방안 마련을 제대로 할 수 없다. 짧은 시간에 전체 흐름을 파악하고 세부적인 자료 내용을 외운다는 건 누구나 힘들다. 거기에 내용을 작성하게 되면 시간은 더 부족하다. 자료를 외우다 보면 전체 상황이나 흐름을 파악하지 못하고 눈에 잘 띄는 문구나 숫자, 지엽적인

---

[24] 일반적인 평가 상황에서는 구체적인 지문 내용이나 수치를 잘 묻지 않는다. 과제수행자가 과제 개요나 전체 흐름을 제대로 파악하지 못할 때, 평가자가 구체적인 지문 내용이나 수치를 묻는다.

내용 위주로 보게 되고, 자료를 작성하면 평가자 질문에 맞는 답변을 준비할 수 없다. 즉 외우거나 발표 자료를 작성해서는 제대로 평가를 받기 어렵다.

자료를 외우거나 작성하는 습관을 바꾸는 방법으로 신문 사설과 같이 부담이 없는 자료 읽기를 권한다. 읽고 내용을 이해할 수 있는 자기 속도를 찾아 익숙해지도록 연습해야 한다. 글이나 문서를 많이 접하지 않은 분들은 무조건 많이 읽으려 하나, 읽을수록 불안감과 부담이 커져 좋은 방법이 아니다. 자기 읽는 방식이나 습관을 확인하고 자료를 이해할 수 있는 읽는 속도를 찾는 게 중요하다.

나이가 많아지면 젊을 때보다 이해력은 상대적으로 떨어져, 젊을 때 속도로 읽으면 이해하지 못하는 부분이 많다. 자료를 열심히 읽는데 이해가 잘 되지 않는다면 자신이 자료를 읽는 방식에 문제가 있거나, 읽는 속도가 이해하는 속도보다 빠르다고 보면 된다. 이를 알지 못하면 열심히 자료를 읽는데 잘 이해되지 않아 어렵거나 방금 읽었는데 까먹었다거나 시간에 비해 자료가 많다는 이야기를 한다.

이해할 수 있는 읽는 속도를 찾는데는 신문사설이 가장 효과적이다. 완결성을 갖춘 짧은 문장으로 구성되어 있고, 글쓴이의 생각이나 논리가 잘 정리되어 있어 글을 잘 읽고 이해하는지를 확인하기 용이하다.

일부에서는 과제 주제가 다양하기에 많은 주제를 접하고 친숙해지면 좋다고 신문사설을 읽으라는 이야기가 있는데, 실제로는 그다지 도움이 되지 않고 오히려 불안감이 생겨 봐야 할 사설이 늘어가면서 점점 부담이 커진다는 것을 알아야 한다.

2) 의견을 명확히 전달하라

과제 수행 중에 자기 의견을 거창하거나 장황하게 이야기하는 사람들이 있다. 특히 발표 과제에서 발표 능력을 평가한다고 생각하거나 평가자 질문이 부담스러워 자신이 많은 시간을 보내려고 한다. 하지만 발표 과제는 발표라는 형식을 빌릴 뿐 발표 능력을 평가하지 않는다. 또한 평가자는 필요한 만큼 평가 시간을 관리하기에 억지로 발표시간을 늘리려 할수록 과제수행자에게 손해가 된다.

평가에서는 자기 의견을 명확히 전달하는 게 중요하다. 사람 성향에 따라 말을 잘 하거나 못하는 사람이 있는데, 역량평가는 말솜씨를 평가하지 않는다. 자신이 파악하고 결정하고 고민한 내용을 얼마나 명확하게 전달하느냐가 중요한 평가요소이다. 따라서 자료에서 자기 의견을 뒷받침할 근거를 찾고 이를 잘 표현하는 연습이 필요하다.

3) 상대 이야기를 잘 들어라

의사소통이 중요하다는 건 누구나 알고 있다. 특히 역량평가에서 경청이 중요함을 알기에 열심히 들으려고 하지만 평소 습관이 되어 있지 않으면 평가라는 긴박한 상황에서 쉽지 않다.

평가에서 상대(평가자) 이야기를 제대로 듣지 못하는 몇 가지 이유가 있다.

첫째, 업무를 지시받고 바쁘게 추진하다 보니, 대화나 협의 등을 하지 않고 상대 의견을 듣는데 익숙하지 않다. 이런 습관으로 과제에서도 '내가 말할 테니, 너는 듣기만 해.'라는 태도를 보이는 경우가 있다. 평소에 상대 이야기를 미리 단정하거나 무시하지 않고 끝까지 들어주는 노력을 해야 잘못된 습관을 고칠 수 있다.

둘째, 상대 이야기나 질문을 잘 이해하지 못한다. 이해를 못했으면 상대방에게 물어야 하는데, 자기 마음대로 해석해서 답변을 해버린다. 임기응변으로 답변을 잘 했다고 믿지만, 엉뚱한 답변일 가능성이 크고 평가자 입장에서 이야기를 잘 듣지 않았다고 판단한다.

이해가 되지 않거나 모호할 때는 상대방에게 재질문하여 정확한 내용이 무엇인지 설명해 달라고 하고, 자신이 이해한 내용이 맞는지 확인해도 좋다. 직원들과 대화할 때 많이 들으려 하고, 직원들이 어떤 생각과 고민을 하고 무얼 이야기하는지 파악하려고 노력해야 한다.

셋째, 자료를 보면서 정리해 둔 걸 잊어버리기 전에 말해야 한다는 강박으로, 외운 걸 빨리 이야기하려고 상대 반응을 보지 않거나 말을 들으려 하지 않고 말할 기회도 주지 않는다. 평가는 필기시험을 보듯 외우는 게 아니라는 것을 알고, 여유를 가지고 상대 이야기를 들으려 노력해야 한다.

넷째, 과제수행에서 자기 의견을 말해야 할 때와 상대 이야기를 들어야 할 때를 구분하지 못한다. 자신이 의견을 말해야 할 때 정리가 안 되거나 답변이 궁색해 상대방에게 말하게 하고, 상대방이 질문을 해야 할 때는 질문할 기회를 주지 않는 등의 행동을 보인다. 의사소통에서 좋을 평가를 받을 수 없다.

4) 이미지 트레이닝을 하라

평가 과제는 실제 업무에서 일어날 수 있는 상황으로, 과제를 파악하고 수행하는 방식이 생소하더라도 자신이 실제로 수행하는 업무라고 이미지 트레이닝을 해야 한다.

역량평가를 받는 분들은 조직에서 업무 능력을 인정받아 서기관으로 승진하여 업무수행능력이 뛰어나기에, 접해보지 않은 상황과 업무 내용을 받더라도 자신이 담당할 업무라고 생각해서 몰입한다면 충분히 자기 역량을 발휘할 수 있다.

앞에서 제시한 각 과제별 대표 주제와 수행방식을 바탕으로 적절한 업무상황을 가정하여, 자신이라면 어떻게 자료를 숙지하고 판단하고 결정하여 대처할지 이미지를 그려보면 평가 준비에 도움이 된다.

5) 평가 후기 등 자료를 보려면 제대로 봐라

역량평가 관련 서적, 통과한 사람들이 작성한 후기, 과제 수행 요령 정보 등 자료는 많은 편이고 구하기도 쉽다. 이런 자료가 평가를 준비하는 사람들에게 나름대로 위안이 될 수 있지만, 무작정 읽고 외우는 건 실제 평가에 그다지 도움이 되지 않을 뿐만 아니라 어떤 경우는 오히려 부작용이 생길 수 있다.

평가과제는 4가지 유형이 있다. 유형마다 주제나 자료 내용에 따라 다양하게 구성할 수 있어 일률적인 규칙은 없다. 각 케이스별로 파악하고 대처해야 하는데, 관련 자료를 잘못 이해하고 준비하면 부정적인 모습을 강화할 수 있어 자료 보는 요령을 권하고 싶지 않다. 그럼에도 자료에 관심을 가지고 구해서 열심히 공부하는 분들을 위해 자료 보는 최소한 가이드라인을 제시하고자 한다.

다음은 자료를 볼 때 참고해야 할 내용이다.

관심 가져야 할 내용	주의해야 할 내용
■ 과제 특성 및 수행 방식	■ 과제수행자 자료 이해 방식
■ 과제별 주제	■ 과제수행자 답변
■ 평가자 질문 내용	■ 과제수행자가 보인 행동(예: 고개 끄덕임, 메모 등)
■ 평가자 피드백	■ 과제수행자 입장에서 평가자와 상호작용 느낌

관심 가져야 할 내용을 보고 자신은 어떤 방식으로 준비할지를 고민하면 도움이 된다.

[과제 특성 및 수행 방식]

앞에서 제시한 과제 특성에 따라 측정할 수 있는 역량이 있고 과제 구성 방식도 달라 이를 잘 이해하면 평가에 도움이 된다. 과제별 특성에 따라 평가하는 행동이 다르기에 수행하는 방식을 알고 대비하면 좋다. 다만 과제별 측정 역량과 행동을 외우는 건 의미가 없으니 주의해야 한다.

[과제별 주제]

과제별로 주제는 매우 다양하고 과제 내용이 현재 우리나라 상황과 동일하지 않을 수 있다. 과제별로 어떤 주제가 나오는지 안다면 주제에 대해 자기 견해를 정리해 볼 수 있어 당황하지 않고 평가를 받을 수 있다.

[평가자 질문 내용]

과제수행자들이 평가자 질문 내용에는 관심이 적어 평가 후기나 과제수행 요령 자료에는 잘 제시하지 않지만 이런 자료를 볼 수 있다면 과제에서 어떤 부분에 관심을 가지고 질문하는지 알 수 있어 평가 상황에서 대처하는데 많은 도움이 된다.

[평가자 피드백]

과제수행자들은 알지 못하지만 평가자는 다양한 피드백을 보낸다. 긍정 혹은 부정, 보완 요청, 의사소통 미흡, 자료 오독 등을 직·간접적으로 피드백한다. 어떤 말과 행동에 평가자가 어떤 피드백을 보냈는지 알면 좀더 명확한 방향으로 준비를 할 수 있다.

과제수행자들은 평가를 통과한 사람이 어떤 말과 행동을 했는지에만 관심을 갖고 그대로 외워 따라 하려고 한다. 이런 내용은 통과한 사람의 주관적 판단이 많아 오히려 잘못된 영향을 줄 가능성이 크다. 또한 간신히 통과한 사람을 그대로 따라할 경우 통과할 가능성은 매우 낮다.

다음 사항은 주의해야 할 내용으로 그대로 따라할 경우 어려움을 겪을 수 있다.

[과제수행자 자료 이해 방식]

'저 사람이 이렇게 분석해서 통과했다고 하니 저렇게 하면 되겠구나!'라고 생각해서 자기 스타일을 버리고 자료에 나온 방식을 외우려는 분들이 있다.

결론부터 말하면 잘못된 방식이다. 사람들마다 자료를 분석하고 이해하는 방식이 다르다. 이는 분석 및 이해능력 수준 차이가 아니라 개인적 특성, 업무 경험 및 자료 인지 방식의 차이를 의미한다. 경험과 인지 방식이 상이한 사람을 따라 하다 보면, 자료 분석도 자연스럽지 않고 자기 능력을 제대로 발휘하지 못해서 융통성이나 문제해결 능력이 약해질 수밖에 없다. 자기만의 이해 방식이 있으니 사설 읽는 연습 등을 통해 자료를 이해할 수 있는 속도를 찾으면 과제수행에는 전혀 문제가 없다.

[과제수행자 답변]

평가를 통과한 분들은 답변을 잘 했다고 생각하여 어떤 내용에 대해 어떻게 답변했는지 위주로 후기를 작성하고 알려준다. 통과한 사람은 스스로 그렇게 생각할 수 있지만, 실제로 질문과 답변 내용 및 맥락, 답변 일관성, 태도 등을 종합적으로 판단하기에 답변 하나가 좋은 평가를 받았는지 알 수 없다. 제시된 과제 상황을 보면서 스스로는 어떻게 대응할지 고민해 보는 게 효과적일 수 있다.

[과제수행자가 보인 행동]

앞에서 언급한 면접에 활용하는 행동들이 자료에도 많이 등장한다. 예를 들면 '고개를 끄덕이고 메모를 해서 평가자에게 자신이 잘 듣고 있다는 걸 보여줘 좋은 점수를 받았다'는 식이다. 이대로 하지 않아 불이익을 보면 어쩌나 하는 걱정이 드는 내용이다.

평가 기준에 따라 평가가 진행되기에 과제수행자 느낌이나 판단을 믿으면 안 된다. 어떤 근거도 없는 개인적 느낌과 판단일 뿐이다. 실제로 평가나 교육에서는 그런 행동들이 오히려 평가에 부정적 영향을 미칠 때가 많다.

[과제수행자 입장에서 평가자와 상호 작용 느낌]

평가자는 편한 분위기를 조성해서 과제수행자가 최대한 능력을 발휘하도록 돕는다. 가벼운 이야기, 웃음, 긍정적 제스처 등이 이런 행동이다. 일부 과제수행자는 이런 모습에서 평가를 잘 보고 있다고 해석한다.

평가 후기 등을 보면, 자기 말과 행동에 평가자가 호의적으로 반응했다는 내용이 많이 언급된다. 이런 자료를 보면서, 어떤 말과 행동을 보여야 좋은 반응을 얻을 수 있는지를 파악하고 이를 연습하는 이들이 있다.

하지만 평가는 자료 분석 및 과장 역할 수행이 핵심으로, 편한 분위기 조성을 위한 평가자 행동을 지나치게 긍정적으로 해석하면 좋은 결과를 얻을 수 없다.

6) 눈을 보면서 이야기하는 연습을 하라

상대방을 빤히 쳐다보고 이야기를 하면 '공격적이다', '건방지다'라는 이야기를 듣기도 하고, 상대방 눈을 보면 이야기하기 어색해서 쳐다보지 않고 이야기하는 사람들이 많다.

평가자는 과제수행자 눈에 집중하여 평가를 진행한다. 눈은 많은 메시지를 보내기에 눈을 보면서 이야기하는 게 중요하다. 눈을 보면 좋은 이유는 다음과 같다.

첫째, 상대 이야기에 집중하고 잘 들을 수 있다. 평가자 이야기를 잘 들을수록 평가에 유리하다. 평가자는 자기 이야기를 잘 듣는지, 자기 이야기에 어떻게 답변하는지 등으로 의사소통 능력을 평가한다. 상대 눈을 보면 이야기를 집중해서 들을 수 있고 상대 의도도 파악하기 쉽다.

둘째, 평가자 반응을 빨리 알아차릴 수 있다. 평가자는 떨어뜨리기 위해 노력하는 사람이 아니다. 심각한 결격사유가 없으면 합격시키려 한다. 평가자는 과제수행자에게 긍정적·부정적 반응과 다양한 무언의 메시지를 보낸다. 평가자와 시선을 맞추고 있다면, 그런 반응을 쉽게 알아차리고 대응할 여지가 많다.

셋째, 적극적이라는 인상을 줄 수 있다. 평가를 진행하면, 소극적인 사람보다 적극적인 사람에게 호의적이다. 적극적인 사람은 상대방과 이야기할 때 시선을 맞추고 자신감있게 이야기하는 모습을 보이니 평가자와 시선을 맞추고 이야기하면 적극적이란 인식을 줄 수 있다.

눈을 마주보는 행동은 평가에서 갑자기 이루어지기 힘들다. 평소에 사람들과 시선을 맞추며 이야기하는 연습을 지속적으로 해야 평가에서 자연스럽게 나올 수 있다.

주의할 점은 시선만 맞추고 상대 이야기를 제대로 듣지 않으면 평가자가 금방 알 수 있으니 서로 간 대화에 집중해야 한다.

7) 주변 사람들에게 관심을 가지고 특성을 찾아라

중간관리자 이상 리더에게 요구되는 중요한 역할 중 하나는 직원 동기부여이다. 최근 약화되고 있지만 상명하복은 주요한 공직문화 특징이다. 많은 공무원들이 부하직원보다 상사에게 더 많은 신경을 쓴다. 상사의 심경이나 외모 변화에 신경을 쓰지만 부하직원의 어려움이나 고민에는 그다지 신경을 쓰지 않는 경향이 있다.

'부하직원을 파악하고 공감하라'는 말은 이해하기는 쉽지만 행동으로 잘 나타나지 않는다. 무얼 파악하고 어떤 것에 관심을 갖고 어떻게 배려를 해야 하는지 모르는 경우도 많다. 부하직원에 대한 관심이나 배려는 한번 혹은 단기간에 생기지는 않는다. 시간 여유를 가지고 자신 주변 사람들을 유심히 살펴 특성과 업무스타일, 다른 사람들과 관계를 파악해 보려는 노력이 필요하다. 그렇게 하면 주변 사람이나 부하직원 상황이 보이고 무얼 고민하는지 등을 알 수 있어 평가 상황에서 직원 특성이나 업무 혹은 인간관계에 대한 고민 등을 좀더 쉽게 파악할 수 있다.

2. 평가 직전 단계

1) 평가 전 충분한 휴식을 취하라

최상의 컨디션으로 평가를 보기 위해 전날 충분한 휴식과 숙면을 취해야 한다.

평가는 오전 10시부터 오후 3시까지 긴 시간 동안 진행된다. 단순한 자료 읽기가 아니라 분석하고, 고민하여 의사결정하고, 근거를 제시하고 적절한 대응방안을 마련하려면 업무 때보다 몇 배 집중력을 요구한다.

평가 전날, 일찍 자려고 해도 잠이 잘 오지 않는다. 평가를 잘 봐야 한다는 부담, 어떤 평가 과제가 나오고, 어떻게 수행해야 하느냐에 대한 걱정 등 생각이 많아 잠을 제대로 못 이루기도 하고, 암기시험처럼 마지막에 무언가를 집중해서 정리하겠다는 강박이 작용하기도 한다.

평소 정해진 시간에 잠드는 습관을 들여 평가 전날도 충분한 수면을 취하고 최상의 컨디션을 유지하도록 해야 한다.

2) 이동 시간 및 거리를 고려하라

평가 당일 오전 9시까지 평가장소(국가공무원인재개발원 과천 분원)에 집결해야 하니 본인 집에서 이동시간 및 거리를 고려해야 한다. 거리가 멀어 자동차를 운전해서 이동하거나 1시간 이상 이동시간이 소요되면 평가장소 인근에서 숙박하기를 권한다.

평가는 높은 집중력과 체력을 요구하는데, 운전을 해서 많은 거리를 이동하거나 1시간 이상을 움직이면, 체력 소모가 크고 집중력이 떨어져 평가를 망칠 수도 있다.

민감해서 잠자리가 바뀌면 잠을 못 이루는 경우에는 차선의 방안을 마련해서 평가에 미치는 악영향을 최소화해야 한다.

3) 너무 많은 걸 하지 마라

평가가 닥치고 마음이 급해 무언가 해야 한다는 불안감이 있겠지만, 최대한 마음을 편하게 하고 많은 걸 하지 말아야 한다.

역량평가는 암기시험이 아니기에 평가받기 직전에 많은 걸 봐도 도움이 되지 않는다. 오히려 뭔가를 하면서 불안해질 수 있고, 잠자려고 누워도 잠이 들지 않아 컨디션을 망칠 수 있다. 편한 마음을 유지하고 평소 업무 스타일, 직원을 어떻게 대했는지를 돌아보고 과제별로 어떻게 대응할지를 머릿속에서 정리하는 수준에서 마무리하는 게 좋다.

3. 평가 수행 단계

1) 자신감을 가져라

평가과제와 방식이 생소하고 어렵다고 걱정이 많아지면 실제 평가에서 위축되어 본인이 가진 능력을 제대로 발휘하지 못한다.

앞에서 언급했듯 과제는 실제 업무 상황과 유사하며 일반 행정업무 수행 경험을 가지고 있으면 충분히 수행할 수 있다. 과제는 정답이 없기에 자기 판단과 결정을 믿고 자신감을 가지고 수행하는 게 가장 중요하다.

평가자도 자신감 있는 태도와 확신에 찬 주장을 하는 과제수행자에게 좀더 호의적이다. 실제로 자신감 있고 자기주장이 명확한 사람들이 통과하는 비율이 훨씬 높았다. 자신감과 자기주장은 과제를 접했을 때 명확한 의사결정을 하도록 돕는다.

다만 자신감 있는 태도나 확신에 찬 주장과 막무가내로 우기는 의견은 차이가 있으니 주의해야 한다.

평가를 잘 볼 수 있다는 긍정적 생각도 평가에 도움이 된다. 누구나 알고 있듯, 긍정적인 생각과 태도는 사람들에게 좋은 인상을 준다.

다만 편한 분위기를 만들어 주려고 맞장구쳐주는 평가자의 대응을 스스로 지나치게 긍정적으로 해석하는 건 경계해야 한다.

2) 물과 당분을 충분히 섭취하라

쉬는 시간마다 초콜릿이나 사탕, 물을 충분히 섭취해야 한다. 인간의 두뇌는 체중의 3% 정도지만, 몸 전체 에너지 20%를 소모한다.

역량평가는 짧은 시간에 엄청난 집중력을 발휘해 뇌에서 순간적으로 많은 에너지를 소모한다. 업무를 할 때도 집중력을 발휘하니 괜찮겠지 생각하지만, 역량평가는 5시간 동안 고도의 집중력을 요구하여 평소 수준으로 생각하면 낭패를 볼 수 있다.

실제로 과제 수행 중에 과제 내용이 잘 보이지 않고, 집중력이 떨어져 무슨 내용인지 이해가 되지 않고, 생각을 정리해야 하는데 멍하게 있었다는 경험을 이야기하는 분들도 많다. 두뇌에 에너지가 부족해서 나타나는 현상이다.

평가를 망치지 않으려면 쉬는 시간에 에너지를 보충할 수 있도록 초콜릿이나 사탕, 물 등을 의식적으로 섭취해야 한다.

3) 맑은 공기를 마셔라

평가 중간 쉬는 시간에 다음 수행할 과제와 관련해 자신이 가지고 있는 정보를 점검하고 어떻게 할지를 정리하려고, 자리에 앉아 고민하는 과제수행자들이 있다.

역량평가는 필기시험이 아니다. 외워야 할 내용도 없고 외워서 해결할 수도 없다. 자세한 과제 내용이 공개되지 않아 부족한 정보나 왜곡된 대응 자료로 준비한다고 도움이 되지 않는다.

이런 검토 및 준비를 하기보다 밖으로 나가 맑은 공기를 마셔야 한다. 평가를 받는 공간이 협소해 오랜 시간 있으면 금방 공기가 탁해진다. 장시간 긴장을 유지한 채 탁한 공기 속에 있으면 머리는 굳어지고 사고도 경직된다.

짧은 시간이지만 맑은 공기를 접하면 자료 이해에 도움이 되고 평가자의 질문에 유연하게 대처할 수 있다. 바깥 공기를 마시고 들어오면서 초콜릿, 사탕, 물 등을 섭취하면 더욱 좋다.

4) 쉽게 포기하지 마라

1개 과제를 망친 분들이 쉽게 포기할 수 있는데, 역량평가는 4개 과제로 실행되어 1개 과제를 잘못했다고 지레 포기하면 안 된다.

역량평가는 1개 역량을 다른 과제로 2번 이상 측정한다. 과제별로 측정한 역량 점수 차이가 크지 않으면 평균을 내고, 점수 차이가 클 경우 조정하거나 좀더 타당한 쪽의 점수를 반영한다. 평가자도 과제 수행자 성향에 따라 잘 하는 과제와 못하는 과제가 있다는 걸 알고 있어 한 과제를 망치더라도 다른 과제를 잘 수행하면 이를 충분히 반영한다.

당황하거나 실수해서 1개 과제를 망쳤더라도 다른 과제를 잘 수행하면 점수 조정 과정에서 만회할 수 있으니 포기하지 말고 남은 과제에 최선을 다해야 한다.

5) 핵심에 집중하고, 간략히 메모하라

평가를 준비하는 사람들은 다양한 경로로 많이 내용을 적어야 한다고 듣는다. 발표는 A4용지 1장 이상을 작성하는 과제수행자들도 있다. 이렇게 많이 작성하는 이유는 크게 2가지로 파악된다.

첫째, 발표는 보고서 작성이라는 인식이다. 많은 공공기관에서 실시하는 역량평가는 발표 과제를 주고 보고서를 작성하여 제출하고 이를 평가한다. 이로 인해 발표는 무조건 보고서를 작성한다는 인식이 퍼져 있다. 보고서 목차를 '제목 → 배경 → 현황 → 문제점 → 목표설정 → 개선방안 → 추진계획 → 장애요인 및 해결방안 → 기대효과 → 건의사항' 등으로 정하고 이에 맞는 내용을 과제에서 찾아서 작성한다. 목차가 많으니 1장 이상 내용을 작성해야 한다.

둘째, 잊어버리지 않아야 한다는 강박이다. 50대 과제수행자가 많이 보이는 행동으로, 나이로 인해 과제를 숙지하지 못하고 발표할 내용도 금방 잊어버려 발표를 못할까 두려워서 적는데 집착한다. 앞에서도 언급한 바 있지만, A4용지 1장 이상을 작성하면 과제수행의 핵심인 의사결정, 결정의 근거나 이유, 대안 및 고려사항 등을 고민할 시간이 없다. 적지 않는 게 좋지만 적어야 한다면 많은 내용을 적기보다 핵심적인 사항(의사결정 및 판단 근거, 고민사항 및 방안, 고려사항 조치 등)에 집중하여 키워드로 간략하게 적는 게 좋다.

6) 시간제한을 염두에 두고 시간 관리를 하라

과제를 수행하면, 과제를 분석하고 해결책을 마련하기에 시간이 부족하다는 걸 알 수 있다. 역량평가는 과제를 통해 개인 본연의 모습을 평가하려 한다. 어떤 어려운 과제나 이슈도 충분한 시간이 주어진다면 대부분 사람들이 자기 사고 습관, 업무 스타일 등 본래 모습을 드러내지 않고도 수행할 수 있지만, 30분으로 제한되면 과제 상황이나 미션 파악에 일정 시간을 할애하고 고민도 해야 하기에 자기

본래 모습을 포장할 여유가 없다.

따라서 자기 판단 및 의사결정, 업무처리 방식, 문제해결 방식, 타인을 대하는 태도 등 개인 본래 모습은 고민하지 말고 과제 내용에 집중해서 수행하면 된다.

과제 숙지는 최대 25분까지 끝내야 하며, 5분은 의사결정 및 평가자 질문에 대한 답변을 고민해야 한다. 시간이 많지 않다는 걸 인식하고 시간 관리를 해야 한다.

시간제한은 과제 구성 주요 장치로, 누구에게나 부담이 된다. 시간제한에 불만을 갖지 말고 시간을 잘 관리하여 과제를 수행하면 된다. 과제개발자나 평가자 의도를 파악하려 애쓰지 말고, 평소 업무수행 방식, 문제가 발생했을 때 고민하는 패턴 등에 따라 과제를 수행하면 효과적이다.

7) 상황에 몰입하라

고위공무원단이나 과장급 역량평가 수행자들은 자신이 잘 알지 못하는 상황이나 내용으로 역량평가를 받는다. 어떤 과제수행자도 자신이 속한 부처와 관련된 내용으로 평가를 받을 수 없다.[25] 개인 리더십 역량 측정에, 경험이 작용하여 평가에 오류가 생기지 않도록 하기 위해서이다. 이런 상황은 누구에게나 동일하니, 자신만 생소한 내용으로 평가받는다고 억울해 할 필요는 없다.

사무관 역할을 잘 수행했다면 무난하게 수행할 수 있는 상황으로

---

[25] 과제 유형별로 여러 개 과제가 존재하고 역량평가 운영자는 과제수행자 소속 부처를 미리 파악하여 관련성이 있는 과제를 배제하고 평가에 배당한다.

구성하니 업무 내용은 생소해도 상황은 금방 이해할 수 있다. 자신이 과장으로 부임하여 바로 업무를 맡아 수행한다고 생각하고 상황에 몰입해야 한다.

8) 자료 분석 및 이해에 집중하라

주어진 자료 이해는 가장 중요한 부분이다. 자료를 분석하여 이해해야 요청하는 역할이나 미션을 수행할 수 있다. 자료 분석 및 이해를 위한 특별한 요령이나 방법은 없다. 본인 방식으로 자료를 읽고 분석 및 이해를 하면 된다.

① 자료 활용

많은 내용을 봐야 하는 부담으로 자료 분석 및 이해에 대한 잘못된 정보들이 생겨났다. 볼 필요가 없거나 활용하지 않아도 되는 자료가 있다는 것과 특정 자료에 정답이 있다는 내용이 대표적이다.

과제에서 주어진 모든 자료는 평가에 직접 활용되는 내용으로 구성된다. 과제수행자를 힘들게 하거나 시간을 소모시키기 위한 자료는 없다. 과제를 수행하는 사람의 판단과 의사결정에 따라 활용하지 않거나 활용도가 낮은 자료가 생길 수 있지만 안 봐도 되는 자료는 없다.

예를 들어 몇 가지 선택사항이 있고 선택사항에 따른 방안 관련 자료가 있다고 하자. 과제에서는 선택사항과 방안이 연계되어 제시된다. 과제수행자가 선택사항 중 하나를 결정하면 관련된 방안 자료는 활용도가 높지만 나머지 자료는 활용도가 낮거나 없어진다. 자료별 활용도나 방안은 미리 정해져 있는 게 아니라 과제수행자 의사결정에 따라 달라진다.

과제는 여러 자료를 통합적으로 분석하여 어떤 결정을 하느냐를 보기에 개발자나 평가자가 정해진 답을 원하지 않는다. 그래서 특정한 장표에 의도를 가진 핵심적인 내용을 제시하거나 정답을 숨겨두지 않는다.

참고로 과제 개발 후 모의 테스트에서 정답이 존재하거나 여러 가지 선택지를 만들어도 한 가지만 선택할 수밖에 없는 과제는 평가나 교육에 활용할 수 없다. 그러므로 과제 내용을 골고루 이해하지 않고 특정 1~2장 자료에 정답이 있다고 판단하여 그 자료에만 집중하면 제대로 된 과제수행을 할 수 없다.

과제 내용을 선택적으로 보지 말고 과제 미션이 무엇이고, 어떤 내용이 제시되고 가장 중심이 되는 이슈가 무엇이며, 어떤 의사결정을 해야 하는지를 이해해야 한다. 또한 미션, 혹은 의사결정과 연관이 깊은 자료가 무엇인지 파악하고, 어떻게 분석하고 활용할지를 고민해야 한다.

② 형광펜/펜 사용

시간이 부족하니 효과적으로 자료를 보는 요령으로, 형광펜 활용이 많이 언급되고 실제로도 많이 활용한다. 형광펜은 자료 표시 및 주의 상기에 좋아, 전체 내용 분석 및 자료 표시에 활용하면 좋다. 하지만 자료 분석보다 형광펜을 쓰는데 집중하면 오히려 내용 파악에 방해를 받는다.

핵심을 파악하지 않고 암기과목 공부하듯, 중요해 보이는 내용에 줄을 그으면 모든 페이지에 빼곡히 줄을 긋게 되어 형광펜 사용 의미가 없어진다. 이는 일반 펜 사용도 마찬가지이다.

구체적으로 '주요 이슈나 문제 등은 ○○색 계열로, 대안이나 해결책은 ◇◇색 계열로, 유의하거나 중요하다고 판단되는 내용은 △△색 계열로 표시하라'고 조언하는 자료들도 있다.

자료의 내용 파악이나 분석, 결정 방안 마련보다, 자료가 이슈나 문제인지, 대안이나 해결책인지, 유의할 사항인지를 구분하고 어떤 형광펜을 써야 하는지를 결정하는데 시간을 보내는 안타까운 이들이 많다. 결국 형광펜 사용에 신경을 써서 전체 내용을 제대로 이해하지 못하고 의사결정을 할 시간이 부족해지는 역효과를 보는 경우가 많다.

그렇다면 형광펜을 사용하지 말아야 하는가? 그렇지 않다. 형광펜으로 표시하면서 자료를 읽지 말고 전체 내용을 읽은 후 고민을 하는 과정에서 반드시 언급해야 하거나 근거로 사용할 부분을 형광펜으로 표시하는 것이 효과적이다.

9) 역할을 인식하라

역량평가는 현재 역할보다는 미래 역할 수행능력 평가에 중점을 둔다는 건 이미 언급한 내용이다. 역량평가나 교육을 하면, 사무관 역할에서 벗어나지 못하거나 6급 이하 주무관 역할을 하는 경우가 많다.

사무관은 과장을 보좌하여 현안을 파악하여 보고하고 과장이 결정할 기획안을 작성하는 역할을 수행한다. 과제수행자가 스스로 사무관 역할을 수행하니, 제대로 된 의사결정이나 과장으로서 판단 및 고려해야 할 내용들을 제대로 처리하지 못한다.

일부는 주어진 자료를 요약·정리만 한다. 이는 6급 이하 주무관들이 담당하는 역할로, 교육이나 평가 상황에서 이런 행동을 보여주는 것은 옳지 않다.

아직 과장은 아니더라도 과제에서는 과장 역할을 잘 할 수 있는지를 평가하므로, 이를 명심하고 평가에 임해야 제대로 된 역할 수행이 가능하고 좋은 평가를 받을 수 있다는 것을 항상 가슴에 새겨야 한다.

10) 미션을 정확하게 인지하라

모든 과제는 명확한 미션을 가지고 있다. 미션은 과제수행자가 무엇을 해야 하는지 알려주는 안내문이다. 미션을 해결하는 과정에서 보이는 모습으로 역량을 측정하기에, 미션을 놓치면 제대로 된 평가를 받을 수 없다.

미션은 과제 초반부에 제시되고 누구든지 쉽게 파악하고 숙지하도록 보다 큰 글씨, 굵은 글씨체, 밑줄 등으로 표시하여 제공한다.

그럼에도 불구하고 일부 과제수행자들은 미션을 잊어버린 채 평가자와 만나 미션과 상관없이 과제를 수행한다. 왜 이런 현상이 발생할까?

첫째는 과제 내용 분석에만 너무 매몰되어 미션을 잊어버리고, 둘째는 과제별로 사전에 학습한 정보가 있어 미션을 그다지 중요하게 여기지 않고 자신이 준비한 내용만을 전달하기 때문이다.

다시 강조하지만 미션을 놓치는 건 어떤 경우에도 제대로 된 평가를 받을 수 없으니, 꼭 미션을 확인하고 미션에 따라 과제를 수행해야 한다.

11) 확실한 목표를 세우고 제시하라

성과관리 역량 하위요소 중 '목표수립 및 공유'는 과 목표나 정책 목표를 수립하는 활동이다. 내용이 많지 않고 구체적인 수치가 제시되지 않은 경우 구체적인 목표 수립은 어렵지만, 정책 결정에서 기대하는 목표는 있다.

과제 주제나 내용에 따라 목표를 구체적으로 제시할 수 있는 과제가 있고 목표를 설정하기 어려운 과제도 있다. 이는 과제수행자가 공직생활 경험으로 판단해야 한다. 목표를 설정할 수 있다면, 어떤 목표를 세웠는지를 제시하고 목표를 설정한 근거나 이유를 말하면 된다.

목표는 도전적으로 세우는 게 좋지만 너무 터무니없는 목표를 세우는 건 오히려 부정적 평가를 받을 수 있으니 조심해야 한다.

최근에는 목표 설정을 점검하는 경향이 강하니 목표 설정에 신경을 써야 하지만, 목표를 설정하기 어려운 과제에서는 무리해서 목표를 세울 필요는 없다.

12) 명확하고 즉각적인 의사결정을 하라

자료 파악이 이루어진다면, 가장 중요한 활동은 명확한 의사결정이다. 단적으로 의사결정을 하지 않고 다른 어떤 걸 잘 해도 좋은 평가를 받을 수 없다.

의사결정은 과장의 중요한 능력이다. 따라서 평가를 잘 받으려면 의사결정을 하기 전에 파악해야 할 내용이 있다. 의사결정 근거는 무엇인지(Why), 의사결정에 수반되는 문제는 어떻게 해결하는지(How), 의사결정에 따라 추가적으로 고민한 사항은 무엇인지(What) 등이다. 의사결정을 하지 않으면 이런 부분에 대한 자기 생각을 명확히 제시할 수 없다.

예를 들어 산업계에 타격을 줄 수 있는 환경정책을 실행할지, 유보할지를 결정하는 미션이 주어졌다고 가정해 보자. 어떤 쪽으로든 의사결정을 해야만 왜 그런 결정을 했는지, 그 결정으로 인한 산업계 반발 혹은 환경단체 반발을 어떻게 해결할 것인지, 결정으로 피해를 받을 수 있는 이해관계자를 지원할 방안은 무엇인지 등을 확인할 수 있다. 이때 의사결정을 하지 않으면 결정과 관련한 어떤 방안도 고민하지 못하고 처리과정에서 발생할 수 있는 문제를 제대로 고려하지 못하게 된다.

의사결정은 명확한 근거나 기준으로 해야 하며, 평가자에게 이를 구체적으로 설명해야 한다. 막연한 직감이나 과제 상황과 관련 없는 실제 본인 경험을 바탕으로 결정하면 안 된다. 의사결정은 즉각적이어야 한다.

"좀 더 검토한 후에 결정하겠다."

"전문가 의견 수렴 및 연구 결과를 참조하여 결정하겠다."

"이해관계자 의견을 청취하고 결정하겠다."

결정에 대한 의견을 물으면 이런 식으로 결정을 미루는 경우가 있는데, 어떤 이유든 이렇게 말하면 좋은 평가를 받을 수 없다.

실제 업무 상황이면 시간을 갖고 다양한 검토를 할 수 있지만, 다음 기회가 없는 평가에서는 자기 생각과 판단을 반영하여 바로 결정해야 한다.

13) Why, How, What를 생각하라

직급이 높아질수록 자료 정리나 분석, 경험이나 즉흥적인 판단으로 처리하는 업무보다 전략적·논리적 사고를 통해 결정하고 추진하는 업무가 많다.

업무 수행 내용을 보면 8급이나 9급은 현황을 파악해서 관련 자료를 정리하고, 6급이나 7급은 관련 이슈 및 유관 기관이나 이해관계자 등의 입장을 정리하고, 5급은 정책안을 만들고 관련 대응방안 등을 정리하고, 과장은 이 자료를 바탕으로 정책 방향이나 해당 부서 입장 등을 고려한 의사결정을 한다.

과장이 되면 이전 사고와 업무수행방식을 바꿔야 한다. 실행보다 왜 이걸 해야 하는가를 고민하고 타당한 이유나 근거를 마련하고 정책 실행과정에서 발생할 수 있는 문제가 무엇인지 파악하여 이에 대한 적절한 대처방안을 마련해야 한다.

평소에 'Why?', 'How?', 'What?'을 사고하는 습관을 길러야 한다.

[Why : 왜 이런 결정을 하는가? 왜 해야 하는가?]

과장은 정책을 결정할 때, 왜 결정을 했는가를 명확하게 하고 다른 사람을 설득할 수 있어야 한다. 실무자들이 기본 자료를 작성하고 여러 개 방안을 마련하고, 정책 필요성, 타당성이나 효과성, 다양한 대안 등을 고려해 과장이 결정해야 한다.

어떤 과제에서는 기획을 하고 어떤 과제에서는 몇 개 방안 중에서 최적안을 결정한다. 결정 자체도 중요하지만 왜 그런 결정을 했는지가 더 중요하다. 이를 파악하는 과정에서 정책 결정 타당성을 확인할 수 있다.

실제 업무에서는 이런 내용들이 겉으로 드러나지 않아도 괜찮지만 평가에서는 평가자가 과제수행자 특성을 모르기 때문에 자신이 결정한 근거를 구체적으로 제시해야 한다.

[How : 어떻게 해야 하는가?]

타당하다는 의미는 의사결정이 합리적이거나 해결방안이 적절하고 실현가능하다는 걸 말한다. 타당한 판단이나 결정을 하는지 확인하기 위해, 의사결정이 쉽지 않거나 해결방안을 많이 고민해야 하는 내용을 제시한다.

의사결정 자체가 어려울 때는 앞에서 언급한 'Why? 왜 해야 하는가?'를 고민하면 된다.

의사결정으로 상황이나 문제해결(대안)이 심각한 영향을 받을 때는 타당성만 고려하지 않고, 'How? 어떻게 해야 하는가?'를 좀더 고민해야 한다. 의사결정이 타당하더라도 해결방안이 없거나 현실적 대안이 없거나 다른 방안에 비해 실현가능성이 적으면 의사결정을 바꿔야 한다.

역량평가는 주어진 자료에서 가장 적절한 대안을 고민하면 된다. 짧은 시간에 생소한 내용을 파악하여 새로운 아이디어나 대안을 마련하기 쉽지 않다. 따라서 획기적 아이디어나 창의성을 원하지도 않는다.

[What : 무엇을 해야 하는가?]

대안의 기본적인 방향이나 내용은 과제에서 제시한 자료를 바탕으로 만들지만 좀더 구체적인 실행계획은 과제수행자 자신이 풍부하게 만들어야 한다. 자기 경험상 점검하거나 놓치지 말아야 할 내용이 있고, 항상 챙기고 관심을 가져야 하는 사항도 있으며, 업무에서 꼭 지켜야 하는 프로세스도 있다.

대안이나 실행방안을 정할 때 추가로 고민해야 할 사항들이 있다. 대표적인 사항이 이해관계자로 이는 뒤에서 다시 설명하겠다.

14) 구체적인 실행계획을 세워라

의사결정을 했다면, 과제에서 제시한 내용을 활용하여 목표를 달성할 수 있는 구체적인 실행계획을 세워야 한다. 실행계획은 의사결정으로 예측되는 문제 해결 방안, 사무분장 및 업무 조정, 점검 및 모니터링, 예산 및 인력 확보, 정책결정에 영향을 받는 이해관계 조정 및 이해관계자 지원, 직원 지원 등 매우 다양하다.

과제수행자들이 경험하지 않은 업무이므로 과제에서 제공하는 다양한 자료를 활용하여 실행계획을 세우면 된다.

가끔 과제수행자의 실제 경험과 능력을 확인하기 위해, 자료에 제시되지 않은 실행계획을 요구하는 경우도 있다. 그럴 때는 자기 경험이나 생각을 가미해서 계획을 제시하면 된다.

[문제 해결 방안]

여러 방안이 제시되는 경우, 각 방안별로 해결해야 하는 문제를 가지고 있다. 그렇기에 어떤 방안을 선택하느냐를 고민해야 한다.

방안 선택 기준은 다양하다. 타당성이 높은 것, 결정 후 대응책 마련이 쉬운 것, 고려사항이 적은 것 등 적절한 기준을 고려하여 선택하면 된다.

방안을 정하면 관련된 문제 해결책을 만들고 이를 어떻게 실행할지 계획을 수립하면 좋은 평가 결과를 얻을 수 있다.

역량평가에서는 의사결정도 중요하지만 문제를 어떻게 해결, 혹은 대응하느냐의 과정도 중요하다는 것을 명심해야 한다.

[사무분장 및 업무 조정]

사무분장이나 업무 조정은 주로 인원 차출이나 업무 지연 등 이슈가 있을 때 필요한 능력이다.

업무량, 업무 연관성, 업무 성격 등을 고려해 직원 업무를 구분 및 조정할 수 있어야 한다. 업무에 차질이 생기면 어떤 직원에게 무슨 업무를 얼마만큼 나누어 줄지, 아니면 어떤 직원이 지원할지 정하고, 결정 이유도 명확히 제시해야 한다.

이 결정은 가능한 구체적이어야 하고 면담이나 상황을 고려한 후 결정하겠다고 미뤄서는 안 된다.

[점검 및 모니터링]

과제에서 업무 지연은 개인적 문제로 묘사되지만, 상사나 조직의 무관심이 전제되고 있다. 업무 지연이 발생하여 업무를 조정하면 끝나는 게 아니다. 업무 조정만 이루어지면 다시 같은 상황이 발생할 수 있다.

업무 조정 후 주기적인 점검활동으로 직원이 제대로 업무를 진행하는지, 예측하지 못한 상황이 발생하여 추가적인 조치가 필요한지를 확인해야 한다. 이를 위해 점검 일정을 정하고 확인 계획을 세워야 한다.

과제에서는 짧은 시간에 진행되기에 실행보다는 정확한 언급으로 제시할 수밖에 없다.

[예산 및 인력 확보]

예산 및 인력을 다루는 과제는 집단토론으로, 조직관리 역량 중 '자원 확보', '자원의 조직화'와 밀접하게 관련된 요소다. 예산 내용은 추가 예산이 주어지거나 삭감되는 상황에서는 이를 어떻게 조정할지를 구체적으로 제시해야 한다.

예산과 관련된 집단토론은 어느 한 과에서 모든 예산을 가져가거나 삭감할 수 없다. 따라서 자기 과를 기준으로 하여 구체적인 예산 조정안을 항목별로 검토하여 시뮬레이션 해야 한다.

예산 관련 유의할 사항은 정책 수행에 필요한 예산 확보 계획은 간략히 언급할 수 있지만 구체적인 계획(예를 들어, 국회 설명회, 기재부 협의 등)을 제시할 필요는 없다.

인력은 구체적인 확보 계획을 제시하면 좋으나, 대부분 확보할 방안을 고민할 수 있는 자료가 없는 경우가 많다. 이로 인해 일부 과제수행자들은 타 과와 협의, 국장 보고, 행정안전부 협의 등을 언급한다.

과제는 인력 확보가 어려운 상황에서 어떤 결정과 실행방안을 가지고 있는지를 평가하기에, 자체적으로 업무를 조정해서 여력을 마련하거나 타 과 협조를 구하는 방법을 모색해야 한다.

[이해관계 조정 및 이해관계자 지원]

이해관계자는 정책 실행에 영향을 받는 사람이다. 어떤 요구가 있는지를 확인하고 서로가 불만이 없는 조정안 혹은 지원방안을 제시해야 한다.

조정안은 집단토론 결과로, 서로 간 입장을 고려하고 납득할 수 있는 기준이나 근거가 있어야 하고, 상대방을 설득해야 한다.

발표, 서류함 기법, 역할연기에서는 손해를 보는 이해관계자가 누구인지를 알아야 하고, 이들이 요구하는 사항을 파악하고 지원 혹은 배려하는 방안을 제시해야 한다.

[직원 지원]

직원 문제는 주로 업무지연, 직원 간 갈등이다. 직원의 요구는 즉각적인 지원이나 조치다. 지원 및 조치에 대한 구체적인 내용을 제시하여 직원을 다독여야 한다.

업무지연은 업무 조정이나 다른 직원이 지원하도록 해야 하고, 조정 및 지원 내용, 이유를 제시해야 한다.

직원 간 갈등은 갈등 원인을 찾고 면담 대상자에게 스스로 문제를 인식시켜 갈등을 해소할 수 있도록 구체적으로 코칭해야 한다.

15) 적극적으로 의견을 제시하고 주도하라

역량평가는 과제수행자가 주도해야 한다. 평가자 질문이나 반응에 따라 임기응변으로 대응하려는 태도는 좋지 않다. 평가는 과제수행자의 태도나 생각을 확인하는 과정인데, 과제수행자가 의견을 내지 않으면 평가를 받기 어렵다.

평가자는 과제 전체 내용과 구조를 잘 알고 있고, 어떤 부분을 확인해야 할지도 알고 있다. 즉 과제수행자가 언급하는 내용과 잘못 이해하는 게 무언지도 알고, 의사결정을 할 내용이 무엇이고, 이에 따른 방안이나 해결책에서 어떤 부분을 확인해야 할지 알고 있다.

하지만 평가자는 과제수행자가 언급한 내용을 중심으로 확인할 뿐 적극적으로 대응하거나 반응을 보이지 않는다. 따라서 좋은 평가를 받으려면 평가자 반응을 기다리지 말고 적극적으로 의견을 제시해야 한다.

발표는 정리하고 결정한 내용을 먼저 말하고 질문에 답변하는 방식으로, 발표할 때 내용 요약보다 자기 생각을 적극적으로 보여줘야 한다. 많은 생각을 이야기해야 평가자도 다양한 측면에서 평가할 수 있으니, 평가자 질문을 기다리지 말고 적극적으로 의견을 제시해야 한다.

서류함 기법은 평가자 질문에 답변하는 방식이지만, 평가자가 질문할 때 자기 생각이나 의견을 최대한 보여줘야 한다. 자기 생각을 숨겨두고 평가자가 찾기를 바라는 모습은 적절치 않다.

역할연기는 경청을 잘 해야 한다는 소문으로 과제수행자가 가장 소극적인 태도를 보이는데, 실제로는 가장 적극적으로 자기 의견을 보여주고 동의를 구하며 주도해야 한다. 직원인 평가자에게 먼저 말하도록 하지 말고 자신이 주도적으로 이야기를 끌어가야 한다.

집단토론은 과제수행자간 토론이지만 실제로는 자신을 어필해서 평가를 받는다. 평가자 개입이 없어 자기 의견을 제시하지 않으면 평가받기가 힘들다. 토론 중에 자기 의견을 적극적으로 제시해야 한다.

16) 일관성있게 이야기 하라

평가는 과제수행자가 얼마나 타당하고 일관성 있게 판단하고 결정하느냐를 확인하는 과정이다.

평가자는 과제 내용과 구조를 알고 있지만, 과제수행자가 어떻게 자료를 분석하고 어떤 답변을 할지 알 수 없다. 그럼에도 평가가 가능한 이유는 과제수행자 결정이 누구에게나 타당한지, 답변에 일관성이 있는지 등을 판단하기 때문이다.

평가자는 의도를 가지고 평가를 진행하지 않으며, 모든 질문은 과제수행자 답변에 따라 결정된다. 질의응답 과정에서 확인하는 건 과제수행자가 일관성 있게 과제를 이해하고 결정하고 방안을 마련하느냐다.

과제 내용 파악이 약간 부족하더라도 일관성 있게 말한다면 평가자는 과제수행자가 내용 파악 및 생각을 체계적으로 하고 있다고 평가한다.

17) 재질문하라

재질문은 의사소통에서 설명한 내용이다. 과제 수행시, 예상치 못한 질문을 많이 받는다. 그러면 질문을 잘못 이해하거나 의도를 놓치는 경우가 있지만, 감점이나 불이익을 받지 않으니 두려워하지 말고 재질문하면 된다.

평가자도 과제수행자가 긴장해서 질문을 놓칠 수 있음을 알기에 재질문은 크게 문제가 되지 않는다. 재질문으로 평가자 질문의 의도를 확인하고, 예상치 못한 질문에 대한 답변을 고민할 시간을 확보할 수 있다. 또한 재질문을 하면 평가자가 자기 질문을 쉽게 설명해 줘 질문 의도를 파악할 기회를 얻을 수 있다. 단 재질문은 가끔 활용해야 한다.

18) 상대방 이야기를 잘 듣고 반응에 민감하라

상대방 의견을 잘 듣고 정확한 의미나 요구사항을 이해하는 게 중요하다. 마음이 급한 과제수행자는 상대방 이야기를 듣기보다 자기 이야기만 하고, 이야기할 때 상대방이 어떤 반응을 보이는지에 관심이 없다.

상대방 이야기를 듣지 않으면 어떤 경우에도 좋은 평가를 받을 수 없다. 특히 평가자가 도움을 주기 위해 보내는 메시지도 알아차리지 못해 손해를 보기도 한다.

발표나 서류함 기법에서는 자신이 정리한 내용을 말하는데 집중하여 평가자 반응을 살피지 못하거나, 질문을 두려워해 상대방 반응을 고려하지 않고 무조건 자기 이야기만 장황하게 하는 경우가 많다. 이런 행동은 제대로 평가를 받기 힘들다.

역할연기에서는 상대방 반응 및 공감에 민감해야 한다. 많은 과제수행자가 상황 해결에만 집중하고 직원(평가자) 상황, 입장이나 감정에는 공감하지 못하고 반응에도 둔감하다. 이럴 경우 좋은 평가를 받기 어렵다.

집단토론에서도 자기 이야기가 끝나면 상대방을 쳐다보지 않고 이야기를 듣지 않으며 자료만 뒤적이거나, 토론에 참여하지 않고 상대방 반응에는 관심을 보이지 않고 양보하려는 경우도 있다. 이런 모습은 평가에서 부정적인 모습이다.

평가자는 다양한 제스처, 눈빛 혹은 직접적인 언급 등의 메시지를 전달하면서 과제수행자를 도우려 애쓴다. 상대방 감정이나 반응을 파악하고 상대방 이야기를 잘 들으려 노력해야 이런 반응을 알아차려서 좋은 결과를 얻을 수 있다.

19) 직원 어려움에 관심을 가져라

조직관리나 동기부여는 직원 이해가 중요하다. 평가자는 직원의 어려움을 파악하고 이를 어떻게 해결하는지를 확인하려 한다. 직원이 어떤 어려움을 가지고 있는지 찾아 적절한 해결방안을 보여줘야 한다.

직원에 관심이 없거나 직원 어려움이 무엇인지 알지 못하고 어떻게 대처해야 하는지 모르는 사람들이 있다. 직원을 자식이라 생각하고 관심과 애정을 가지면, 어떤 어려움이 있고 어떻게 지원해 주면 좋을지 보인다.

과제에서 직원 어려움은 업무 지연, 직원 관계 갈등, 업무 관련 이슈, 개인적 고민 등을 주로 다룬다. 이에 대한 해결책으로 업무를 조정하거나 지원하고 점검하며, 직원관계 개선 방법이나 개인적 고민 해결 방안을 제시해야 한다.

직원 어려움은 과제 내용 분석으로 파악해야지, 직원과 대화를 통해 파악하겠다는 생각은 조심해야 한다. 평소에 직원의 어려움에 관심을 갖는 습관이 중요한 이유가 여기에 있다.

20) 이해관계자를 놓치지 말라

교육이나 평가 상황에서 의외로 많이 놓치는 것이 이해관계자다. 실제 업무에서는 이해관계자가 보고서로 정리되어 명확히 드러나거나 이슈가 되기 때문에 쉽게 파악할 수 있다.

하지만 과제에서는 이해관계자를 인식하지 못할 때가 많다. 어떤 이해관계자는 집단행동 등으로 강하게 제시되는 경우도 있지만, 다수 이해관계자는 신문기사나 다른 방식으로 간략한 언급되는 경우도 있어 의식적으로 관심을 갖지 않으면 파악하기 어렵다.

자기 의사결정에 영향을 받는 사람이 있는지 염두에 둬야 하며, 영향을 받는 사람이 있다면 이해관계자가 존재한다고 생각하면 된다.

이해관계를 명확히 하면 이해관계자 파악이 쉽다. 역량평가에서 이해관계는 두 가지 유형이 있다.

유형	정책 결정에 따른 이해관계	타 과와 이해관계
관련 과제	발표, 서류함 기법	집단토론
내용	이해관계자를 특정하고 그들 손해를 파악하여 관련 요구사항에 따른 적절한 조치 필요	상대방 입장을 고려한 합의점 도출. 합의를 위해 서로 간 요구사항 및 이해관계가 충돌하는 부분을 파악하고 조정 기준 마련 및 절충 노력

정책 결정에 따른 이해관계는 이해관계자만 찾는 게 아니라 이해관계자 요구사항을 파악하고 이해관계 충돌을 해결해야 한다.

타 과와 이해관계에서는 서로 간 입장이 달라 선호하는 기준도 같을 수 없으니 이를 잘 절충하는 노력이 필요하다. 이해관계를 조정할 수 있는 기준 마련과 절충하는 과정을 평가하므로, 지나친 양보나 고집은 삼가는 게 좋다.

21) 특정 단어를 정답으로 생각하지 마라

과제수행자가 상황에 관계없이 쓰는 단어로 공청회, 간담회, 예산 및 인력 확보, 면담, 동호회, 회식 등이 있다. 업무수행이나 조직 관리에서 매우 중요한 요소지만, 앞뒤 맥락없이 등장할 수 있는 단어는 아니다.

이런 단어를 말할 상황을 만나면 정답을 찾았다고 판단하여 이후 과정에 대한 판단을 멈추는 과제수행자들이 있다. 앞에서도 말했듯이 역량평가는 과제수행자 행동패턴이 어떤지 평가하므로 특정 단어나 정답을 요구하지 않는다. 이런 습관을 가지고 있다면 빨리 바꿔야 한다.

공청회나 간담회는 이해관계가 대립할 때 해결방안을 마련하여 이해관계자를 설득하고 합의점을 찾는 활동이다. 이해관계를 고려하지 않고, 이해관계자 요구사항을 해결할 방안을 마련하지 못하면 개최의 의미가 없다. 공청회나 간담회를 언급하기보다 이해관계자 요구에 대한 해결 및 설득방안을 마련해야 한다.

예산 및 인력 부족은 이로 인한 업무 중 발생한 문제 해결을 위해 등장하는 상황으로 이를 확보하는 게 정답이 아니라 부족한 상황을 어떻게 대처하고 수습하느냐가 중요하다.

면담은 직원 상황이나 애로사항을 파악하고 직원들과 공감하는 활동이지만, 평가에서 면담을 하겠다는 언급만으로는 평가를 잘 받을 수 없다. 왜 면담을 하려는지, 면담을 통해 어떤 이야기를 하고 어떻게 설득하고 코칭할지를 구체적으로 말해야 한다.

동호회나 회식은 일반적으로 팀워크나 조직활성화 차원에서 실제로 이루어지는 활동이지만, 과제에서 이를 요구하는 상황은 등장하지 않는다. 직원들 간 불화나 동료들과 관계가 원활하지 않은 직원을 면담하는 상황에서 불화 원인, 관계가 원활하지 않은 이유 등을 분석하여 직원에게 해결방안을 제시해 줘야 한다. 이런 분석이나 방안 제시없이 막연하게 동호회 활동이나 회식을 하면 관계가 좋아진다는 발언은 의미가 없다.

22) 말투와 사투리에 너무 주눅 들지 마라

일부 과제수행자는 말투, 사투리, 억양 등이 평가에 영향을 미친다고 신경을 써서 교정하려 하거나 평가받기 전부터 손해를 본다는 느낌으로 의기소침하는 경우가 있다.

결론부터 말하면 평가에 영향을 미치지 않으니 걱정하지 말라. 말투, 사투리, 억양 등은 오랫동안 몸에 배어 있어 짧은 시간에 교정하기 힘들다. 평가자는 이런 부분이 업무에 영향을 주지 않는다는 것을 알기에 평가에서 관심을 갖지 않는다.

말투, 사투리, 억양 자체보다 이를 쓰는 사람들의 기질(예, 완강함, 고집 등)이 과제수행에 영향을 미치는 경우가 있다. 따라서 말투, 사투리, 억양보다는 자신도 모르게 드러나는 억지나 고집을 부리는 행동이 없는지 신경을 써야 한다.